Globale Gesellschaft und internationale Beziehungen

Reihe herausgegeben von
Thomas Jäger, Köln, Deutschland

Weitere Bände in der Reihe http://www.springer.com/series/12384

Danae Ankel

Angela Merkels Überzeugungen in der Eurokrise

Eine Operational Code Analyse

Springer VS

Danae Ankel
Köln, Deutschland

Dissertation Universität zu Köln, 2019

ISSN 2626-2339 ISSN 2626-2347 (electronic)
Globale Gesellschaft und internationale Beziehungen
ISBN 978-3-658-29796-1 ISBN 978-3-658-29797-8 (eBook)
https://doi.org/10.1007/978-3-658-29797-8

Die Deutsche Nationalbibliothek verzeichnet diese Publikation in der Deutschen Nationalbibliografie; detaillierte bibliografische Daten sind im Internet über http://dnb.d-nb.de abrufbar.

Springer VS ist ein Imprint der eingetragenen Gesellschaft Springer Fachmedien Wiesbaden GmbH und ist ein Teil von Springer Nature.
Die Anschrift der Gesellschaft ist: Abraham-Lincoln-Str. 46, 65189 Wiesbaden, Germany

Vorwort

Diese Dissertationsschrift wurde 2018 als Inauguraldissertation zur Erlangung des Doktorgrades der Wirtschafts- und Sozialwissenschaftlichen Fakultät der Universität zu Köln eingereicht. Sie wäre ohne die Begleitung und Unterstützung vieler Menschen nicht entstanden.

Mein erster Dank gilt dem Betreuer meiner Dissertation Professor Dr. Thomas Jäger, ohne dessen Zutrauen in meine akademischen und wissenschaftlichen Fähigkeiten, ich diese Dissertation nicht begonnen hätte. Ohne seine Geduld während des Findungsprozesses, seine persönlich und wissenschaftlich stets sehr wertvollen Ratschläge und seine konstruktive Kritik während des Verfassens der Arbeit, sowie sein Vertrauen und sein Verständnis für die Schwierigkeiten bei der Vereinbarkeit von Familie und Beruf hätte ich diese Arbeit so nicht zu Ende führen können. Ebenso danke ich Professor Dr. Wolfgang Leidhold, der sich dieser Dissertation als Zweitgutachter angenommen hat, für seine freundliche und unterstützende Begleitung. Herrn Professor Dr. Schulz-Nieswandt danke ich für die Übernahme des Vorsitzes bei meiner Disputation.

Ein herzlicher Dank geht an meine Kolleginnen und Kollegen aus fast sechs Jahren am Lehrstuhl für Internationale Politik und Außenpolitik: Prof. Dr. Kai Oppermann, Prof. Dr. Anna Daun, Dr. Henrike Viehrig, Dr. Alexander Höse, Dr. Rasmus Beckmann. Von ihrem Wissen und ihrer Erfahrung habe ich bereits im Vorfeld viel profitiert. Ein besonderer Dank gilt meiner lieben Kollegin Maja Henke, die mich durch ihren Scharfsinn, ihre Ermunterungen und ihre scheinbar nicht enden wollende Stärke immer wieder angespornt hat und mir eine sehr wichtige Begleiterin war. Außerdem bin ich meinen lieben Kollegen Dr. Simon Ruhnke und Dr. Stephan Liedtke zu besonderem Dank für ihre klugen Anmerkungen und ihr kritisches Auge bei der Lektüre der Arbeit verpflichtet. Der intensive Austausch und die Freundschaften haben den Entstehungsprozess der Arbeit entscheidend geprägt.

Der größte Dank gilt meinen Freunden und meiner Familie. Ich danke Professor Dr. Johannes Bilstein und Dr. Astrid Fischer für ihren unermüdlichen Zuspruch und ihre Zuversicht, dass Schaffenskrisen überwunden werden können. Sie haben meine Arbeit an der Dissertation durch ihre klugen Ratschläge unterstützend begleitet und mich immer wieder ermutigt, nicht aufzugeben.

Ich danke meinen Großeltern, die mich mit ihrem Stolz auf diese akademische Leistung immer angespornt haben. Ich danke meiner Schwester, Leda Ankel, für ihre Verlässlichkeit während des Verfassens der Arbeit, ihren Scharfsinn bei der Lektüre der Dissertation und ihre liebevolle Unterstützung, ohne die ich die Arbeit nicht hätte zu Ende bringen können. Ich danke meinen Eltern, Joana Louvros-Ankel und Emmo Ankel, dass sie mit so viel Geduld und klugen Ratschlägen mir zur Seite standen, mich immer wieder angespornt haben, nicht aufzugeben und mir immer wieder neue Energie gegeben haben. Ohne ihr Vertrauen und ihre Unterstützung wäre ich nicht da, wo ich bin.

Zu guter Letzt danke ich meinen Kindern, Amalia Ankel und Kimon Ankel. Nur durch sie habe ich die Kraft und die Ausdauer für diese Dissertation aufbringen können. Ihnen ist diese Arbeit gewidmet.

Köln, im Oktober 2019
Danae Ankel

Inhalt

Verzeichnis der Abbildungen und Tabellen

Abbildungen

Tabellen

Abkürzungsverzeichnis

AV	Abhängige Variable
CDU	Christliche Demokratische Union
CSU	Christlich Soziale Union
EU	Europäische Union
EFSF	Europäische Finanzstabilisierungsfaszilität
ESM	Europäischer Stabilitätsmechanismus
EZB	Europäische Zentralbank
EWU	Europäische Währungsunion
EUR	Euro
EcoFin	Rat für Wirtschaft und Finanzen
ELA	Emergency Liquidity Assistance
FDP	Freie Demokratische Partei
FPA	Foreign Policy Analysis
FPDM	Foreign Policy Decision Making
FAZ	Frankfurter Allgemeine Zeitung
IWF	Internationaler Währungsfond
IPÖ	Internationale Politische Ökonomie
IB	Internationale Beziehungen
KFW	Kreditanstalt für Wiederaufbau
OpCode	Operational Code
PSI	Private Sector Involvement
SZ	Süddeutsche Zeitung
STS	Staatssekretär
UV	Unabhängige Variable
VICS	Verbs in Context System
WFStG	Währungsunion-Finanzstabilitäts-Gesetz

Forschungsdesign

I

1 Einleitung

„Abgestimmtes solidarisches Handeln – jeder in seiner Zuständigkeit, alle für das gleiche Ziel. Das ist für mich die neue ‚Unionsmethode'. Ich glaube, darauf kommt es an."
(Angela Merkel 2010)

Als Angela Merkel im November 2010 ihre Rede vor dem Europakolleg Brügge hielt, äußerte sie sich so eindeutig und klar, wie sie selten in ihren Regierungserklärungen vor dem Bundestag oder vor der Presse spricht. Sie sprach sich in mehreren Absätzen gegen die in der Europäischen Union etablierte Gemeinschaftsmethode aus, bei der maßgeblich die supranationalen EU-Institutionen an der Entscheidungsfindung beteiligt sind. Bereits Ende 2010, sechs Monate nachdem das erste Rettungspaket für Griechenland geschnürt worden war, brachte Angela Merkel ihre Haltung zur Griechenlandkrise und Eurokrise sowie zur künftigen Gestaltung der europäischen Architektur unmissverständlich zum Ausdruck: Nationale Interessen sollten die Entwicklungen innerhalb der Europäischen Wirtschafts- und Währungsunion bestimmen, eine weitere Supranationalisierung der EU als Lösung der gegenwärtigen Krise sollte es nicht geben.

Trotz dieser eigentlich recht frühzeitigen Positionierung wurde Angela Merkel für ihr außenpolitisches Handeln vielfach kritisiert. Sie habe durch ihre zögerliche Taktik die Krise vor allem für die südlichen Länder Europas erheblich verteuert; sie habe durch ihr Beharren auf Solidität und Austerität verbunden mit strengen Auflagen die Krisenländer weiter in die Knie gezwungen, statt dafür Sorge zu tragen, dass sich die Volkswirtschaften wieder erholen; sie sei stets ‚auf Sicht gefahren', ohne eine langfristige Perspektive, geschweige denn Vision, für die Europäische

D. Ankel, *Angela Merkels Überzeugungen in der Eurokrise*, Globale Gesellschaft und internationale Beziehungen, https://doi.org/10.1007/978-3-658-29797-8_1

Währungsunion zu schaffen; sie habe es versäumt die Deutungshoheit für eine Neugestaltung der Währungsunion zu übernehmen.

Was aber waren ihre Überzeugungen in der Euro- und Griechenlandkrise? Hatte sie ein eindeutiges Überzeugungssystem hinsichtlich der Interpretation und Lösung der Krise? Hatte sie eine eindeutige Überzeugung, ob sich die Krise eher in Kooperation mit den anderen Mitgliedstaaten oder in Konfrontation zu diesen lösen lassen würde? Glaubte sie ihre Ziele gegen die der anderen europäischen Mitgliedstaaten durchsetzen zu können? Wie schätzte sie ihre eigene Macht und ihren Einfluss ein? Und entsprach die außenpolitische Regierungsposition in der Griechenlandkrise Angela Merkels Überzeugungssystem? Obwohl Angela Merkel national wie international als zentrale Entscheidungsfigur in Europa angesehen wird, ist eine Analyse des Überzeugungssystems von Angela Merkel in der Eurokrise bisher eher stiefmütterlich behandelt worden. Die Dissertation will diese Forschungslücke im Rahmen einer theoriegeleiteten und theorietestenden Einzelfallstudie schließen.

Im Kern versucht die Dissertation zwei Forschungsfragen zu beantworten: (A) Erstens fragt sie, die unabhängige Variable betreffend, nach den Überzeugungen von Bundeskanzlerin Angela Merkel in der Griechenlandkrise von 2010 bis 2015 (UV). Welche Überzeugungen hatte Angela Merkel hinsichtlich der Griechenlandkrise? Daran anschließend richtet sich die zweite, die abhängige Variable betreffende, Frage (B) an das außenpolitische Verhalten der Bundeskanzlern in der Griechenlandkrise: Hatten Angela Merkels Überzeugungen Einfluss auf die deutschen außenpolitischen Entscheidungen in der Griechenlandkrise? (AV) Haben Merkels Überzeugungen die deutsche Regierungsposition im Vorfeld der EU-Verhandlungen bestimmt?

Den konzeptionellen Rahmen für die Beantwortung der ersten Forschungsfrage bietet der von Nathan Leites 1951 und 1953 entworfene und später von Alexander George (1969) und Ole Holsti (1970, 1977) weiterentwickelte und systematisierte Operational Code Ansatz zur Analyse von individuellen Überzeugungssystemen und deren Einfluss auf außenpolitische Entscheidungen (Leites 1951, 1953). Die postulierten Grundannahmen dieses Ansatzes sind „who leads matters" und „beliefs matter" (Walker 2003: 245, 275). Der Ansatz geht davon aus, dass das Überzeugungssystem, im Folgenden Operational Code eines/r Entscheidungsträger*in[1],

1 Die in dieser Dissertation verwendete Schreibweise, das sogenannte gender-Sternchen, ist eine Form der geschlechtergerechten Ausdrucksweise, die das Sichtbarmachen aller Geschlechter zum Ziel hat. Diese Ausdrucksweise soll dazu dienen weibliche, männliche Personen und alle diejenigen, die sich außerhalb dieser Kategorien verorten, sprachlich darzustellen und zu inkludieren. Die Verfasserin hält sich damit an den Leitfaden für eine geschlechtersensible Sprache der Universität zu Köln (Gleichstellungsbeauftragte Uni Köln 2015).

Auswirkungen hat auf deren/dessen außenpolitisches Entscheidungsverhalten (Schafer/Walker 2006a: 45). Dabei setzt der Operational Code Ansatz voraus, dass „belief systems are most important when there is an individual person who is acting as the predominant leader of the state in a particular issue, often when the issue is perceived to be critical to the survival and well-being of the regime“ (Beach 2012: 106). In diesem Sinne ist die Fokussierung auf die deutsche Bundeskanzlerin in der Griechenlandkrise methodisch und theoretisch zulässig und entspricht den Bedingungen für eine Operational Code Analyse. Die Erhebung des Überzeugungssystems von Angela Merkel erfolgt quantitativ auf der Grundlage von Sprechakten. Für die Beantwortung der zweiten Forschungsfrage wird mit Hilfe eines Kongruenztests und einer Prozessanalyse aufgezeigt, ob die Überzeugungen Angela Merkels tatsächlich die deutsche Regierungsposition in der Griechenlandkrise geleitet haben. Die Beantwortung der zweiten Forschungsfrage erfolgt also qualitativ.

Um den Operational Code von Angela Merkel während der Griechenlandkrise von 2010 bis 2015 zu erfassen und diesen auf ihr außenpolitisches Verhalten zu beziehen, soll im ersten Teil der Dissertation das Forschungsdesign dargelegt werden (Teil I). Hierzu werden in den zwei folgenden Kapiteln der Forschungsstand, das Erkenntnisinteresse sowie das Forschungsdesiderat erörtert. Anschließend wird der Operational Code Ansatz in der theoriegeleiteten Außenpolitikforschung verortet. Anhand eines umfangreichen theorieinternen Forschungsüberblickes wird die Genese des Ansatzes vorgestellt und dieser in seiner heutigen quantitativen Anwendung dargestellt. Im daran anschließenden Methodenkapitel werden sowohl die quantitative als auch die qualitative Vorgehensweise und deren Operationalisierung erörtert. Der zweite, empirische Teil der Dissertation wird dann Angela Merkels Überzeugungssystem während des Untersuchungszeitraums analysieren (Teil II), um anschließend die Ergebnisse dieser quantitativen Studie mit einer qualitativen Kongruenz- und Prozessanalyse (Teil III) zu kombinieren. In der Schlussbetrachtung erfolgen dann eine theoretische und eine empirische Zusammenfassung der Ergebnisse (Teil IV).

2 Forschungsüberblick

Die Staatsverschuldungskrise ist in den vergangenen Jahren zu einem wichtigen Analysegegenstand im sozial- und wirtschaftswissenschaftlichen Diskurs avanciert. Die gegenwärtige wissenschaftliche Debatte ist dabei vielfältig und kontrovers. Viele der hier genannten Publikationen sind für die Erarbeitung der Dissertation hilfreich. Die Darstellung des Forschungsstandes orientiert sich nicht an der Chronologie der Griechenlandkrise, sondern will die dominanten Diskurse innerhalb der wissenschaftlichen Auseinandersetzung aufzeigen. Dabei werden vorwiegend jene Publikationen dargestellt, die sich mit der Griechenlandkrise beschäftigen. Auf die vielfältige Literatur zu den übrigen Ländern (Irland, Spanien, Portugal und Italien), die Hilfen von der EU empfingen, deren Rettungsprogrammen, den landesspezifischen Ursachen und Folgen der Krisen oder der Rolle der Regierungen soll hier nicht eingegangen werden. Zuerst soll nun jene Literatur vorgestellt werden, die sich thematisch mit dem Krisenmanagement der EU, dessen rechtlichen Rahmenbedingungen sowie der Ausgestaltung der Rettungsprogramme für Griechenland auseinandersetzt. Anschließend wird die Forschung dargestellt, die sich mit den Ursachen und Folgen der Krise beschäftigt. In einem letzten Schritt wird auf die Publikationen verwiesen, die sich mit der Rolle der deutschen Bundesregierung und der deutschen Bundeskanzlerin befassen.

Besonders zu Beginn der Krise 2010 und 2011 war die Forschungslandschaft geprägt von Diskussionen über die wirtschaftlichen Notwendigkeiten eines europäischen Krisenmechanismus sowie die rechtlichen Rahmenbedingungen zum Beispiel der Griechenlandrettung oder einer Veränderung der EU-Verträge (Boysen-Hogrefe 2010; Meyer 2010; Albertshauser 2010; Streeck 2011a). Vor dem Hintergrund der Beständigkeit der Krise entwickelte sich hier ein eigener Forschungsstrang, der sich sowohl mit der Ausgestaltung und den Grenzen des ersten und zweiten Rettungspaketes für Griechenland beschäftigt (Belke/Dreger 2011), als auch mit dem provisorischen (EFSF) (Wohlmuther 2013) und dem permanenten Rettungsschirm (ESM). Pisany-Ferry et al. vom europäischen Think Tank Bruegel beispielsweise analysieren in ihrem Paper die Finanzhilfen der EU und des IWF an europäische Mitgliedstaaten (Pisani-Ferry/Sapir/Wolff 2013). Hierbei diskutieren sie die gesetzlichen Grundlagen für die Griechenlandhilfe und die anschließenden europäischen Initiativen EFSF und ESM, die Vorgehensweise und Funktion der drei Institutionen IWF, EZB und Europäische Kommission[2] sowie den Modus Operandi für die Auszahlung einzelner Tranchen an die Länder. In einem 2014 erschienenen Papier analysieren Sapir et al. die Arbeit der drei Institutionen und

2 Die drei Institutionen IWF, EZB und Europäische Kommission wurden seit Beginn der Eurokrise *Troika* genannt. Als *Troika* wird in der Regel eine Führungsspitze aus drei Personen bezeichnet. Im Fall der Eurokrise besteht die *Troika* eben aus Vertretern der Europäischen Kommission, des IWF sowie der EZB, die in regelmäßigen Abständen nach Athen reisen, um den Stand der Implementation der makroökonomischen Anpassungsmaßnahmen zu begutachten. Nur auf Basis der *Troika*-Berichte werden weitere Hilfszahlungen an Griechenland geleistet. Auf Wunsch der neu gewählten griechischen Regierung im Januar 2015 wurde der Begiff *Troika* abgelegt und durch den Begriff *Die Institutionen* ersetzt. Die Verfasserin der Arbeit hält sich an den neueren Begriff.

die Erfolge bzw. Misserfolge der Europäischen Finanzhilfen (Sapir et al. 2014). Des Weiteren waren die veränderten Governancestrukturen und Machtverschiebungen in der Eurozone Gegenstand vieler Untersuchungen (lling 2013; van Scherpenberg 2012; Dullien/Schwarzer 2011; Dübel 2011; Kirch/Schwarzer 2012; Schwarzer 2010a, 2010b; Grauwe 2011; Gros/Giovannini 2011; Beckert/Streeck 2012; Bieling 2013). Auel und Höing untersuchen in ihrer 2015 erschienenen Studie die Auswirkungen der Krise auf die nationalen Parlamente Europas und stellen dabei folgendes fest:

> The European Council has become the most important forum for decision-making in EMU affairs. Crisis management 'by summit' has become the norm, shifting the decision-making mode even further towards European executives who can more easily bypass parliaments at the national and European level. (Auel/Höing 2015: 377–378)

Sie konstatieren eine Machtverschiebung zwischen nationalen Parlamenten innerhalb der EU und erörtern, dass Parlamente der Empfängerländer massiv an Einfluss verloren hätten. Außerdem sind Aufsätze erschienen, die sich aus europatheoretischer Perspektive der Krise nähern. Frank Schimmelfennig analysiert die Eurokrise auf der Grundlage neo- und postfunktionalistischer Theorien sowie der Integrationstheorie (Schimmelfennig 2012; Schimmelfennig 2015). Genschel und Jachtenfuchs (2013) versuchen eine institutionelle Analyse der Eurokrise, Fehlker, Ioannou und Niemann (2013) untersuchen die durch die Krise ausgelösten funktionalen *spillover*-Effekte auf die EWU.

Aktuellere Forschung konzentriert sich mittlerweile auf den Verlauf (Wessels/Kunstein 2011; Illing 2013; Kazakos 2015; Kyrtsis 2015; Georgiadou 2015) sowie die politischen und wirtschaftlichen Ursachen der Krise (Klemm/Schultheiß 2015; Illing 2013). Die Ursachenforschung nimmt dabei vielfältige Ebenen in den Blick. Auf der einen Seite werden die innenpolitischen und systemischen Gründe für die derzeitige Krise in Griechenland gesucht. Als Hauptgrund wird in der Regel der Klientelismus genannt, der in Griechenland Tradition habe und die Ebene der politischen Elite durchwandert habe (Mitsopoulos/Pelagidis 2009, 2011). In Abhängigkeit von diesem Klientelismus werden Korruption, Medien- und Parteienlandschaft sowie das griechische Staatsverständnis als Gründe für die Krise diskutiert. Auf europäischer Ebene finden besonders systemische Ursachen Erwähnung. In diesem Zusammenhang suchen politökonomische Ansätze die Gründe für die Krise in der Europäischen Währungsunion und versuchen mögliche Wege aus der Krise aufzuzeigen (Grauwe 2013; Nicoll 2012; Hall/Franzese 2008). So seien außenwirtschaftliche Ungleichgewichte, also ein Ungleichgewicht zwischen Importen und Exporten, oder aber die Kapitalströme in die Peripherie der EWU Gründe für den Ausbruch der Krise. Auch stellt die wissenschaftlich alte Frage nach dem Spannungsverhältnis zwischen Kapitalismus und Demokratie ein zentrales Forschungsinteresse dar (Streeck 2011b, Scharpf 2011). Höpner und Schäfer (2012) stellen die politische und wirtschaftliche Heterogenität innerhalb der EU in den Mittelpunkt der Analyse[3]. Die Krise erhält außerdem Einzug in die noch recht junge Disziplin der Internationalen Politischen Ökonomie (IPÖ) (Oatley 2012: 245; Bieling/Haas/Lux 2014; Bieling 2011).

Über die Ursachenforschung hinaus gibt es Literatur, die sich mit den Folgen der Krise auseinandersetzt. Auch hierbei wird auf den Klientelismus in Griechenland Bezug genommen. Gleichzeitig stehen aber auch die Legitimationsproblematik und die Rolle der drei Institutionen (Featherstone 2011; Katsikas 2012) und deren Auswirkungen auf das politische System in Griechenland (Ladi 2014, Kritidis 2014; Dieter/Frind 2012; Doxiadis 2011; Malkoutzis 2012) sowie auf die Lage des griechischen Arbeitsmarktes und der Arbeits- und Sozialpolitik (Karamessini 1999, 2008, 2010) im Zentrum der Analysen.

Schließlich werden die Rolle von Angela Merkel und die der deutschen Regierung in der Krise diskutiert[4]. Dabei steht vor allem die Frage nach einer möglichen veränderten hegemonialen Rolle Deutschlands innerhalb Europas im Raum (Schönberger 2012, 2013). Melanie Morisse-Schilbach stellt fest, dass Deutschland im Zuge der Eurokrise seinen Status als „begnin Hegemon", also als gutmütige Führungskraft, die stets nach Kooperationsmöglichkeiten sucht, aufgegeben habe (vgl. Morisse-Schilbach 2011: 36). Stattdessen konstatiert sie: „The Greece and euro crisis [...] showed that Germany, in times of crisis, prefers to act unilaterally in the EU, instead of gaining support for its policies by leading and persuading others to follow" (2011: 27). Paterson bezeichnet Deutschland in seinem 2011 erschienenen Aufsatz als „reluctant Hegemon", also als Hegemon wider Willen (Paterson 2011: 73). 2013 greifen Paterson und Bulmer die These des „reluctant Hegemon" erneut auf und zeigen, dass die Euro- und Griechenlandkrise auf europäischer Ebene ein Machtvakuum habe entstehen lassen, welches nur von Deutschland ausgefüllt werden konnte, trotz Berlins offensichtlicher „unwillingness to play a leadership role" (Bulmer/Paterson 2013: 1400; auch Beddoes 2013). Quentin Peel bezeichnet Deutschland als „halbherzigen Hegemon, dem eine klare strategische Vision fehlt und der weiter entschlossen ist,

3 Schon 1999 haben Hooghe und Marks in ihrem Artikel „The Making of Polity: The Struggle over European Integration" herausgestellt, dass die Europäische Integration zwei diametral zueinander stehende Projekte verfolgt: den neoliberalen und den regulierenden Kapitalismus. Außerdem wiesen sie daraufhin, dass eine Politisierung des Integrationsprozesses stattgefunden habe. Siehe weiterführend hierzu: Hooghe/Marks (2008).

4 Ulrike Guérot stellt in ihrem Aufsatz über die deutsche Rolle in Europa die Frage, „ob es inzwischen überhaupt noch um die deutsche Rolle in Europa geht oder um Merkels Rolle in Europa" (Guérot 2015: 19). Sie resümiert, dass Europa ohne Merkel gar nicht greifbar wäre.

mit seinen Partnern einen Konsens zu finden statt ihre Zustimmung zu erzwingen" (Peel 2015: 78). Hans Kundnani bezeichnet Deutschland eher als „Halbhegemon", der zwar als „dominant wahrgenommen" werde, gleichzeitig aber nicht in der Lage sei, „seinen Willen durchzusetzen", so wie man es aus theoretischer Perspektive von einem Hegemon erwarten würde (Kundnani 2015:13). Kundnani bezieht sich bei seiner Auseinandersetzung auf die von Kindleberger entwickelte Theorie hegemonialer Stabilität, wonach ein Hegemon durch sein dominantes Auftreten „Normen setzt, gleichzeitig aber auch für diejenigen, die in der Rangordnung weiter unten stehen, ein System von Anreizen schafft, damit diese profitieren und im System verbleiben. Insbesondere macht ein Hegemon gegenüber denjenigen, die er in seine hegemoniale Hierarchie kooptiert hat, kurzfristige Zugeständnisse, um die eigenen langfristigen Interessen zu sichern" (Kundnani 2015: 13). Deutschlands Agieren in der Griechenlandkrise würde statt Stabilität im Euroraum zu schaffen aber eben gerade Instabilität erzeugen und könne deswegen nicht als hegemonial charakterisiert werden. Auch Barbara Lippert konstatiert, dass Deutschland wegen seiner wirtschaftlichen Stärke seine Präferenzen besser durchsetzen könne, „Deutschland aber in den Fragen der Gestaltung [...] keine Diskurshoheit" habe und somit eine zentrale Eigenschaft, um als Hegemon betitelt zu werden, fehle (Lippert 2015: 11).

Kai Oppermann liefert mit seinem Aufsatz „National Role Conceptions, Domestic Constraints and the New 'Normalcy' in German Foreign Policy" (2012) einen Beitrag zu der Debatte über die Ausrichtung deutscher Außenpolitik zwischen Normalität und Sonderweg. Er stellt heraus, dass im Zuge der Eurokrise deutsche Außenpolitik wesentlich volatiler und unvorhersehbarer geworden sei (Oppermann 2012: 516): „The Merkel government's policy on the Eurozone crisis [...] stand for the new 'normalcy' in German foreign policy" (Oppermann 2012: 516, siehe auch 503).[5]

Andere Analysen beschäftigen sich mit dem innerdeutschen Diskurs zur Euro- und Griechenlandkrise: Kai Oppermann analysiert bspw. den „parlamentarischen Diskurs der CDU/CSU-FDP-Bundesregierung zur Eurokrise" anhand von Bundestagsdebatten (Oppermann 2014: 263) und beschränkt sich dabei auf die Jahre 2009 bis 2012. Dabei arbeitet er fünf Themenfelder heraus, die in den Bundestagsdebatten innerhalb des Untersuchungszeitraumes besonders relevant erscheinen. Frank Wendler untersucht die Argumentationsstruktur der zweiten Merkel-Regierungskoalition (2009–2013) anhand von Plenardebatten. Er zeigt einen Dissens zwischen Regierung und Opposition sowie zwischen linken und rechten Parteien auf: „although 'Europe' remains largely uncontested as a political project, two

5 Einen Überblick über die wissenschaftliche Bewertung und Verortung der deutschen Außenpolitik liefert Annegret Bendiek (2015). „Review 2014": Grundpfeiler deutscher Außenpolitik und weltweite Erwartungen, Arbeitspapier der DG EU/Europa, 2015/ Nr.3.

very typical patterns of polarisation in domestic parliamentary debate – namely, government/opposition and left/right politics – emerge as visible focal points of controversies in the Bundestag debates about the European debt crisis“ (Wendler 2014: 456). Amelie Kutter untersucht in ihrer Studie, inwiefern die deutsche Presse die Interpretation der Griechenlandkrise beeinflusste, basierend auf der Annahme, dass Wirtschaftsjournalist*innen als Expert*innen fungieren, die mit ihrem Wissen auch Politikentscheidungen beeinflussen können (Kutter 2014). Auch Kurt Hübner analysiert das Krisenmanagement der großen Koalition während der globalen Finanzkrise sowie der CDU/CSU-FDP-Koalition während des Ausbruchs der Krise in der Eurozone und attestiert beiden Koalitionsregierungen, die Dramatik und Relevanz der Krisen ignoriert zu haben. Besonders der CDU/CSU-FDP Koalition wirft er vor, durch massive Inflexibilität im Krisenmanagement die Eurokrise noch verschlimmert zu haben (Hübner 2012). Hubert Zimmermann untersucht in seinem Beitrag die „innenpolitische Dynamik“ (Zimmermann 2015: 368) während der Krisenjahre 2010 bis 2013. Er erklärt die Präferenzen der deutschen Regierung also über die unabhängige Variable der innenpolitischen Beschränkungen und kommt zu dem Ergebnis, dass es die „innenpolitische Dynamik in Deutschland [war], die dafür sorgte, dass Alternativen zur Eurorettung, wie ein Austritt Griechenlands und anderer Staaten, eine Aufgabe der gemeinsamen Währung oder eine Art Marshall-Plan für die notleidenden Staaten nicht ernsthaft in Erwägung gezogen wurden“ (Zimmermann 2015: 368). Darüber hinaus untersuchen Wissenschaftler*innen die Interpretationsmuster innerhalb derer die deutsche politische Elite die Euro- und Griechenlandkrise analysierten und vor dem Hintergrund dieser Interpretationen nach Lösungen suchten. Dabei spielt der Ordoliberalismus, als in Deutschland vorherrschende marktwirtschaftliche Wirtschaftsordnung eine besondere Rolle. Dieser habe die deutsche Ursachenforschung sowie Interpretation der Krise massiv beeinflusst und maßgeblich die Politiken zur Lösung der Krise geprägt (Berghahn/Young 2013; Dullien/Guérot 2012; Young 2014; Hall 2012; Zimmermann 2015).

Die Rolle von Angela Merkel ist in den Jahren ihrer Kanzlerschaft mehrfach diskutiert worden. Diese ‚Biographien‘ nehmen in der Regel Angela Merkels gesamte politische Karriere sowie ihre Herkunft in den Blick und versuchen auf der Grundlage qualitativer Interviews, Beobachtungen oder Dokumentenanalysen Rückschlüsse auf Angela Merkels politisches Verhalten, ihren Führungsstil oder ihre Entscheidungen zu ziehen. Zwar werden in diesen Arbeiten auch politische Bewährungsprobem oder große Krisenkomplexe angesprochen, denen sich Angela Merkel während ihrer Kanzlerschaft stellen musste. Dennoch bieten sie eher themenübergreifende und langfristige Analysen an und folgen eher einer hermeneutischen Epistemologie (Kornelius 2013).

3 Desiderat und Argumentationsstruktur

Wie der Forschungsüberblick zeigt, sind Teilaspekte der vorliegenden Arbeit behandelt worden, dies beeinträchtigt jedoch weder ihre gesellschaftliche und wissenschaftliche Relevanz noch das zu Grunde liegende theoretische und empirische Forschungsinteresse. Auf der Basis des vorangegangenen Forschungsüberblickes soll im Folgenden das Desiderat näher erläutert werden, um anschließend die forschungsleitenden Fragen zu präzisieren.

Der Forschungsüberblick hat offenbart, dass Analysen der Disziplin der Internationalen Beziehungen und hier im Besonderen der theoriegeleiteten Außenpolitikanalyse bezüglich der Untersuchung der Eurokrise im Allgemeinen sowie der Griechenlandkrise im Besonderen kaum vorhanden sind. Dies liegt unter anderem daran, dass im deutschsprachigen Raum hauptsächlich strukturelle Außenpolitikanalysen vorliegen (Harnisch/Maull 2001; Longhurst 2004; Dalgaard-Nielsen 2006). Wie aufgezeigt wurde, gibt es darüber hinaus zwar Literatur über die Rolle der deutschen Bundesregierung in der Eurokrise und die Frage nach einer (potentiellen) deutschen Hegemonie, besonders hervorgerufen durch die Eurokrise. Aber auch die Arbeiten von Kai Oppermann (2014) und Frank Wendler (2014) konzentrieren sich in ihren Analysen auf mehrere Repräsentant*innen der jeweiligen Regierungskoalitionen und nicht nur auf die deutsche Bundeskanzlerin. Eine theoriegeleitete *first-image* Analyse[6] der Rolle der deutschen Bundeskanzlerin in der Griechenlandkrise gibt es aber nicht.

Besonders in der deutschen und europäischen Berichterstattung über die Griechenlandkrise wurde immer wieder das Bild einer dominanten deutschen Kanzlerin porträtiert: Die britische Zeitschrift *The Economist* betitelte sie als „the indispensable European" (The Economist 2015) und bezeichnet Deutschland als „country of no" (The Economist 2011). Merkel bekam den Namen der *Madame Non* verliehen, die in europäischen Verhandlungen immer wieder mit Nein gegen die Vorschläge anderer Staats- und Regierungschef*innen votiere (vgl. Gammelin/Löw 2014: 66–108). Auch Cerstin Gammelin und Raimund Löw, beide Berichterstatter*innen in Brüssel, diagnostizieren: „Merkel ist auf der europäischen Bühne unangefochten. Sie dominiert wegen ihrer Persönlichkeit, ihres Wissens und wegen der Wirtschaftsmacht, die hinter ihr steht" (Gammelin/Löw 2014: 173). Merkel gilt

---

6 Eine *first-image* Analyse setzt auf der Individualebene an und postuliert, dass die Gründe für staatliches außenpolitisches Verhalten nicht auf der internationalen Ebene (*third-image*) oder staatlichen Ebene (*second-image*) zu finden sind, sondern erklärbar sind über das Verhalten von Individuen. Die Unterscheidung in drei Analyseebenen geht zurück auf das Werk „Man, the State, and War" von Kenneth Waltz (1959).

als die Monarchin Europas, als deutsche Machtpolitikerin, die in der Euro-Rettungspolitik den Ton angibt und die Richtung der Rettungspolitik bestimmt. Aber auch Wissenschaftler*innen und Politiker*innen kritisierten die Haltung der deutschen Bundeskanzlerin in der Griechenland- und Eurokrise: „Europe hangs on the words of Chancellor Angela Merkel, which are sporadic and often doled out on the eve of Eurozone summits. There is little technical preparation of highly technical issues" (Sachs 2011). Auch Kurt Hübner attestiert dem deutschen Krisenmanagement unter Merkel Zögern und Ignoranz: „Her insistence on economic orthodoxy and deep-seated ideational norms translates into an unwillingness to produce the public good, and thus provokes higher social, economic, and political costs, and contributes to the increasing danger of a breakup of the Eurozone" (Hübner 2012: 176). Joschka Fischer wirft ihr vor, eine „Renationalisierung im europäischen Gewand [zu] betreiben" (Fischer 2015, vgl. auch Gammelin/Löw 2014).

Angela Merkels Verhalten während der Eurokrise ist auf wissenschaftlicher aber vor allem auf journalistischer Ebene vielfach diskutiert worden. Was aber waren ihre Überzeugungen in der Euro- und Griechenlandkrise? Hatte sie ein eindeutiges Überzeugungssystem hinsichtlich der Interpretation und Lösung der Krise? Obwohl Angela Merkel national wie international als zentrale Entscheidungsfigur in Europa angesehen wird, ist eine Analyse des Überzeugungssystems von Angela Merkel in der Eurokrise, gar jedwede politikwissenschaftliche *first-image* Analyse von ihr, nachlässig behandelt worden. Die Dissertation will diese Forschungslücke im Rahmen einer theoriegeleiteten und theorietestenden Einzelfallstudie schließen. Das empirische Erkenntnisinteresse der vorliegenden Dissertation ist daher, Angela Merkels Überzeugungssystem hinsichtlich der Griechenlandkrise zu analysieren und damit einen Beitrag zu der vielfältigen Debatte über die Rolle der deutschen Bundeskanzlerin in der Eurokrise im Allgemeinen und der Griechenlandkrise im Speziellen zu leisten.

Das theoretische Erkenntnisinteresse ist vielschichtig: In der deutschsprachigen FPA-Landschaft bestehen nur zwei Analysen zu den Operational Codes deutscher Entscheidungsträger. Akan Malici (2006) untersuchte die Denkbilder von Helmut Kohl und Hans-Dietrich Genscher, Klaus Brummer (2011) den Operational Code von Angela Merkel in der deutschen Afghanistanpolitik. Die deutschsprachige theoriegeleitete Außenpolitikanalyse wird von strukturellen Analysen dominiert. *First-Image* Analysen über Denkbilder, Überzeugungen etc. liegen, vor allem für deutsche Entscheidungsträger*innen, kaum vor. Deutschsprachige Operational Code Analysen im Allgemeinen gibt es derzeit ebenfalls nur zwei. Zu nennen wären wieder Brummer (2011) und Harnisch (2000) mit seiner Analyse zu außenpolitischem Lernen der US-Außenpolitik auf der koreanischen Halbinsel. Beide Studien wählen eine qualitative Vorgehensweise. Eine theoriegeleitete *first-image*

Analyse der Rolle der deutschen Bundeskanzlerin in der Griechenlandkrise von 2010–2015 steht also noch aus.

Hier setzt die vorliegende Dissertation an und will erstens einen Beitrag zu der zwar vielfältigen, aber sehr angloamerikanisch dominierten Operational Code Forschung leisten.[7] Zweitens kann mit Hilfe der vorliegenden Analyse untersucht werden, wie relevant einzelne Entscheidungsträger*innen für einen Entscheidungsprozess tatsächlich sein können. Durch die inhaltliche Zusammenführung des Operational Codes von Angela Merkel mit der deutschen Regierungsposition im Vorfeld der europäischen Verhandlungen zur Griechenlandrettung in einer theoriegeleiteten Einzelfallstudie, sowie der methodischen Kombination aus quantitativen und qualitativen Erhebungsmethoden kann nachgezeichnet werden, ob sich Angela Merkels Position durchgesetzt hat oder ob sie den Rat bestimmter Kolleg*innen beispielsweise ignorierte. Derartige Erkenntnisse würden die Relevanz von *first-image* Analysen im Allgemeinen und von Operational Code Analysen im Speziellen erhöhen. Darüber hinaus könnte die Arbeit drittens einen Beitrag zu der forschungsinternen Debatte liefern, ob der Operational Code auch auf Entscheidungsträger*innen in parlamentarischen Regierungsystemen anwendbar ist, oder doch in Präsidialsystemen, in denen der/die Präsident*in Staatsoberhaupt und Regierungschef*in zugleich ist und autonom außenpolitische Entscheidungen treffen kann, die größere Erklärungskraft besitzt. Falls also eine kausale Inferenz zwischen Angela Merkels Operational Code und der außenpolitischen Position der Bundesregierung hergestellt werden kann, so wäre dies ein Beleg für die Anwendbarkeit des Ansatzes auch auf parlamentarische Regierungssysteme. Viertens wählt die vorliegende Arbeit eine *bottom-up* Perspektive, d. h. sie untersucht den politikfeldspezifischen Operational Code Angela Merkels in der Griechenlandkrise. Diese Perspektive schließt gleichzeitig die Kenntnis mit ein, dass Angela Merkel in anderen außenpolitischen Politikfeldern durchaus auch andere Operational Codes haben kann. In diesem Sinne will die vorliegende Dissertation einen Beitrag zum Forschungsfeld themenspezifischer Operational Code Analysen leisten, und überprüfen, ob eine Kausalität nachweisbar ist. Fünftens stellt die Arbeit den Versuch dar, die quantitative Methode des Verbs in Context Systems zur Analyse von Sprechakten langfristig auch für deutsche Sprechakte zugänglich zu machen.

7 Auch Valerie Hudson und Klaus Brummer (2015) weisen in ihrem Sammelband darauf hin, dass die Foreign Policy Analysis nach wie vor von nordamerikanischen Wissenschaftler*innen und Analysen dominiert wird: „The field of foreign policy analysis (FPA) originated in the United States in the 1960s and 1970s and, to this day, it remains dominated by US scholars and US case studies" (Brummer 2015: 169).

Die Dissertation fragt im Kern nach dem Operational Code von Bundeskanzlerin Angela Merkel in der Griechenlandkrise (2010 bis 2015) und dessen Einfluss auf die politischen Entscheidungen der deutschen Regierung während der Krise. In diesem Sinne versucht die Dissertation zwei Forschungsfragen zu beantworten:

Forschungsfrage A: Welche Überzeugungen hatte Angela Merkel in der Griechenlandkrise von 2010 bis 2015? (UV)

Forschungsfrage B: Stimmen die deutschen Regierungspositionen während des Untersuchungszeitraumes von 2010 bis 2015, bezüglich der Griechenlandkrise mit Angela Merkels Überzeugungen überein? Hatten ihre Überzeugungen Einfluss auf die deutsche Regierungsposition in der Griechenlandkrise? (AV)

Der zuvor ermittelte, politikfeldspezifische Operational Code Merkels fungiert also als *erklärende* (unabhängige) *Variable*, um das Ausmaß ihres Einflusses innerhalb der deutschen politischen Auseinandersetzung zur Griechenlandkrise anhand der eingenommenen Regierunspositionen als *zu erklärende* (abhängige) *Variable* zu analysieren (siehe auch Kapitel 3 und 4). In diesem Sinne handelt es sich also nicht nur um eine theoriegeleitete, sondern auch um eine theorietestende Einzelfallstudie, innerhalb derer zuerst die unabhängige Variable ermittelt werden muss, um dann die Kongruenz und Kausalität zwischen der unabhängigen und der abhängigen Variable zu testen (näheres dazu in Kapitel 5.). Theorietestend ist die Studie im Sinne der These des Operational Code Ansatzes, dass ein kausaler Rückschluss vom Operational Code von Entscheidungsträger*innen auf das außenpolitische Handeln möglich ist (siehe I. Teil, Kapitel 4.2).

Wie bereits eingangs erwähnt, gliedert sich die vorliegende Dissertation in vier Teilbereiche, die in sich wiederum aus mehreren Kapiteln bestehen. Der erste Teil der Arbeit (I. Teil: Forschungsdesign) bot einen inhaltlichen und theoretischen Einstieg in das Thema. Hier wurde das der Arbeit zugrundeliegende Forschungsdesign erläutert und dargelegt. Nach einer Hinführung zum Thema in der Einleitung, folgte ein Forschungsüberblick über die Empirie, der die relevantesten Diskursstränge abbildete und auf einige Publikationen intensiver einging (I. Teil, Kapitel 2.). Dieser Forschungsüberblick führte zu dem Desiderat, welches mit Hilfe dieser Arbeit geschlossen werden soll. Nachdem darauf aufbauend die Forschungsfragen präzisiert wurden, soll die wissenschaftliche und gesellschaftliche Relevanz der Fragestellung erörtert werden (I. Teil, Kapitel 3). Kapitel 4 des ersten Teils der Arbeit wird dann die Hinführung zu der zugrundeliegenden Theorie leisten (I. Teil, Kapitel 4). Dazu wird zunächst ein Überblick über theoriegeleitete Außenpolitikanalysen im Allgemeinen und Kognitionsanalysen im Speziellen innerhalb der Internationalen

Beziehungen (IB) geliefert (I. Teil, Kapitel 4.1.), um in einem zweiten Schritt dann den Operational Code als theoretischen Rahmen darzulegen (I. Teil, Kapitel 4.2.). Um sich dem konzeptionellen Rahmen der Arbeit zu nähern, wird hier ein eigener, theoriefokussierter Forschungsüberblick geliefert (I. Teil, Kapitel 4.2.1.). Dieser führt abschließend zu dem Status Quo in der Operational Code Forschung und dessen Erklärungskraft (I. Teil, Kapitel 4.2.2.) und bildet den direkten Zugang zu der dieser Arbeit zugrunde liegenden Methodik sowie der Operationalisierung (I. Teil, Kapitel 5). Das Methodenkapitel wird zu Beginn die Fallauswahl und das Design des Falles erörtern. Daran anschließend werden die methodischen Schwachstellen und die Bedingungen für eine Operational Code Analyse dargelegt (I. Teil, Kapitel 5.1.) sowie die quantitative Operational Code Analyse erläutert (I. Teil, Kapitel 5.2.), die in dieser Arbeit angewendet wird. Diese basiert auf einer Analyse von Sprechakten des Untersuchungsobjektes.[8] Der zweite Teil des Methodenkapitels diskutiert die Einzelfallstudie und erläutert die qualitative Methodik des Kongruenztests und der Prozessanalyse, die für den Teil III der Arbeit relevant sind (I. Teil, Kapitel 5.3.). Die Erhebung des Kongruenztests und die Prozessanalyse erfolgen auf der Basis von Pressemitteilungen, Dokumenten und Zeitungsartikeln. In diesem Sinne kombiniert die vorliegende Dissertation quantitative und qualitative Erhebungsmethoden (II. Teil und III. Teil) in einer Einzelfallstudie.

Der II. Teil der Dissertation wird den Operational Code von Angela Merkel in der Griechenlandkrise von 2010 bis 2015 analysieren. Wie bereits eingangs beschrieben, ist die Grundlage für eine quantitative Analyse die Untersuchung von Sprechakten. Die vorliegende Dissertation wählt Regierungserklärungen, die die Bundeskanzlerin innerhalb des Untersuchungszeitraumes in regelmäßigen Abständen hielt, als Datenmaterial. Aus diesem Grund sieht der II. Teil der Arbeit vor, die Reden pro Jahr zu codieren (II. Teil, Kapitel 2.1 bis 2.6), um abschließend die Jahresergebnisse gegenüberzustellen (II. Teil, Kapitel 3). Der III. Teil der Arbeit führt dann die im II. Teil ermittelte *unabhängige Variable* mit der *abhängigen Variable* zusammen und beantwortet Forschungsfrage B. Um die Korrelation zwischen der unabhängigen und der abhängigen Variable zu testen, wird ein Kongruenztest durchgeführt. Um weitergehend auch eine Kausalität zwischen unabhängiger und abhängiger Variable nachzuweisen, wird in einem zweiten Schritt eine Prozessanalyse durchgeführt. Teil IV beinhaltet die Schlussbetrachtung, die sich wiederum in eine empirische und eine theoretische Zusammenfassung gliedert, um abschließend einen Ausblick geben zu können.

---

8 Näheres zu der Durchführung von Sprechaktanalysen und ihren Schwachpunkten in Kapitel 5.1.

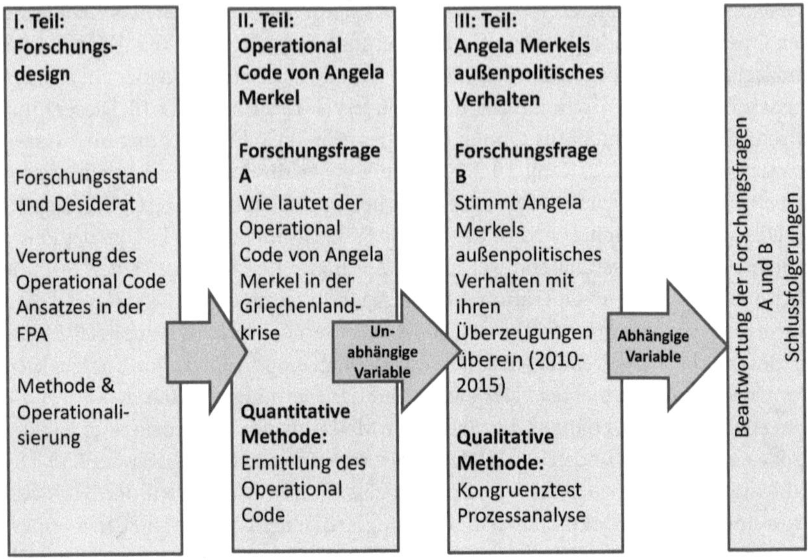

Abb. 1 Argumentationsstruktur der Arbeit
Eigene Darstellung (2015)

4 Theoriegeleitete Außenpolitikanalyse

Den konzeptionellen Rahmen für die vorliegende Dissertation soll der Operational Code Ansatz liefern. Bevor jedoch der Forschungsstand des Denkbildansatzes und dessen Grundannahmen dargelegt werden, soll zunächst eine Verortung des Ansatzes innerhalb der theoriegeleiteten Außenpolitikanalyse sowie den Kognitionsanalysen stattfinden.

Die wissenschaftliche Disziplin der Internationalen Beziehungen[9] beschäftigt sich mit den zwei Gegenstandsbereichen Außenpolitik und Internationale Politik. Deren Abgrenzung zueinander verläuft in der Regel über die *zu erklärende Varia-*

9 „Die Verteilung der Werte erfolgt in den internationalen Beziehungen entsprechend den Relationen an Macht, die die einzelnen Akteure aufbringen können. Wenn sich die Machtverhältnisse ändern, wandeln sich auch die ordnungspolitischen Strukturen" (Jäger/Beckmann 2011: 18).

ble. Außenpolitikanalysen[10] fragen nach dem *output* nationalstaatlicher Systeme, also nach dem Verhalten eines einzelnen Staates. Analysen der Internationalen Politik wiederum fragen nach dem *outcome*, also der Interaktion zwischen zwei oder mehreren Staaten (Jäger/Beckmann 2011: 18).

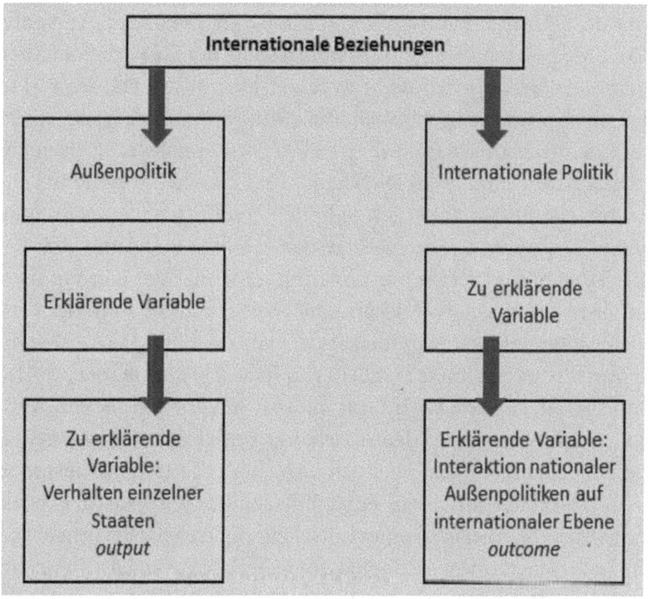

Abb. 2 Gegenstandsbereiche der IB
Eigene Darstellung (2015) in Anlehnung an Jäger/Beckmann 2011

Die vorliegende Arbeit befasst sich mit einer theoriegeleiteten Außenpolitikanalyse, weswegen der Fokus auf dem Gegenstandsbereich der Außenpolitik liegt. Die politikwissenschaftliche Forschung liefert keine eindeutigen, allgemein anerkannten Definitionen für Außenpolitik (Beach 2012: 2; siehe auch Brummer/Oppermann 2014: 1): Helga Haftendorn definiert Außenpolitik als einen „Interaktionsprozess, in dem ein Staat grundlegende Ziele und Werte in Konkurrenz zu den anderen Staaten

10 Zur Entstehung der Außenpolitikanalyse als Subdisziplin der Internationalen Beziehungen sind weiterführend die Arbeiten von Carlsnaes (2013) und Hudson (2007) zu nennen.

zu realisieren versucht" (Haftendorn 2011:13). Gunther Hellmann (2006: 15–16) hingegen versteht unter Außenpolitik „jene Handlungen staatlicher Akteure [...], die auf die Ermöglichung und Herstellung von kollektiv bindenden Entscheidungen in den internationalen Beziehungen abzielen". Christopher Hill (2003: 3) wiederum definiert Außenpolitik folgender Maßen: „ [...] the sum of official external relations conducted by an independent actor (usually a state) in international relations". Abhängig von der Definition von Außenpolitik ist der Fokus auf die Analyseeinheit (Beach 2012: 2–3). Gemäß Helga Haftendorn sollte der Staat im Fokus der Analyse liegen, Hellmann wiederum bezieht in seiner Definition staatliche Akteure, also staatliche Entscheidungsträger*innen in die Analyse mit ein. Dem gegenüber steht der eher angloamerikanisch dominierte FPA-Forschungsstrang, der sich selbst *foreign-policy decision making* (FPDM) nennt und klar zwischen dem Analysefokus unterscheidet. Die FPDM analysiert lediglich den Entscheidungsfindungsprozess und ist analytisch gesehen nicht mehr an den Inhalten und deren Umsetzung interessiert: „All that occurs between nations and across nations is grounded in human decisionmakers acting singly or in groups" (Hudson 2007: 3). In der vorliegenden Arbeit wird Außenpolitik verstanden als „[...] das zielorientierte, über die eigenen Staatsgrenzen hinaus gerichtete Handeln von staatlichen Akteuren [...]" (Brummer/Oppermann 2014: 1). Damit wird ein inklusives Verständnis von Außenpolitik angestrebt, welches von der „Identifizierung von Handlungsoptionen durch den oder die Entscheidungsträger" über den „Ablauf der Entscheidungsprozesse [...]", bis zu den „konkreten Inhalte[n] einer Entscheidung; sowie [der] praktische[n] Umsetzung (Implementierung) einer Entscheidung" reicht (Brummer/Oppermann 2014: 2–3). In diesem Sinne wird der klassische FPDM Ansatz des Operational Code vor dem Hintergrund einer weiter gefassten Außenpolitikdefinition nach Brummer und Oppermann angewendet, um eine Brücke zwischen den unterschiedlichen Definitionen zu schlagen.

Die Bedeutung theoriegeleiteter Außenpolitikanalyse (*Foreign Policy Analysis*, FPA) als Sub-Disziplin der IB hat in den vergangenen Jahren zugenommen (Brummer/Oppermann 2014: 4; Beach 2012: 3; Carlsnaes 2013: 298). Valerie Hudson beschreibt die theoriegeleitete Außenpolitikanalyse als „mature subfield of International relations" (Hudson 2015: 1) und stellt fest, dass „of all subfields of IR, FPA is the most radically integrative theoretical enterprise" (Hudson 2015: 3), indem es Ansätze aus der Psychologie, Soziologie, Anthropologie, den Wirtschaftswissenschaften etc. fruchtbar integriert. Als weiteres wichtiges Kennzeichen der FPA hebt sie die Akteurszentriertheit von FPA-Ansätzen hervor und macht hierin den zentralen Unterschied zu den akteursneutralen IB-Theorien aus. Drittens sei Außenpolitik gemäß FPA multifaktorial und mehrstufig, da für die Erklärung von Außenpolitik viele Faktoren verantwortlich sein könnten und die Analyse auf unterschiedlichen Analyseebenen angesiedelt sei (Hudson: 2015: 2; auch Hudson 2007: 6). Die *erklärende Variable* von Außenpolitik kann, wie *Abbildung 3* veranschaulicht, auf den drei unterschiedlichen Analyseebenen Systemebene, Akteursebene oder Individualebene verortet sein: „Explanatory variables from all levels of analysis, from the most micro to the most macro, are of interest to the analyst" (Hudson 2007:6). Brummer und Oppermann machen in ihrem Sammelband zur Außenpolitikanalyse deutlich, dass trotz der Mehrstufigkeit *second-* und *first image* Analysen die theoriegeleitete angloamerikanische Außenpolitikanalyse dominieren (Brummer/Oppermann 2014: 2).

n	**Analyseebene**	**erklärende Variable/n für Außenpolitik ist/sind....**
third image	Systemebene	regionale und internationale systemische Faktoren
second image	Akteursebene	organisatorische und bürokratische innerstaatliche Prozesse; innerstaatlicher Wettbewerb, nationale Kultur
first image	Individualebene	Überzeugen und Einstellungen von Entscheidungsträger*innen; Kleingruppenentscheidungen

Abb. 3 Die Analyseebenen von Außenpolitik
Eigene Darstellung (2018)

Ein Großteil der klassischen Außenpolitiktheorien suchte die Erklärung für die Außenpolitik eines Staates jedoch nach wie vor auf der Systemebene (*third image*) (Jäger/Beckmann 2011). Diese strukturellen Außenpolitiktheorien der IB, wie z.B. der Neorealismus, Institutionalismus oder auch Konstruktivismus haben als Erklärungsfaktoren die Struktur des Internationalen Systems, die Anarchie des Internationalen Systems, Machtasymmetrien zwischen Staaten etc. Sie blicken nicht auf die Relevanz individueller Entscheidungsträger*innen. In diesem Sinne sind Weltbilder, ‚belief systems', Gruppenhandeln oder die Rollen einzelner Personen in außenpolitischen Entscheidungsfindungsprozessen irrelevant. Die '*black box'* Staat wird in diesen strukturellen Theorien nicht geöffnet. Eliten oder auch individuelle Entscheidungsträger*innen eines Staates werden vielmehr als passive Akteure modelliert, die „nur übergeordneten strukturellen Zwängen folgen, die sich etwa aus dem internationalen System oder aus festgelegten organisatorischen Abläufen ergeben" (Brummer/Oppermann 2014: 135). Strukturelle Außenpolitiktheorien gehen davon aus, dass die Überzeugungen von Entscheidungsträger*innen lediglich auf internationale und nationale Realitäten reagieren (vgl. Schafer/Walker 2006b: 4), ganz im Gegensatz zu Kognitionsansätzen in der Außenpolitikanalyse.

4.1 Kognitionsanalysen in der Foreign Policy Analysis

Kognitionsanalysen, also Arbeiten, die die Individualebene als Ausganspunkt nehmen, haben in der FPA dennoch eine lange Tradition. Hatten die ersten Ansätze noch kein wirkliches Verständnis von Internationaler Politik und Außenpolitik, so etablierte sich in den 1950er Jahren eine systematische Forschung zu ‚beliefs' und ‚images', die auf der Theorie der kognitiven Konsistenz basierten. Die zentrale Grundannahme der Theorie der kognitiven Konsistenz besagt, dass alle Individuen ihre komplexe und widersprüchliche Umwelt strukturieren müssten und dazu auf ein ihnen inhärentes Überzeugungssystem zurückgreifen würden. Dieses Überzeugungssystem wiederum, welches die zentralen Überzeugungen eines Individuums bereitstellt, sei in der Regel in sich konsistent. Bei einem Individuum eintreffende Informationen würden immer dahingehend sortiert werden, ob sie das zentrale Überzeugungssystem in Frage stellen oder bestätigen. Der Theorie der kognitiven Konsistenz folgend würde ein Individuum versuchen, all jene Informationen, die dem Überzeugungssystem widersprechen, zu vermeiden:

> The assumption behind cognitive consistency is that individuals make sense of the world by relying on key beliefs and strive to maintain consistency between their beliefs. Under cognitive consistency, individuals maintain coherent belief systems and attempt to avoid acquiring information that is inconsistent or incompatible with their beliefs, especially their most central belief. In other worlds, "individuals do not merely subscribe to random collections of beliefs but rather they maintain coherent systems of beliefs which are internally consistent. (Bem 1970: 13) (zitiert in Rosati 1995: 52)

Spätere Forschung geht hingegen davon aus, dass individuelle Überzeugungen weitaus weniger konsistent seien, als bisher angenommen. Ganz im Gegenteil: Überzeugungen seien über die Zeit hinweg wandelbar. Innerhalb der FPA gab es vor allem im angloamerikanischen Sprachraum wichtige kognitive Studien, von denen hier nur einige angesprochen werden: So z. B. der von Ole Holsti (1967) systematisierte Image-Ansatz, bei dem Holsti in seiner Studie „Image of the Enemy" John Foster Dulles' Überzeugungen bezüglich der Sowjetunion untersucht. Neben der Operational Code Forschung, auf die im Folgenden noch näher eingegangen wird, gehört Axelrods' „Cognitive Mapping" noch dazu (Axelrod 1976), sowie die „Attribution Theory" (Heider 1958, 1977).

Zwei Entwicklungen führten nun dazu, dass sich *second- und first-image* Analysen und damit auch Kognitionsanalysen[11] in der theoriegeleiteten Außenpolitikanalyse etablierten. Auf der einen Seite passte sich die Außenpolitikforschung den realpolitischen Veränderungen an, als 1989/90 die Sowjetunion zusammenbrach und damit das Ende des bipolaren Systems begann (Hudson 2007: 30–31; Lebow/Risse-Kappen 1995). Die bisherigen systemischen Erklärungsansätze der IB und damit auch der Außenpolitikforschung hatten den Zusammenbruch der Sowjetunion und das Ende des Kalten Krieges nicht vorhergesehen (Schafer/Walker 2006b: 3). Auf der anderen Seite führte eine methodologische, wissenschaftsinterne Debatte über das Verhältnis von Akteur und Struktur in den 80er Jahren zu einer stärkeren Akteurszentriertheit. Akteursszentrierte Erklärungsansätze, darunter auch Kognitionsanalysen gewannen nun an Aufwind und rückten in den Mittelpunkt: „Die Veränderung von Akteurspräferenzen als Ursprung systemischen Wandels wurde daher ein Schwerpunkt der Außenpolitikforschung" (Harnisch 2003: 319; Breslauer/Tetlock 1991; siehe auch Hudson 2007: 31). Auch Valerie Hudson stellte heraus, dass „all that occurs between nations and across nations is grounded in human decision makers acting singly or in groups" (Hudson 2007: 3), weswegen eine stärkere Fokussierung auf Entscheidungsträger*innen angemessen wäre. Wie bereits erwähnt, unterscheiden sich wissenschaftliche Auseinandersetzungen mit theoriegeleiteter Außenpolitikanalyse jedoch hinsichtlich ihrer Integrationsleistung: Für Brummer und Oppermann (2014) bedeuten FPA-Analysen die Inklusion aller Phasen von Außenpolitik: Die Problemdiagnose, der Ablauf von Entscheidungsprozessen, die Inhalte einzelner Entscheidungen sowie die Umsetzung und Implementierung von Entscheidungen (Brummer/Oppermann 2014: 2–3). Nach Hudson können entweder einzelne Entscheidungen oder eine Kombination aus Entscheidungen in einer FPA-Analyse, oder die unterschiedlichen Stufen eines Entscheidungsfindungsprozesses untersucht werden (Hudson 2007: 4–5).

Eine zentrale Unterscheidung zwischen kognitiven Außenpolitiktheorien, also jenen Außenpolitiktheorien, die sich auf Individuen in außenpolitischen Entscheidungsfindungsprozessen konzentrieren und auf der Individual- oder Akteursebene ansetzen und eher strukturell orientierten Theorien liegt in der jeweiligen Auseinandersetzung mit der Frage nach der Relevanz von Kognition für die Erklärung von Entscheidungen sowie der Rationalität der Menschen.

11 Aber bereits vor dem Ende des Kalten Krieges hatten Kognitionsanalysen den Weg in die Außenpolitikforschung gefunden. Die Verknüpfung kognitiver Faktoren und Außenpolitik kann auf eine breite Psychologieforschung zurückgreifen. So kann auf die Attributionspsychologie, Theorien der kognitiven Konsistenz oder der Entscheidungsfindung zurückgegriffen werden. Für einen Literaturüberblick siehe weiterführend Tetlock/McGuire (2002: 488–489).

Die Kognition eines Individuums beruht auf dessen mentalen, psychischen und emotionalen Fähigkeiten und Möglichkeiten. In diesem Sinne ist der Begriff der Kognition eher inklusiv zu verstehen, da er mehr als nur die Denkfähigkeit und Problemlösungsfähigkeit eines Individuums umfasst, sondern auch dessen Gefühle, Wahrnehmung, Überzeugungen, Wünsche etc. Rosati (1995) weist jedoch auf die Unterscheidung zwischen einem politikwissenschaftlichen und einem psychologischen Verständnis von Kognition hin: Die Politikwissenschaft verstehe unter Kognition lediglich Überzeugungen, Wahrnehmungen, sowie die Verarbeitung von Informationen. Das Konzept der Persönlichkeit umfasse aus politikwissenschaftlicher Perspektive hingegen Emotionen und Motivationen. Die Psychologie hingegen schließt das Konzept der Kognition in ein breiter angelegtes Konzept der Persönlichkeit mit ein (1995: 68; Fußnote 1). Wenn im Folgenden von Kognition die Rede ist, bezieht sich die Autorin auf das politikwissenschaftliche Verständnis des Begriffes und auf die Relevanz von Kognition für Entscheidungsfindungsprozesse in der Außenpolitikanalyse.

Mit dem Einzug von kognitiven Ansätzen in die Außenpolitikanalyse und der zunehmenden Relevanz von Kognition als Erklärung für außenpolitische Entscheidungen, geriet das bis dahin dominante Konzept der Rationalität in die Kritik: Rational Choice Modelle gehen davon aus, dass Menschen ihr Handeln grundsätzlich einer Kosten-Nutzen-Kalkulation unterwerfen, immer vor dem Hintergrund einer fixen Präferenzordnung und stets das Ziel verfolgend, den Nutzen ihrer Handlung zu maximieren (Bueno de Mesquita 1981, 1984, 1985, 1997; siehe auch Alden/Aran 2012: 15–16; Brummer/Oppermann 2014: 135). Im Rahmen des sogenannten „cognitive turn" in den Sozialwissenschaften wurde dieses Rational-Choice Modell vermehrt in Frage gestellt: „Formal models of rational choice do not claim to explain the beliefs and expectations which lead to choice, and therefore, in a fundamental sense, leave out most of what is important in explaining foreign policy" (Gross Stein 2012: 132). Im Gegensatz zu Systemtheorien der IB, welche die Bedeutung von Überzeugungen politischer Eliten aus ihren Außenpolitikanalysen ausklammern, gehen kognitive Theorien davon aus, dass alle Individuen, auch politische Eliten und Entscheidungsträger*innen über eine begrenzte Rationalität verfügen, also ein Verhalten an den Tag legen „that is adaptive within the constraints imposed both by the external situation and by the capacities of the decision maker" (Simon 1985: 294). Die kognitive Revolution modifizierte also die Grundannahme der Rationalität: „The cognitive approach is not antirational. It simply assumes that humans process information differently depending on time constraints, prior beliefs and experiences, limited searches for information, and a dominant goal or value that heavily influences the decision process" (DeRouen/Sprecher 2004: 57; zit. in Brummer und Oppermann 2014:

136). Der von Herbert Simon entwickelte Begriff der ‚bounded rationality' verweist auf eben jene Grenzen menschlicher Kognition, die dennoch nicht gleichzusetzen sind mit Irrationalität oder mangelnder Intelligenz. Individuen gelten in diesem Sinne nur als kognitiv schlicht, verlustavers und risikoscheu, da sie immer im Kontext einer unübersichtlichen, komplexen Realität agieren müssen (Simon 1985: 297; siehe auch Alden/Aran 2012: 21). Aufgrund ihrer „Schlichtheit" müssten alle Menschen, auch politische Entscheidungsträger*innen und Eliten, die Realität mit Hilfe von Analogien und Heuristiken simplifizieren. Menschen wären stets mit unvollständigen und oft nicht vertrauenswürdigen Informationen konfrontiert, müssten unter hohem Zeitdruck und Stress arbeiten und in komplexen Entscheidungssituationen agieren (vgl. Tetlock/McGuire 2002: 489) Vor diesem Hintergrund seien sie darauf angewiesen „cognitive short cuts" anzuwenden: „We all need to simplify a noisy, distracting, and complex environment in order to see patterns, but typically we oversimplify badly. Political leaders are no exception" (Gross Stein 2012: 133). In diesem Sinne seien wir alle „poor estimators" (Gross Stein 2012: 136–137) Die Annahme der begrenzten Rationalität schließt politische Eliten und Entscheidungsträger*innen also bewusst mit ein, auch im Operational Code Ansatz: „In opposition to structural approaches, we conclude that governments and their respective leaders do not necessarily respond in a rational manner to the reward and punishment contingencies of the international environment" (Malici/Malici 2005: 407 und Tetlock 1991: 24).[12]

4.2 Operational Code Ansatz – ‚beliefs matter'

Der Operational Code Ansatz[13] zählt zu den kognitiven Ansätzen der theoriegeleiteten Außenpolitikanalysen. Der Operational Code Ansatz versucht außenpolitische Entscheidungen über das politische Überzeugungssystem (*political belief system*) von Entscheidungsträger*innen zu analysieren: Die grundlegende kausale Annahme

12 Rosati hob hervor: „a cognitive approach posits that individuals tend to be much more closed-minded due to their beliefs and the way they process information – thus they tend to resist adapting to changes in the environment. A cognitive perspective emphasizes the importance of axmining the individuals involved in the policymaking process, for they are likely to view their environment differently" (1995: 50).

13 In der deutschsprachigen Forschung wird der Operational Code Ansatz oft als Denkbild-Ansatz bezeichnet. „Denkbild-Ansätze untersuchen die Außenpolitik auf der Ebene des außenpolitischen Entscheidungsträgers. Sie gehen von der Annahme aus, daß die Umweltwahrnehmung des Entscheidungsträgers einen wesentlichen Einfluß auf dessen Verhalten in seiner Umwelt ausübt" (Harnisch 2000: 49).

des Operational Code-Ansatzes lautet entsprechend, dass „a subject's Operational Code has an effect on the states's policy actions" (Schafer/Walker 2006a: 45). Im Zentrum der Analyse stehen also Entscheidungsträger*innen, denn „who leads matters" und „beliefs matter" (Walker 2003: 245, 275).

Dabei geht der Operational Code Ansatz davon aus, dass politische Entscheidungsträge*innen über zwei Überzeugungssysteme verfügen, die in Abhängigkeit zueinander stehen, aber unterschiedliche Funktionen erfüllen. Auf der einen Seite verfügen Individuen über sogenannte philosophische Überzeugungen. Das Set an philosophischen Überzeugungen, die einem Akteur zu Eigen sind, geben Aufschluss über dessen grundlegende Weltsicht: Die philosophischen Überzeugungen „[...] beziehen sich auf grundlegende Annahmen und Prämissen über die Natur von Politik und politischen Konflikten sowie auf die Rolle von Individuen in der Geschichte. Sie thematisieren also die oben aufgeführten „Wahrnehmungen" und „Diagnosen"" (Brummer 2011: 145). Die philosophischen Überzeugungen helfen einem Akteur dabei, eine Situation angemessen zu bewerten und einzuschätzen. Sie gelten als eine Art diagnostischer Rahmen, der es Entscheidungsträger*innen ermöglicht, die komplexe Realität zu filtern.

Auf der anderen Seite stehen die instrumentellen Überzeugungen eines Akteurs. Das instrumentelle Überzeugungssystem von Akteuren ist verantwortlich für die Zielsetzung und Wahl von Instrumenten, um zur Zielerreichung zu gelangen. Sie sind der entscheidungsrelevante Rahmen, der Entscheidungsträger*innen mit der notwendigen Fähigkeit ausstattet, entsprechend ihrer philosophischen Überzeugungen die richtigen Mittel zur Zielerreichung einzusetzen. Die instrumentellen Überzeugungen eines Akteurs beeinflussen die Auswahl von Handlungsalternativen bezüglich einer Entscheidungssituation: „Die philosophischen Überzeugungen wirken dabei eher auf die Bewertung der Situation, während die instrumentellen Überzeugungen die Auswahl der Mittel und taktischen Erwägungen bestimmen" (Harnisch 2000: 51; siehe auch George 1969: 199; Walker/Schafer/Young 2003: 216; Brummer 2011: 144).

In diesem Sinne versucht der Operational Code Ansatz also „eine explizite Verbindung zwischen den Überzeugungen von Akteuren und deren Handeln" (Brummer 2011: 144) herzustellen, und versteht sich in seiner aktuellen Ausrichtung als ein kognitiver Ansatz, der durch den Fokus auf die Mikrofundierung von Außenpolitik und Internationaler Politik die eher strukturellen Großtheorien der Disziplin bereichern will (Walker/Schafer 2006: 240). Der Operational Code Ansatz hat eine lange Tradition und hat sich von einem sehr komplexen, unsystematischen Ansatz zu einem quantitativen, systematisierten Ansatz gewandelt. Im Folgenden soll anhand eines Forschungsüberblickes die Genese des heute vorliegenden Ansatzes dargelegt werden.

4.2.1 Die Genese des Operational Code Ansatzes

Die politikwissenschaftliche Forschung über den Operational Code Ansatz wird von angloamerikanischen Forscher*innen dominiert. Die von Nathan Leites entworfene und 1951 und 1953 im Doppelband „The Operational Code of the Politburo“ und „A study of Bolshevism“ erstmals veröffentlichte Operational Code Metapher lieferte einen ersten, sehr komplexen kognitiven Ansatz zur Analyse von Außenpolitik: „Nathan Leites introduced the operational code construct into the domain of political psychology in his classic, two-volume work, The Operational Code of the Politburo (1951) and A Study of Bolshevism (1953)“ (Walker 1990: 403). In diesem Sinne gilt Leites als Referenztheoretiker für die weitere Operational Code Forschung. Dennoch manifestieren sich in Leites Operational Code Verständnis einige der Probleme, die generell mit kognitiven Analysen in Verbindung gebracht wurden (Walker 1990: 407). Davon ausgehend hat sich in den 70er Jahren und dann in den 90er Jahren des vergangenen Jahrhunderts eine breite Forschungsgemeinschaft mit Operational Codes von Entscheidungsträger*innen befasst, die im Folgenden besprochen werden sollen.

Alexander George griff Leites Gedanken 1969 wieder auf und versuchte das Konzept neu zu strukturieren und zu systematisieren. Ihm gelang es, bestimmte Überzeugungen wie ethische oder normative aus der Analyse auszuklammern und sich lediglich auf die Überzeugungen von politischen Entscheidungsträger*innen zu konzentrieren, die sich mit dem politischen Leben befassten: „What emerges is a research construct for empirical work on decision-making that focuses more clearly than did A Study of Bolshevism on the interelated set of beliefs about the nature of political strategy and tactics“ (George 1969: 199). George entwickelt auf dieser Systematisierung aufbauend zehn Fragen über die philosophischen und instrumentellen Überzeugungen politischer Eliten; aus den Antworten von Entscheidungsträger*innen auf diese Fragen sollte sich deren Überzeugungsstruktur ableiten lassen (George 1969: 200).

Tab. 1 Der Operational Code nach Alexander George

Philosophical Beliefs	Instrumental Beliefs
P-1: What is the essential nature of political life? Is the political universe essentially one of harmony or conflict? What is the fundamental character of one's political opponents?	I-1: What is the best approach for selecting goals or objectives for political action?
P-2: What are the prospects for the eventual realization of one's fundamental political values and aspirations? Can one be optimistic, or must one be pessimistic on this score; and in what respects the one and/or the other?	I-2: How are the goals of action pursued most effectively?
P-3: Is the political future predictable? In what sense and to what extent?	I-3: How are the risks of political action calculated, controlled, and accepted?
P-4: How much control or mastery can one have over historical development? What is one's role in moving and shaping history in the desired direction?	I-4: What is the best timing of action to advance one's interest?
P-5: What is the role of chance in human affairs and in historical development?	I-5: What is the utility and role of different means for advancing one's interests?

Quelle: George (1969)

Aufbauend auf der von George entwickelten 10-Fragen-Matrix zum Überzeugungssystem von Entscheidungsträger*innen, nahm die hauptsächlich qualitative Operational Code Forschung in den 70er Jahren des letzten Jahrhunderts zu. 1970 analysierte Ole Holsti in einer qualitativen Inhaltsanalyse den Operational Code von John Foster Dulles, dem damaligen US-Außenminister (Holsti 1970). Stephen Walker untersuchte 1977 den Operational Code von Henry Kissinger ausschließlich basierend auf dessen akademischen Schriften, und verglich diesen mit Kissingers Verhandlungstaktik während des Vietnamkrieges:

> In Spite of the reservations expressed against the use of a cognitive approach by its critics and the limitations placed on the application of the operational code construct by its principal advocates, the objective of this study is to attempt to establish connections between Kissingers's operational code and American foreign policy behavior. (Walker 1977: 132)

Auch Walker ging also von einer Verbindung zwischen dem politischen Überzeugungssystem eines/r Entscheidungsträger*in sowie dem außenpolitischen Verhalten eines Staates aus (Walker 1977: 133). Alexander George analysierte 1979 in seinem

Aufsatz „The Causal Nexus between Cognitive Beliefs and Decision-Making Behavior: The Operational Code Belief System", inwiefern es einen Zusammenhang gebe zwischen der Entscheidungsfindung und dem Operational Code. Die Konzeptualisierung von politischen Überzeugungssystemen von George, Walker und Holsti basierten alle auf der Grundannahme der kognitiven Konsistenz und gingen davon aus, dass Operational Codes per se kohärent seien.[14] Die Autoren modellierten das Konzept des Überzeugungssystems also auf der von Converse erarbeiteten Definition der kognitiven Konsistenz, nach der Überzeugungssysteme „a configuration of ideas and attitudes [are] in which the elements are bound together by some form of constraint of functional interdependence" seien (Converse 1964: 207–208; siehe auch Walker/Schafer/Young 1998: 176).[15] Die zentralen Grundannahmen dieser *cognitive consistency* Theorie besagen, dass Überzeugungen sowohl über die Zeit hinweg stabil seien als auch intern eine Konsistenz aufweisen würden, d.h. ein Individuum habe über mehrere Politikfelder hinweg ein stabiles Überzeugungssystem (Schafer/Walker 2006c: 566; Walker/Schafer/Young 2003: 217; Brummer/Oppermann 2014: 160; Renshon 2011: 171).

Hervorzuheben ist innerhalb dieser ersten Forschergeneration über Operational Codes die Arbeit von Ole Holsti (1977). Mit seinem Aufsatz „The operational code as an approach to the analysis of belief systems" erfuhr der Ansatz eine weitere Systematisierung. So ist vor allem die für die spätere auch quantitative Forschung besonders relevante Unterscheidung zwischen einfachen Überzeugungen und dem „master belief" ebenfalls auf Holstis Arbeiten zurückzuführen. Ausgangspunkt seiner Typologisierung ist dabei die Annahme, dass die Einschätzung eines Akteurs über die *Natur des Politischen Lebens* (P-1) zu den zentralen Überzeugungen gehört und alle weiteren Überzeugungen sich daran ausrichten. Ausgehend von Georges zehn Fragen über das Überzeugungssystem von Entscheidungsträger*innen identifizierte Holsti also P-1 (Natur des politischen Universums) als die wichtigste Überzeugung. Holsti versucht die zwei P-1 Parameter *Natur des politischen Universums (P-1)* und *Quelle von Konflikten* zu verbinden, indem er nach diesen beiden fundamentalen Aspekten fragt: Sieht der Entscheidungsträger einen Konflikt als dauerhaft oder befristet an? Und, auf welcher Ebene liegen die Quellen dieser Konflikte? Hier greift er auf die drei Ebenen von Waltz (1959) zurück. In diesem Sinne modelliert Holsti

---

14 Siehe auch Walker 1977, Holsti 1977, Walker/Falkowski 1984.

15 „Der Brückenschlag zwischen Überzeugungen und Handlungen von Entscheidungsträgern wird durch die Theorie der kognitivien Konsistenz (cognitive consistency theory) hergestellt. Diese besagt unter anderem, dass Überzeugungen ein interdependentes und hierarchisches System darstellen, in welchem die einzelnen Bestandteile untereinander konsistent sowie nur sehr schwer zu ändern sind" (Brummer/Oppermann 2014: 160; siehe auch Renshon 2011: 171).

eine 6-Felder-Matrix: „He identified six types of operational codes (A,B,C,D,E,F), based on the nature (temporary/permanent) and source (individual/society/international system) of conflict in the political universe“ (Schafer/Walker 2006b: 12; siehe auch Holsti 1977).

Tab. 2 Operational Code-Typologie nach Holsti (1977)

What are the fundamental sources of conflict? *(P-1)*	What ist the fundamental nature pof the political universe? *(P-1)*	
	Harmonious (conflict is temporary)	Conflictual (conflict is permanent)
Human Nature (*first image*)	A	D
Attributes of Nations (*second image*)	B	E
International System (*third image*)	C	F

Quelle: Nach Holsti (1977:158); eigene Eränzungen in kursiv

Walker (1983; 1990) wiederum griff die sechs Typologien von Holsti auf und entwickelte eine neuere Fassung der Operational Code Typologie mit nur vier Denkbilder-Typen. Er fasste die Typen D, E und F in einer Kategorie zusammen. Gemein hatten diese Analysen alle eine deduktive Vorgehensweise, die, ausgehend von einer Typologie von Denkbildern „top-down“ auf das tatsächliche Überzeugungssystem eines Entscheidungsträgers schließe.

Die zweite Generation der Operational Code Forscher*innen griff zentrale methodische Probleme auf und erkannte an, dass Denkbilder von Entscheidungsträger*innen komplexer sind, als ursprünglich angenommen (Brummer/Oppermann 2014: 162). Die Ergebnisse dieser Forscher*innengeneration weisen auf Folgendes hin: Zum einen wird die bis dahin angenommene Stabilität von Überzeugungen basierend auf der *cognitive constistency* Theorie in Frage gestellt. Walker, Schafer und Young charakterisieren Denkbilder als „a set of alternative `states of mind´ (1998: 176): „Dies schließt Möglichkeiten für Veränderungen von Überzeugungen, etwa durch Lernen, ebenso ein wie die [...] Entwicklung von „themenspezifischen“ Überzeugungen“ (Brummer/Oppermann 2014: 162). Zum anderen können Entscheidungsträger*innen vor allem im Bereich der instrumentellen Überzeugungen durchaus mehrere, sich auch widersprechende Überzeugungssysteme in sich vereinen. Grundsätzlich seien Persönlichkeiten komplex und könnten in unterschiedlichen

Situationen auch unterschiedliche „state of minds" einnehmen: „Opposing beliefs about the relative utility of different strategies and tactics may coexist in the same leader and become aroused differentially, depending on the domain in which s/he is engaged and the cues from the environment" (Schafer/Walker 2006c: 566; siehe dazu auch Walker 1983; Walker/Schafer/Young 1998; 1999). Außerdem würden nicht alle Entscheidungsträger*innen ein klar definiertes Überzeugungssystem aufweisen, das sich zusätzlich noch über die Zeit ändern könne: „Moreover, not all leaders have a single, well-defined set of operational code beliefs, and leaders may change their beliefs over time" (Schafer/Walker 2006c: 566). So zeigten beispielsweise Walker und Schafer (2000) in ihrer Studie zum amerikanischen Präsidenten Lyndon B. Johnson während des Vietnamkrieges auf, dass sich dessen Operational Code über die Zeit verändert habe (Walker/Schafer 2000: 537). Auch Jonathan Renshon (2008) stellt eine Veränderung im Operational Code von Präsident George W. Bush fest. Zu den wichtigsten Erkenntnissen in Bezug auf die Stabilität von Überzeugungssystemen zählen also: Überzeugungen sind weder über die Zeit noch über Politikfelder hinweg stabil, sondern eher volatil (Crichlow 1998; Walker/Schafer/Young 1998, 1999; Marfleet 2000; Schafer/Crichlow 2000; Walker/Schafer 2000); ein/e einzelne/r Entscheidungsträger*in kann unterschiedliche, sich auch widersprechende Überzeugungen in sich vereinen; Lernprozesse schlagen sich im Operational Code von Entscheidungsträger*innen nieder.[16] Im Rahmen der Operational Code Forschung, die sich mit dem Wandel und der Stabilität von Überzeugungssystemen beschäftigt hat, weisen die Ergebnisse außerdem darauf hin, dass philosophische Überzeugungen volatiler sind als instrumentelle Überzeugungen (Renshon 2008; Feng 2005; Malici/Malici 2005; Schafer/Crichlow 2000; Walker/Schafer/Young 1998).

Mit der Erkenntnis, dass Entscheidungsträger*innen über politikfeldspezifische Überzeugungssysteme verfügen, veränderte sich auch die mögliche Analyserichtung. Denkbildanalysen sollten nun eher *bottom-up* Analysen sein, bei der die Überzeugungen eines Akteurs bezüglich unterschiedlicher Politikfelder hinweg erst gesammelt werden, um dann induktiv auf dessen Überzeugungssystem zu schließen (siehe Schafer/Walker 2006c: 566): „Im Mittelpunkt dieser Diskussion steht die Frage, ob jeder Akteur über einen generalisierten Operational Code verfügt, der von oben (top-down) auf einzelne Themenbereiche angewandt wird, oder ob von unten (bottom-up) von handlungs- bzw. themenspezifischen Operational Codes ausgegangen wird" (Brummer/Oppermann 2014: 163). Diese neuen Erkenntnisse hinsichtlich der Analyse von Operational Codes und ihrer Struktur sind auch von weiteren Wissenschaftler*innen aufgegriffen worden. Wie bereits

16 Weiteres zum Wandel von Operational Codes im folgenden Abschnitt desselben Kapitels.

erwähnt, wählt die vorliegende Dissertation ebenfalls die *bottom-up* Perspektive und untersucht den politikfeldspezifischen Operational Code von Angela Merkel in der Griechenlandkrise.

Die dritte Forscher*innengeneration hat die Kausalitätsannahme in Operational Code Analysen aufgeriffen und die Kausalität zwischen Überzeugungen und außenpolitischen Entscheidungen untersucht. Dabei wurden Überzeugungen als „causal mechanisms with steering effect" charakterisiert (Schafer/Walker 2006b: 7). Wo frühere Operational Code Forschung Überzeugungen lediglich indirekte Einflussmöglichkeiten auf außenpolitische Entscheidungen und Entscheidungsprozesse zugestanden hat, sieht die aktuelle Operational Code Forschung einen kausalen Zusammenhang zwischen Überzeugungen und außenpolitischem Handeln, und zwar indem die Überzeugungen „steer the decisions of leaders by shaping the leaders' perceptions of realitiy, acting as mechanisms of cognitive and motivated bias that distort, block, and recast incoming information from the environment" (Schafer/Walker 2006b: 5). Überzeugungen gelten also als „mentale Schablonen" (Brummer/Oppermann 2014: 158; Brummer 2011: 144), die Entscheidungsträger*innen darin beeinflussen, wie sie Realität wahrnehmen und interpretieren und entsprechend außenpolitisch handeln. Darüber hinaus soll diese Kausalitätsannahme besonders dann gelten, wenn Entscheidungssituationen bestimmte Bedindungen erfüllen. Klaus Brummer und Kai Oppermann zählen auf der Grundlage der von Ole Holsti herausgearbeiteten *scope conditions* folgende auf:

> [...] bei Nicht-Routineentscheidungen", „bei langfristige Planungsentscheidungen, mit denen [...] ein hohes Maß an [...] Ungewissheit einhergeht", „bei Entscheidungen in komplexen Situationen", „in Situationen, in denen sich Entscheidungsträger mit einem Übermaß an Informationen konfrontiert sehen", „bei unvorhergesehenen Ereignissen" sowie „bei Entscheidungen unter Stress" [...]. (Brummer/Oppermann 2014: 163–164)

Vorausgesetzt die genannten Bedingungen für Entscheidungssituationen sind gegeben, soll der Einfluss von Überzeugungen auf die Außenpolitik eines Staates groß sein. Vor diesem Hintergrund ist auch die zentrale Rolle von Eliten oder einflussreichen Entscheidungsträger*innen in Operational Code Forschung nachvollziehbar (Dyson 2001: 331; Brummer 2011: 148).

Außerdem hat die aktuelle Operational Code Forschung den Schritt zu einer quantitativen Forschung vollzogen: „Operational code analysis has evolved from a qualitative and subjective textual analysis technique into a systematic, computer-aided content analysis methodology with the introduction of the VICS system by Walker and colleagues" (Marfleet/Simpson 2011: 209; siehe auch Brummer 2011: 150). 1998 entwickelten Walker, Schafer und Young in ihrem Aufsatz „Systematic Procedures for Operational Code Analysis: Measuring and Modeling Jimmy Carter's Operational Code" das *Verbs In Content System*, um Operational Codes quantitativ analysieren zu können (Walker/Schafer/Young 1998; siehe auch Walker/Schafer/Young 2003: 224). Hierbei handelt es sich um ein computergestütztes System, welches zur Inhaltsanalyse von Sprechakten herangezogen wird. Das Ziel der Wissenschaftler*innen war es, Operational Code Analysen reproduzierbar und vergleichbar zu machen, um zentrale Kritikpunkte an qualitativen Sprechaktanalysen entgegenzutreten. Die Grundannahme dieses quantitativen Forschungsprogrammes ist, „that a subject's verbal statements can be used for retrieving patterns from a leader's public statements and drawing inferences about public behavior that are consistent with their beliefs and personalities" (Schafer/Walker 2006c: 567).

Die mit diesem Aufsatz eingeleitete quantitative Wende in der Operational Code Forschung ist vielfach rezipiert worden (Walker/Schafer/Young 1999; Walker/Schafer 2000; Feng 2005; Malici 2006; Renshon 2009). Methodisch ähneln sich diese Arbeiten, weil sie fast ausschließlich mit dem VICS System arbeiten, inhaltlich beschäftigt sich Operational Code Forschung nach wie vor mit dem Wandel von Überzeugungssystemen. Der eine Forschungszweig untersucht dabei den Wandel über die Zeit hinweg. Malici und Malici (2005) analysieren, ob sich die Operational Codes der beiden Führungspersönlichkeiten Castro und Kim II Sung nach dem Niedergang der Sowjetunion und vieler kommunistischer Staaten geändert haben. Genauer fragen sie nach möglichen Lernprozessen innerhalb der Denkbilder einzelner Entscheidungsträger*innen (Malici/Malici 2005: 396). Sie unterscheiden zwischen simplem Lernen, diagnostischem und komplexem Lernen. Unter simplem Lernen verstehen Malici und Malici eine Änderung in den instrumentellen Denkbildern, also jener Kategorie, die für die Zielerreichung relevant ist. Diagnostisches Lernen meint eine Änderung im philosophischen Überzeugungssystem. Komplexes Lernen schließlich findet dann statt, wenn eine Änderung beider Überzeugungssysteme vorliegt. Dies wiederum würde eine Veränderung der strategischen Präferenzen nach sich ziehen (Malici/Malici 2005: 396; siehe auch Crichlow 1998). Der andere Forschungszweig geht der Frage nach, ob sich der Operational Code eines Individuums durch externe Ereignisse ändern könne. Walker und Schafer untersuchten den Operational Code von Jimmy Carter vor und nach der sowjetischen Invasion in Afghanistan. Die Ergebnisse weisen darauf hin, dass das Ereignis des sowjetischen Angriffs auf Afghanistan einen Wandel in Carters Überzeugungssystem nach sich zog (Walker/Schafer/Young 1998: 185–186). Walker und Schafer verglichen den Operational Code von Johnson mit dem seiner Berater (Walker/Schafer 2000: 529). Sie untersuchen den öffentlichen Operational Code von Johnson bezüglich nationaler und außenpolitischer Fragestellungen und vergleichen die Ergebnisse anschließend mit dem Operational Code seiner Berater. Feng analysierte Mao's Überzeugungssystem während des Koreakrieges und weist nach, dass sich Mao's Operational Code verändert habe (Feng 2005). Auch Renshon (2011) untersucht den Wandel von George W. Bushs Operational Code in vier unterschiedlichen Zeitspannen: vor seiner Amtsübernahme, vor dem 11. September 2001, nach dem 11. September 2001 und gegen Ende seiner Präsidentschaft. Die Ergebnisse seiner quantitativen Studie weisen darauf hin, dass „traumatic events can permantently alter belief systems, rather than simply causing a fleeting shift" (Renshon 2011: 183).

Darüber hinaus hat sich die dritte Forscher*innengeneration inhaltlich mit anderen Fragen beschäftigt: Malici (2005) untersucht in einer quantitativen Studie die Kooperation zweier Alliierter in einer internationalen Fragestellung: Ausgangspunkt seiner Untersuchung ist die Frage, wieso Großbritannien und Frankreich zwar in der „Operation Enduring Freedom" kooperierten, in der „Operation Iraqi Freedom" aber nicht. Malici (2006) analysiert in seiner Studie über die deutsche Außenpolitikkultur die Denkbilder von Helmut Kohl und Hans-Dietrich Genscher. Wieder Schafer und Walker (2006) gehen der Frage nach, inwiefern Führungspersönlichkeiten demokratischer Staaten sich in ihren Operational Codes ähneln, beziehungsweise ob sie ähnliche Einstellungen bezüglich Konflikten, Kriegen etc. haben: „We investigate whether their belief systems (a) differ from each other; (b) vary toward different regime types (democratic and nondemocratic); and (c) represent some of the underlying cultural norms from their respective democracies" (2006: 562). Auch hier bestätigt sich die Annahme, dass Überzeugungssysteme „may vary over time, by issue areas, and within different contexts" (Marfleet/ Simpson 2011: 208). Trotz dieser offensichtlichen Dominanz quantitativer Studien, sind in den letzten Jahren auch erkenntnisreiche qualitative Arbeiten entstanden (Harnisch 2000; Brummer 2011; Dyson 2001), zwei davon im deutschsprachigen Raum. Dyson untersucht in einer der nun selten gewordenen qualitativen Studien, den Operational Code von Putin, um generelle Aussagen über die Analyse von Denkbildern zukünftiger Politiker*innen und Entscheidungsträger*innen zu machen (2001). Sebastian Harnisch untersucht in einer qualitativen Fallstudie basierend auf der Kongruenzmethode und einer Prozessanalyse die amerikanische Außenpolitik auf der koreanischen Halbinsel. Dazu untersucht er die Operational Codes der drei Administrationen Nixon, Carter und Clinton mit dem Ziel, „in jeder Fallstudie de[n] Zusammenhang zwischen der unabhängigen Variable „außenpolitisches Denken" und der abhängigen Variable „US-Südkoreapolitik"" zu testen und abschließend „den Einfluß des „Faktors Denkbild" auf Kontinuität und Wandel der amerikanischen Südkoreapolitik zu messen" (Harnisch 2000: 25). Eine Kausalität zwischen der unabhängigen Variable „Denkbild" oder „Operational

Code" und der abhängigen Variable mit Hilfe einer Prozessanalyse zu erstellen, ist auch Ziel der vorliegenden Arbeit. Aus diesem Grund wird auf die umfangreiche Studie von Harnisch immer wieder verwiesen werden. Klaus Brummer arbeitete 2011, ebenfalls in einer qualitativen Studie, die Überzeugungen Angela Merkels in der Afghanistanpolitik heraus und setzt diese anschließend in Bezug zu ihrem außenpolitischen Handeln. Auch in dieser Studie fungiert also der zuvor ermittelte Operational Code einer Entscheidungsträgerin als unabhängige Variable für die Erklärung der abhängigen Variable „außenpolitisches Verhalten" (Brummer 2011: 150). Beide Studien liefern wichtige Erkenntnisse für die deutschsprachige theoriegeleitete Außenpolitikanalyse und für die vorliegende Arbeit, besonders bezüglich der Konzeption des Forschungsdesigns. Die vorliegende Dissertation geht jedoch noch einen Schritt weiter und versucht mit Hilfe der quantitativen Methode des *Verbs in Context Systems* basierend auf Sprechakten, den politikfeldspezifischen Operational Code Angela Merkels als unabhängige Variable zu ermitteln (UV), um in einem Zwischenschritt deduktiv die Erwartungen von Angela Merkels außenpolitischem Verhalten abzuleiten und abschließend zu überprüfen, ob eine Kausalität zwischen Angela Merkels Operational Code und der außenpolitischen Regierungsposition in der Griechenlandkrise besteht (AV). In diesem Sinne handelt es sich um eine *inside-out* Studie, „[...] beginning with a focus on the definition of the self- in situation as the immediate cause of foreign policy prefernces and decisions" (Walker/Schafer 2006: 238). Dafür werden im Folgenden zunächst die scope conditions erläutert, um anschließend die verwendete Methode sowie deren Operationalisierung darzulegen.

4.2.2 Die Erklärungskraft des Operational Code Ansatzes

Unter welchen Bedingungen kann der Operational Code Ansatz eigentlich seine besondere Erklärungskraft entfalten? Was sind die zentralen Bedxingungen dafür, dass eine Analyse der Überzeugungsstruktur eines/r Entscheidungsträger*in zur Erklärung von außenpolitischem Verhalten Sinn ergibt? Und weshalb ist es methodisch zulässig, Angela Merkel als Entscheidungsträgerin in der Griechenlandkrise zu wählen und ausgerechnet ihren Operational Code zu analysieren? Eine Kritik am Operational Code Ansatz ist die womöglich eingeschränkte Anwendbarkeit des Ansatzes auf parlamentarische Regierungssysteme wie das der Bundesrepublik. Ein Großteil der Operational Code Forschung bezieht sich auf das präsidiale Regierungssystem der USA, ein System in dem der/die Präsident*in, Staatsoberhaupt, Regierungschef und militärischer Befehlshaber zugleich ist und ausgeprägte Rechte gegenüber seinen/ihren Beratern hat. In einem parlamentarischen Regierungssystem ist der/die Regierungschef*in eingebettet in ein System der gegenseitigen Kontrolle, da er/sie bei der Wahl in das Amt und bei der Ausübung seines/ihres Amtes auf das vom Volk gewählte Parlament angewiesen ist. In diesem Sinne sind außenpolitische Entscheidungen wesentlich seltener Produkt einzelner Entscheidungsträger*innen, sondern oft *outcome* eines Findungsprozesses zwischen Regierungschef und z. B. Minister*innen. So stellt sich die Frage, wie autonom beispielsweise Angela Merkel, als Bundeskanzlerin der Bundesrepublik überhaupt agieren konnte und ob eine kausale Inferenz von ihrem Operational Code zu ihrem außenpolitischen Handeln und der außenpolitischen Regierungsposition überhaupt zulässig, bzw. möglich ist.

Die von Ole Holsti 1976 herausgearbeiteten *scope conditions* für die Ermittlung des Operational Codes weisen jedoch darauf hin, dass es durchaus möglich ist, von Angela Merkels Operational Code auf die außenpolitische Position der Bundesregierung in der Griechenlandkrise zu schließen: „(1) Innovative decision-making situations [Nicht-Routineentscheidungen]; (2) long-range policy-planning situations; (3) decisions under stress; and (4) decisions made by individuals at the top of an organization's hierachy" (1976: 30). Vor dem Hintergrund dieser grundlegenden Bedingungen, ist der Fokus auf die Griechenlandkrise sinnvoll: Besonders die Entscheidungen auf deutscher und auf europäischer Ebene im Jahr 2010 zu Beginn der Krise können eindeutig als Nichtroutineentscheidungen charakterisiert werden. Wie im weiteren Verlauf gezeigt werden wird, wurde hier auf beiden Ebenen um eine politisch tragfähige und für die deutsche Bevölkerung akzeptable Lösung gerungen, ohne dabei auf bestehende „standard operating procedures" zurückgreifen zu können. Die Tatsache, dass ein Land der Europäischen Währungsunion kurz vor der Zahlungunfähigkeit stand und finanzielle Unterstützung von der EU und ihren Mitgliedstaaten erbat, war ein Novum in der Geschichte der EWU. Darüber hinaus können die Entscheidungen, Griechenland durch „Rettungspakete" zu helfen, immer auch als Entscheidungen gewertet werden, die unter massivem Handlungsdruck erfolgten. 2010, 2012 und 2015 wurden die jeweils neuen, aktualisierten Rettungspakete unter Stress und getrieben von der Sorge, die EWU könnte Schaden nehmen und andere Mitgliedsstaaten ebenfalls in Schwierigkeiten geraten, beschlossen. Dabei gingen die Entscheidungsträger*innen jedes Mal erneut davon aus, dieses Mal eine langfristige Entscheidung getroffen zu haben, die die Probleme angemessen beseitigen könne. Außerdem waren die Entscheidungssituationen jeweils komplexe Situationen, in denen die Entscheidungsträger*innen „mit einem Übermaß an Informationen konfrontiert" (Brummer/Oppermann 2014: 164) waren. Das Maß an Unsicherheit und Unvorhersehbarkeit war enorm groß, wie auch eine Äußerung Angela Merkels bestätigt: „Ich bin an die Grenzen meines fachlichen Verstandes gelangt" (Gammelin/Löw 2014: 24). Die Entscheidungen zur Rettung Griechenlands wurden immer von den „individuals at the top of an organization's hierachy", in diesem Fall der EU und Deutschlands getroffen. Auf europäischer Ebene haben die Staats- und Regierungschef*innen der Mitgliedsländer über die

Rettungspakete abgestimmt, für Deutschland hat Angela Merkel an diesen Verhandlungen und Abstimmungen teilgenommen. In diesem Sinne können alle von Holsti angeführten Bedingungen für eine fruchtbare Anwendung des Operational Code Ansatzes auf den zu untersuchenden Fall der Griechenlandkrise angewandt werden.

Die Griechenlandkrise hat von 2010 bis 2015 also alle vier Bedingungen erfüllt: Die Ausarbeitung und Anwendung der Rettungspakete 2010, 2012 und 2015 waren immer Nichtroutineentscheidungen; waren immer langfristig angelegt und im Ausgang ungewiss; erfolgten immer unter extremen Zeit- und Handlungsdruck und wurden immer von den zentralen Entscheidungsträger*innen der EWU getroffen. Vor diesem Hintergrund ist also die Konzentration auf die deutsche Entscheidungsträgerin Angela Merkel im Fall der Griechenlandkrise naheliegend und berechtigt. Denn, wie bereits eingangs erwähnt, setzt der Operational Code Ansatz voraus, dass „belief systems are most important when there is an individual person who is acting as the predominant leader of the state in a particular issue, often when the issue is perceived to be critical to the survival and well-being of the regime" (Bearch 2012: 106). Der Forschungsüberblick hat gezeigt, dass Angela Merkel durchaus als „predominant leader" während des Untersuchungszeitraums geframed werden kann. Sie ist die Regierungschefin der größten Volkswirtschaft und des mächtigsten Exporteurs der EU, und „the longest-serving leader in the EU" (The Economist 2015: 13; siehe auch Bulmer/Paterson 2013: 1390, 1400; Morisse-Schilbach 2011: 26). Sie ist, gemeinsam mit dem langjährigen Bundesfinanzminister Wolfgang Schäuble, die einzige deutsche Politikerin, die während des kompletten Untersuchungszeitraums (2010–2015) die Position einer governementalen Entscheidungsträgerin innehatte und die deutschen Interessen in der Griechenlandkrise auf europäischer Ebene vertrat. In diesem Sinne ist es methodisch zulässig, Angela Merkel als „predominant leader" zu modellieren und als Untersuchungsgegenstand zu wählen. Nachdem die Bedingungen für eine fruchtbare Verwendung des Operational Code Ansatzes erläutert wurden und deutlich gemacht wurde, weshalb Angela Merkel als Untersuchungsgegenstand in Frage kommt, sollen in einem nächsten Schritt einige Schwachstellen bei der quantitativen Datenerhebung und Auswertung erörtert werden.

4.3 Alternative Erklärungsansätze

Nun könnte es für Angela Merkels Überzeugungen in der Griechenlandkrise auch alternative Erklärungsansätze geben, die die Plausibilität von Individualtheorien einschränken. Im Fall von Angela Merkel wird allgemeinhin die gewisse Grundplausibilität angenommen, dass sie sensibel auf Umfrageergebnisse reagiere und diesbezüglich überzeugungsflexibel sei, ihre Überzeugung also nur Ausdruck sich ändernder Meinungsumfragen seien. Um diesen Bias zu vermeiden, wählt die vorliegende Dissertation einen methodischen und einen theoretischen Weg. Im Rahmen des Methodenkapitels (5.1.1) wird thematisiert, dass die Erhebung der Daten für Angela Merkels Überzeugungssystem zeitlich und methodisch von der Erhebung der Event-Daten zu trennen ist, um zu belegen, dass eine (mögliche) veränderte Haltung Angela Merkels den realpolitischen Ereignissen vorausgegangen ist. Diese methodische Trennung der Erhebung der Daten für die abhängige und die unabhängige Variable wird darüberhinaus in Form von Excel-Tabellen für jedes Untersuchungsjahr festgehalten (siehe Anhang).

An dieser Stelle soll kursorisch dargelegt werden, dass auch alternative theoretische oder konzeptionelle Ansätze, wie z. B. der Ansatz der Öffentlichen Meinung die Erklärungskraft des Operational Code Ansatzes hier zwar nicht einschränken, dennoch aber auch Möglichkeiten bieten, außenpolitisches Handeln in der Griechenlandkrise zu erklären: In der Disziplin der Internationalen Beziehungen und auch auf dem Feld der Außenpolitikanalyse ist es mittlerweile wissenschaftlicher Konsens, dass die Theorienpluralität ein Indiz dafür ist, dass außenpolitische oder internationale Phänomene unterschiedlich erklärt werden können. Für das in dieser Dissertation gewählte Forschungsfeld könnten folglich auch Theorieansätze als Erklärungsansatz gewählt werden, welche die unabhängige Variable zur Erklärung der deutschen außenpolitischen Regierungsposition auf der systemischen oder akteurszentrierten Ebene verorten würden. Die außenpolitische Position der Bundesregierung könnte also auch erklärbar sein, ohne das Verhalten von Individuen in den Blick zu nehmen. So würde z. B. der Neorealismus die Erklärungen auf der Systemebene suchen. Hier würde das außenpolitische Handeln der Regierung also bspw. über die Verteilung der Macht innerhalb der Europäischen Währungsunion analyisiert werden. Ein liberaler Ansatz zur Erklärung der außenpolitischen Positionierung der Bundesregierung könnte den Fokus auf die Rolle der Öffentlichen Meinung legen.

Diese Möglichkeit soll hier wegen der weitläufigen, besonders von einschlägigen Medien kolportierten Vermutung, dass Angela Merkel grundsätzlich ihre politische Überzeugung nach der Stimmung in der Wahlbevölkerung ausrichte, intensiver beleuchtet werden. Festzustellen ist hierbei, dass diese Erklärung für den Fall der Griechenlandkrise nicht gelten kann. Dies belegen unter anderem Umfrageergebnisse von Infratest dimap, die für den Untersuchungszeitraum der vorliegenden Dissertation analysiert wurden. Das Meinungsforschungsinstitut fragte während des Untersuchungszeitraumes immer nach der grundsätzlichen Regierungszufriedenheit sowie nach der grundsätzlichen Zufriedenheit mit Angela Merkels Politik (und anderen Politiker*innen). Im Mai 2010 waren 48 % der

Befragten mit der Arbeit der Regierung weniger zufrieden und 25 % gar nicht zufrieden (Infratest Dimap 2010a). Diese Unzufriedenheit stieg bis April 2011 auf 52 % weiter an (Infratest Dimap 2011a). Mit Angela Merkels Politik und mit ihrer Arbeit während der beginnenden Eurokrise waren im Juni 2010 nur noch 48 % zufrieden, das waren 10 Prozentpunkte weniger als noch im Vormonat (Infratest Dimap 2010b). Ihre Beliebtheit und die Zufriedenheit der deutschen Bevölkerung mit ihrer Arbeit während der Griechenland- und der Eurokrise nahmen im Verlauf des Jahres weiter ab (August 2010 41 % Zufrieden; 58 % unzufrieden; November 2010 41 % zufrieden; 58 % unzufrieden) (Infratest Dimap 2010c, 2010d). Weitere Zahlen belegen, dass die deutsche Bevölkerung offensichtlich gegen den deutschen Euro-Kurs war: Im Mai und Juni 2010, als Angela Merkel auf europäischer Ebene sowohl den bilateralen Hilfen für Griechenland und kurze Zeit später auch dem provisorischen und dem permanenten Rettungsschirm zustimmte, war die deutsche Wahlbervölkerung eindeutig gegen solche Maßnahmen. Im Mai stchätzen rund zwei Drittel der Befragten (61 %) den Euro als nachteilig für Deutschland ein (Infratest Dimap 2010a), im Juni sprachen sich dann 64 % gegen den Europäischen Rettungsschirm bestehend aus dem „Europäischen Finanzstabilisierungsmechanismus" (EFSM) sowie einer zwischenstaatlichen Zweckgesellschaft (EFSF) aus (Infratest Dimap 2010b). Angela Merkel hatte aber sowohl den bilateral auszuzahlenden Hilfen als auch dem provisorischen Rettungschirm zugestimmt.

Die Regierungszufriedenheit und auch die Zufriedenheit mit der Politikerin Angela Merkel nahmen im Verlauf der Jahre 2011 und 2012 wieder zu: Im April 2011 waren wieder 48 % zufrieden mit Angela Merkel (Infratest Dimap 2011a), im Februar 2012 dann 64 % (Infratest Dimap 2012). Im November 2011 erkannten sogar 58 % der Befragten an, dass Angela Merkel beim Eurogipfel in Brüssel die deutschen Interessen erfolgreich durchgesetzt habe (Infratest Dimap 2011b). Gleichzeitig betrachteten aber im Februar 2012 70 % der Befragten die Übernahme weiterer Bürgschaften als falsch und 45 % der Befragten sprachen sich für einen Grexit aus (Infratest Dimap 2012). Angela Merkel hatte jedoch noch Ende 2011 und Anfang 2012 dem permanenten Europäischen Rettungsschirm (ESM) zugestimmt und sich erneut eindeutig gegen einen Grexit ausgesprochen (Bulletin 2011o; Bulletin 2012a). Dieser Trend setzt sich über den Verlauf des weiteren Untersuchungszeitraums fort. Im Januar 2015 beispielsweise sprachen sich noch 61 % für einen Austritt Griechenlands aus der Eurozone aus, gleichzeitig befürworteten aber 80 % der Befragten eine Einhaltung des griechischen Sparkurses (Infratest Dimap 2015a). Angela Merkel vertrat 2015 nach wievor die Einstellung, dass ein Grexit nicht in Frage komme, eine Fortführung des Sparkurses in Griechenland unterstützte aber auch sie. Ein Abgleich der Umfrageergebnisse aus den Jahren 2010 bis 2015 mit Angela Merkels Realpolitik spricht gegen die These, dass Angela Merkel ihre Überzeugungen hauptsächlich an der Öffentlichen Meinung ausrichtete und damit besonders überzeugungsflexibel sei. Vielmehr weisen die Umfrageergebnisse extrem widersprüchliche Ergebnisse auf: auf der einen Seite scheint die Mehrheit der deutschen Bevölkerung durchweg einen Austritt Griechenlands aus der Eurozone zu präferieren und damit die Rettungsmaßnahmen, die auch von Angela Merkel mitausgehandelt und mitgetragen wurden, abzulehnen. Gleichzeitig empfinden rund zwei Drittel der Befragten, dass Angela Merkel während der Eurokrise meistens richtig gehandelt hätte, erachtet die Mehrheit der deutschen Wahlbevölkerung ein Mehr an Europa als wichtig und möchte, dass der Euro gerettet wird. Viele Entscheidungen, die Angela Merkel, besonders in den ersten drei Jahren des Untersuchungszeitraumes, traf, waren extrem unpopulär innerhalb der deutschen Wahlbevölkerung.

Es kann zwar nicht ausgeschlossen werden, dass Angela Merkel die Umfrageergebnisse diverser Meinungsforschungsinstitute zu Rate zog und in ihre Lagebewertung miteinschloss. Der Vorwurf aber, sie habe sich lediglich an den Umfragergebnissen orientiert und dass diese ihr Überzeugungssystem und, um in der Argumentationslogik der vorliegenden Dissertation zu bleiben, die außenpolitische Regierungsposition geleitet hätten, wäre zu kurz gegriffen. Die Plausibilität für Individualtheorien kann darüber hinaus noch durch einen Exkurs in die sogenannte „Flüchtlingskrise" gestärkt werden. Bereits im Oktober 2013, lange vor der „Flüchtlingskrise", sprachen sich 61 % der CDU/CSU Anhänger*innen gegen die Aufnahme weiterer Geflüchteter aus (Infratest Dimap 2013). Als Angela Merkel am 31.August 2015, angesichts des dramatischen Zuwachses von Asylbewerber*innen im Sommer 2015, auf einer Bundespressekonferenz ihre Überzeugung bezüglich der weiteren Aufnahme von Geflüchteten und der Öffnung der Grenzen kundtat, entsprach diese eindeutig nicht der in Deutschland vorherrschenden Öffentlichen Meinung. Noch im Januar 2015 hatten sich 21 % der Befragten gegen die Aufnahme weiterer Geflüchteter ausgesprochen (Infratest Dimap 2015a). Auch nachdem Angela Merkel ihre Überzeugung wiederholte, entsprach diese nicht der Öffentlichen Meinung. Im Dezember 2015 sprachen sich sogar 85 % der Befragten für stärkere Grenzkontrollen aus und wiedersprachen damit eindeutig Angela Merkels Überzeugung (Infratest Dimap 2015b). Die Regierungszufriedenheit nahm ab August 2015 weiter ab und auch Angela Merkels Beliebtheit sank von 71 % im Januar 2015 auf nur noch 54 % im Dezember 2015 (Infratest Dimap 2015a, 2015b). Vor dem Hintergrund dieser Ergebnisse kann davon ausgegangen werden, dass Angela Merkel die Umfragewerte zu ihrer Person und zu ihrer Politik kannte. Dass aber diese ihre Überzeugungsstruktur maßgeblich bestimmten und dominierten, kann nicht als ausreichend plausibler Erklärungsansatz herhalten.

5 Methodik und Operationalisierung

Wie in Kapitel 4 im Zuge der Theoriedarlegung ausgeführt, handelt es sich bei der vorliegenden Arbeit um eine theoriegeleitete und theorietestende Einzelfallstudie. Grundsätzlich sind Fallstudien, also *small-n* Analysen, in den Sozialwissenschaften ein weit verbreitetes Forschungsdesign, da sie „Entwicklungen, Prozessabläufe und Ursache-Wirkungs-Zusammenhänge" nachvollziehen und soziale „Phänomene in ihrem Kontext" erfassen können (Borchadt/Göthlich 2006: 40; vgl. auch King/Keohane/Verba 1994: 4–5; George/Bennett 2005: 19–22)[17]. In den Sozialwissenschaften werden Fallstudien zum einen auf der Basis der Anzahl der untersuchten Fälle unterschieden. Es gibt sogenannten Einzelfallstudien (*single-case design*) und vergleichende Fallstudien (*multi-case design*). Die Erklärungskraft von Einzelfallstudien ist dann hoch, wenn sie Fälle über einen längeren Zeitraum hinweg untersuchen können oder „neue Erkenntnisse in Bezug auf bislang unerforschte Phänomene" gewinnen können (Borchardt /Göthlich 2006: 41).

> Die Einzelfallstudie ist dadurch charakterisiert, dass sie ein einzelnes soziales Element als Untersuchungsobjekt und -einheit wählt. Es geht ihr also nicht um aggregierte Individualmerkmale, sondern vielmehr um die spezifischen und individuellen Einheiten, die bestehen können aus Personen, Gruppen, Kulturen, Organisationen, Verhaltensmustern etc. (Lamnek 2005: 300)

Fallstudien können darüber hinaus hinsichtlich ihrer inhaltlichen Ausrichtung unterschieden werden: Erstens gibt es *single-case* oder *multi-case* Fallstudien, die eine empirische Merkmalsverteilung erklären wollen, oder zweitens empirische Zusammenhänge oder drittens theorietestend sein können (Starke 2015: 457–459; siehe außerdem Rohlfing 2012). Entsprechend dieser inhaltlichen Ausrichtung erfolgt anschließend die Methodenauswahl (siehe Starke 2015). Zusammenfassend müssen Wissenschaftler*innen also erstens entscheiden, ob sie einen einzigen Fall oder mehrere Fälle analysieren wollen, und zweitens ob sie eher an der Verteilung oder den Zusammenhängen empirischer Merkmale interessiert sind, oder theorietestend vorgehen wollen. Theorietestende Arbeiten können entweder als *most-likely case* oder als *least-likely case* designt werden. Diese Unterteilung geht auf Eckstein (1975) zurück und beschreibt, mit welcher Wahrscheinlichkeit eine Theorie einen

17 In den Sozialwissenschaften galten Fallstudien lange als das schwächste Forschungsdesign und als ungenügend, um Theorien zu testen: „Studies of one or few cases are worst, because the data is unrandomized and partial correlations are infeasible, since data points are too few" (van Evera 1997: 51). Van Evera legt im Folgenden ausfürlich dar, weshalb diese Kritik an Fallstudien nicht bestehen kann (1997: 51–55).

Test besteht. *Most-likely case* Designs gehen davon aus, dass die ausgewählte Theorie mit großer Wahrscheinlichkeit den zu untersuchenden Fall oder Fälle erklären kann. Dem gegenüber teilen *least-likely case* Designs die Annahme, dass eine ausgewählte Theorie mit großer Wahrscheinlichkeit den Fall oder die Fälle nicht erklären kann (siehe Blatter/Janning/Wagemann 2007: 176–177; Starke 2015: 462). Die vorliegende Arbeit wird einen einzigen Fall untersuchen und hierbei theorietestend vorgehen. In diesem Sinne handelt es sich bei der vorliegenden Arbeit also um eine theorietestende und theoriegeleitete Einzelfallstudie (*most-likely case*), bei der zuerst die unabhängige Variable (Operational Code von Angela Merkel in der Griechenlandkrise) ermittelt wird (theoriegeleitet), dann Kausalmechanismen zwischen der unabhängigen und der abhängigen Variable analysiert und eventuell offengelegt werden, um abschließend kausale Inferenzen hinsichtlich der Erklärungskraft des Operational Code Ansaztes zu generieren (theorietestend).

Die Dissertation wird, wie bereits erläutert, qualitative und quantitative Erhebungsmethoden anwenden, in der Annahme, dass sozialwissenschaftliche Forschung das Ziel einer „valid inference by the systematic use of well-established procedures of inquiry" verfolgt (King/Keohane/Verba 1994: 6). Die Kombination qualitativer und quantitativer Methoden innerhalb eines Forschungsdesigns hat sich in der sozialwissenschaftlichen Forschung durchgesetzt. Diese werden als sich ergänzende Methoden angewandt (Borchardt/Göthlich 2006: 52; siehe auch Lamnek 2005). Mittlerweile sind unterschiedliche methodologische Ansätze entstanden, die eine Methodenkombination zulassen. Einer dieser Ansätze ist der Triangulationansatz (Flick 2004), bei dem unterschiedliche Theorien, Methoden und/oder Daten in ein Analyseschema integretiert werden. In diesem Sinne verfolgt auch die vorliegende Dissertation eine Methodentriangulation, in der Annahme, dass „durch die Auswahl geeigneter Erhebungsmethoden und der Akzeptanz unterschiedlicher Erhebungssituationen und Untersuchungsobjekte [...] sowohl dem Postulat der Gegenstandsangemessenheit von Erhebungsmethoden als auch dem Postulat der Offenheit Rechnung tragen" (Borchardt/Göthlich 2006: 50; siehe auch Blatter/Janning/Wagemann 2007: 37; Flick 2004). Darüber hinaus wird auch eine Datentriangulation vorgenommen, da unterschiedliche Datenquellen herangezogen werden.

Die Umsetzung des Forschungsvorhabens ist in die folgenden drei Schritte unterteilt: Exploration, Datenerhebung und Datenanalyse. Die Phase der Exploration beginnt mit einer Analyse der relevanten theoretischen und empirischen Sekundärliteratur. Ziel ist es, den Überblick über die bestehende empirische und theoretische Literatur immer weiter auszubauen und stets zu aktualisieren. Des Weiteren werden hier der konzeptionelle Rahmen sowie die Operationalisierung der Methodik erörtert. Die Datenerhebung wendet die eben beschriebene Triangulation an und folgt grundsätzlich den vier Gütekriterien sozialwissenschaftlicher Forschung. Der

Prozess der Erhebung wird detailliert dargelegt, um das Kriterium der Objektivität zu gewährleisten. Ziel ist die Gewährleistung der intersubjektiven Überprüfbarkeit, sodass „unterschiedliche Forscher unter den gleichen Bedingungen und unter Einsatz derselben Analysemethoden zu den gleichen Ergebnissen gelangen" (Blatter/Janning/Wagemann 2007: 37). Des Weiteren soll die Zuverlässigkeit der Messinstrumente (Reliablität) sowie die Replizierbarkeit sichergestellt werden: „all data and analysis should, insofar as possible, be replicable" (King/Keohane/Verba 1994: 8; auch Neuendorf 2002: 112). Zu guter Letzt muss die Validität, also die Gültigkeit der Messung garantiert werden (King/Keohane/Verba 1994: 8; Neuendorf 2002: 112).

Wie der *Abbildung 4* zu entnehmen ist, gliedern sich die Phasen der Datenerhebung und Datenauswertung jeweils in zwei Teile, die hier graphisch zwar eine Gleichzeitigkeit vortäuschen, bei der realen Umsetzung der Erhebung und Analyse der Daten aber nacheinander erfolgen müssen. Zuerst soll der Operational Code von Angela Merkel während des Untersuchungszeitraumes erhoben werden (in *Abbildung 4* hellblau hinterlegt), um die Forschungsfrage A beantworten zu können. Hierzu findet eine quantitative Ermittlung des Operational Codes von Angela Merkel auf der Basis von Sprechakten statt. Diese quantitative Erherbung beginnt mit der Auswahl und angemessenen Archivierung der zu untersuchenden Sprechakte. Sobald die Sprechakte identifiziert wurden, beginnt der erste Teil der Datenauswertung. Ziel dieses Schrittes ist die Auswertung und Kodierung der erhobenen Daten. Es erfolgt eine Handkodierung der Sprechakte (siehe dazu weiterführend auch in Kapitel 5.2.). Abschließend soll der Operational Code Angela Merkels für den gesamten Untersuchungszeitraum erstellt werden.

Ist die Erhebung und Auswertung der Daten zum Operational Code von Angela Merkel erfolgt, soll die Forschungsfrage B beantwortet werden (in *Abbildung 4* in hellgrün hinterlegt). Dazu wird zuerst mithilfe eines Kongruenztests aufgezeigt, ob der Operational Code von Angela Merkel kongruent, also übereinstimmend mit der deutschen Regierungsposition in der Griechenlandkrise ist. Untersucht wird also, ob sich Teile ihres Weltbildes in der deutschen Regierungsposition, die dann in den Verhandlungen auf europäischer Ebene eingebracht wurden, wiederfinden. Die daran anschließende Prozessanalyse wird versuchen, eine Kausalität zwischen der unabhängigen Variable und der abhängigen Variable aufzuzeigen (siehe dazu Kapitel 5.3.). Dazu muss relevantes Datenmaterial identifiziert werden, um in diesem zweiten Schritt mit Hilfe der Prozessanalyse den zuvor ermittelten Operational Code mit dem tatsächlichen außenpolitischen Verhalten zusammenzubringen (siehe weiterführend Kapitel 5.3.). Der zweite Teil der Arbeit verwendet also eine quantitative Methode auf der Basis von Sprechakten. Der dritte Teil der Arbeit wiederum wählt ein qualitatives Vorgehen auf der Basis von Pressemitteilungen, Dokumenten, Sekundärliteratur und Zeitungsartikeln.

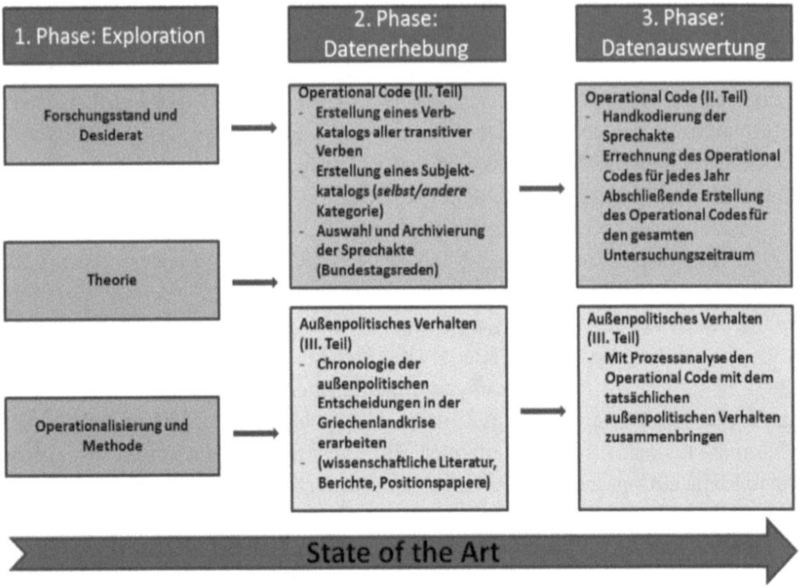

Abb. 4 Forschungsdesign
Eigene Darstellung (2015)

5.1 Die Methodik des Operational Code Ansatzes

Grundsätzlich kann der Operational Code von Entscheidungsträger*innen qualitativ und quantitativ erhoben werden. Die vorliegende Dissertation wählt ein quantitatives Vorgehen basierend auf dem *Verbs in Context System*. Hierbei handelt es sich um ein computergestütztes System zur Inhaltsanalyse von Sprechakten. Bei dem Datenmaterial mit dem bei der Ermittlung von Operational Codes gearbeitet wird, handelt es sich also um Sprechakte des Analyseobjektes, in diesem Fall Sprechakte von Angela Merkel während des Untersuchungszeitraums. Bevor das eigentliche Verfahren der Sprechaktanalyse näher erläutert und operationalisiert werden kann, müssen im Folgenden zuerst einige Schwachstellen in der quantitativen Operational Code Forschung diskutiert werden. Denn trotz vielfältiger Literatur über Operational Codes, bleiben methodologische Fragen und Probleme bei der (quantitativen) Ermittlung von Operational Codes, die hier aufgegriffen und diskutiert werden sollen.

5.1.1 At-A-Distance Methode und die Wahl des Datenmaterials

Eine zentrale Entscheidung, die Wissenschaftler*innen bei Operational Code Analysen treffen müssen, ist die Auswahl der Quellen. Sowohl qualitative als auch quantitative Operational Code Forschung basiert auf der Analyse von Sprechakten, also Reden, Interviews, Regierungserklärungen von Entscheidungsräger*innen. Ist es aber methodisch sauber und wissenschaftlich erlaubt von Sprechakten Rückschlüsse auf die Überzeugungssysteme von Individuen zu ziehen? Gemäß der *At-A-Distance* Methode ist diese Art der Inferenz zulässig: *At-a-distance* Methoden implizieren eine Analyse eines Individuums aus der Ferne (Winter et al. 1991; Winter/Stewart 1977). Salopp formuliert konstatiert die *At-a-Distance*-Methode das Problem, dass Forscher*innen einem Individuum nicht in den Kopf schauen können, um zu erfahren, was es denkt oder fühlt. Das Analyseobjekt muss sich Wissenschaftler*innen in verbaler oder schriftlicher Form mitteilen, damit es analysiert werden kann (Renshon 2009: 651; Schafer 2000: 512). Trotz dieses eingeschränkten Zugangs geht die Methode davon aus, „that we assess the psychological characteristics of individuals from a distance without having direct access to them" (Schafer/Walker 2006a: 26; siehe auch Schafer 2000: 512). Auch Schafer und Walker bemerken, dass diese Methode zulässig sei: „we can infer psychological characteristics based upon the subjects's verbal behavior: what an individual says and how he or she says it can tell us important things about his or her 'state of mind'" (Schafer/Walker 2006a: 26). Für Schafer und Walker ist die *At-a-Distance* Methode besonders zulässig, wenn sie systematisch und quantitativ angewandt wird (Schafer/Walker 2006a: 26). Vor diesem Hintergrund entwickelten Sie das VICS System, zur quantitativen Analyse von Sprechakten.

Selbst wenn geklärt ist, dass eine Inferenz erlaubt ist, bleibt die Frage nach den ‚besten' Sprechakten, also nach dem richtigen Datenmaterial. Es liegt auf der Hand, dass die Verwendung vertraulicher Sprechakte, wie z. B. Tagebucheinträge, vertrauliche Gespräche etc. am sinnvollsten für die Analyse von Überzeugungsstrukturen wären (Schafer 2000: 514; Brummer 2011: 151). Im Idealfall sind diese vertraulichen Sprechakte auch noch spontan, d. h., das zu analysierende Individuum reagiert unvermittelt und intuitiv beispielsweise auf Fragen (Brummer/Oppermann 2014: 169). Das methodische Problem dabei ist der sehr beschränkte Zugang zu vertraulichen, spontanen Sprechakten. Besonders bei der Analyse von Sprechakten aktueller Entscheidungsträger*innen, deren vertrauliche Sprechakte noch nicht öffentlich zugänglich gemacht wurden, müssen Forscher*innen auf öffentliche Sprechakte zurückgreifen (vgl. Brummer/Oppermann 2014: 169). Sonst wäre nur eine rein historische Operational Code Forschung möglich (Renshon 2009: 652). Tetlock und Manstead zweifeln aber die Validität von unspontanen und vorgefertigten Sprechakten an und geben zu bedenken, dass „Entscheidungsträger diese [öffentlichen Sprechakte] ganz bewusst nutzen, um Zuhörer beispielsweise zu überzeugen oder gar zu täuschen" (Tetlock/Manstead 1985: 64). 2000 gibt auch Schafer noch zu bedenken: „we are still left with an ongoing empirical question: Which set of comments, public or private, more accurately reflects psychological characteristics, or (perhaps more important) which set correlates better with state action" (2000: 514). Walker, Schafer und Young wiederum konstatieren dann 2003, dass „a leader's public behavior is constrained by his public image and that, over time, his public actions will consistently match his public beliefs" (Walker/Schafer/Young 2003: 223). Auch Renshon bestätigt in seinem Aufsatz über den Operational Code von John F. Kennedy aus dem Jahr 1962, dass dessen Operational Code basierend auf der Analyse öffentlicher Sprechakte mit dessen Operational Code basierend auf der Analyse privater Aufzeichnungen und Sprechakte nahezu identisch sei: „The findings indicate a surprising degree of similarity between the two operational codes, allowing us comparatively more confidence in the use of public speeches to infer various aspects of a leader's belief system" (Renshon 2009: 650, 657).

Außer der Frage nach der Verwendung öffentlicher oder privater Sprechakte stellt sich die Frage, ob vorgefertigte Sprechakte, wie z. B. Reden für die Analyse des Operational Code angemessen sind: Denn öffentliche, vorgefertigte Sprechakte, wie Reden oder Regierungserklärungen seien von Redenschreiber*innen angefertigt. Damit würden Forscher*innen Gefahr laufen, die Operational Codes der Redenschreiber*innen zu analysieren, statt jener der Entscheidungträger*innen. Dazu hat die Operational Code Forschung ebenfalls Stellung bezogen, da ein Großteil dieser Forschung auf der Analyse vorgefertigter Reden basiert (Crichlow 1998; Walker/Schafer/Young 1998). Zwei zentrale Argumente gegen die These, vorgefertigte Reden könne man zur Ermittlung eines Operational Codes nicht verwenden, seien an dieser Stelle erwähnt: Erstens sind an der Formulierung und Ausarbeitung einer Rede in der Regel mehrere Personen beteiligt. Hinzu kommt, dass Entscheidungsträger*innen die vorgefertigten Reden in der Regel Korrektur lesen, bevor sie damit an die Öffentlichkeit herantreten (Schafer 2000: 515; Schafer/Walker 2006a: 47). Zweitens aber schließt die Funktion des Redenschreibens bereits mit ein, dass hier eine gewisse Abhängigkeit seitens der Redenschreiber*innen gegenüber ihrem Prinzipal besteht: „although speechwriters and wordsmiths certainly have some effect on the content of prepared speeches, their job, first and foremost, is to present the positions and preferences of the speaker" (Schafer 2000: 515; Schafer/Walker 2006a: 47). In diesem Sinne sei die Validität (Gültigkeit) von vorgefertigten, öffentlichen Reden gegeben.

Die vorliegende Arbeit wird Regierungserklärungen Angela Merkels während des Untersuchungszeitraumes analysieren. Hierbei handelt es sich um vorgefertigte, öffentliche Sprechakte. Der Rückgriff auf Regierungserklärungen als Analyseeinheit hat mehrere Gründe: Erstens werden Regierungserklärungen in regelmäßigen Abständen gehalten. Zweitens besteht hier ein einheitlicher Redekontext, da die Kanzlerin immer vor dem Deutschen Bundestag spricht. Um eine bessere Vergleichbarkeit innerhalb jedes Untersuchungsjahres sowie über den gesamten Untersuchungszeitraum hinweg zu erhalten, bietet sich eine konstante Sprechsituation grundsätzlich an. Über den Untersuchungszeitraum hinweg änderte sich zwar die Zusammensetzung des Bundestages und auch der Regierung selbst. Dennoch bleibt der Adressatenkreis einheitlich. Drittens gilt eine Regierungserklärung als eine Rede, in der der/die Bundeskanzler*in „dem Parlament politische Leitlinien, Handlungen und Pläne" mitteilt und „von sich aus Erklärungen [...] zu aktuellen politischen Themen vor dem Parlament" abgibt (Deutscher Bundestag 2015). In der Regel werden solche Regierungserklärungen im Vorfeld wichtiger anstehender Entscheidungen gehalten, um die Abgeordneten öffentlichkeitswirksam von der eigenen Sache zu überzeugen. So auch im Fall der Griechenlandkrise: Die Bundeskanzlerin warb in ihren Regierungserklärungen vor dem Deutschen Bundestag für ihren politischen Kurs auf europäischer Ebene. Mit ihren Regierungserklärungen versuchte Angela Merkel anstehende europäische Entscheidungen zur Rettung Griechenlands innerstaatlich zu legitimieren und innerstaatlich Unterstützung für ihren auf europäischer Ebene eingeschlagenen Kurs zu erhalten. In diesem Sinne wird die vorliegende Arbeit hiermit auch der Tautologieproblematik von Operational Code Analysen gerecht: Schafer und Walker bestätigen nämlich, dass eine Operational Code Analyse Gefahr laufe auf der Seite der abhängigen und unabhängigen Variable das gleiche zu kodieren, bzw. erkennen das Problem „that you code what a leader says to derive his operational code and than correlate it with what he does" (Schafer/Walker 2006a: 45) an. Der Ausweg, den die Autoren vorschlagen, liegt auch der vorliegenden Arbeit zu Grunde. Die Ermittlung des Operational Code von Angela Merkel gilt der Erhebung der unabhängigen Variable zur späteren Erklärung der abhängigen Variable *Deutsche Regierungsposition in der Griechenlandkrise.* In diesem Sinne ist die Verwendung des *Verbs in Context Systems*, also das Zusammenstellen der VICS-Daten basierend auf den Regierungserklärungen zur Analyse des Operational Code, methodisch eindeutig auf der Seite der unabhängigen Variable angesiedelt. Die Seite der abhängigen Variable wiederum arbeitet mit einer anderen Methode, nämlich der Erhebung von „Event-Daten" basierend auf der Analyse von Pressemitteilungen, Interviews, Zeitungsartikeln, Positionspapieren etc. sowie einer anschließenden Kongruenz- und Prozessanalyse (Schafer/Walker 2006a: 46). Die Datenerhebung für unabhängige und abhängige Variable ist methodisch also voneinander getrennt. Schafer und Walker schlagen darüber hinaus auch eine zeitliche Trennung der Datenerhebungen vor: „Where possible, we seperate VICS data temporally from data collecting for the dependent variable. This step can be done in a number of ways, such as lagging the dependent variable by collecting VICS data in a period immediately preceding the onset of the decision episode" (Schafer/Walker 2006a: 46). Die vorliegende Dissertation versucht die zeitliche Trennung der Datenerhebungen ebenfalls einzuhalten, indem die Erhebung der VICS Daten basierend auf den Regierungserklärungen immer im Vorfeld wichtiger, anstehender europäischer Entscheidungen stattfindet; die Daten für die Ermittlung der abhängigen Variable *deutsche Regierungsposition in der Griechenlandkrise* sollen, wenn möglich, im Anschluss an diese Regierungserklärungen und während der Entscheidungsfindung auf europäischer Ebene erhoben werden. Anhand der fünf Excel-Tabellen (2010 bis 2015) zur Dokumentation des Kongruenztests lässt sich diese zeitliche Trennung der beiden Erhebnungsvorgänge nachvollziehen (siehe Anhang).

Um zu vermeiden, dass die untersuchten Sprechakte eine Antizipation dessen sind, was später dann auch entschieden wurde, wird versucht, das Feld, aus dem der Operational Code Angela Merkels in der Griechenlandkrise ermittelt wird, möglichst groß zu halten. Dies setzt voraus, dass die Anzahl der Sprechakte, aus denen die zu kodierenden Regierungserklärungen ausgewählt werden, so groß wie möglich gehalten werden sollte. Ältere quantitative Operational Code Forschung hat herausgearbeitet, dass die kodierten Sprechakte eine Mindestlänge von je 1500 Wörtern aufweisen müssen, damit kürzere Sprechakte oder Einzelaussagen nicht das Gesamtergebnis aller kodierten Sprechakte verzerren können (Renshon 2009: FN 9). Regierungserklärungen behandeln in der Regel jedoch nicht nur ein Thema. So sind auch die Regierungserklärungen, die in dieser Arbeit kodiert werden, thematisch nicht ausschließlich auf die Währungskrise der EU und die Griechenlandkrise bezogen. Vielmehr bilden diese, abhängig von der aktuellen Brisanz des Themas im Vorfeld der Rede, zwar ein relevantes Thema, aber eben nicht das einzige. Aus diesem Grund ergibt sich häufig die Problematik, dass die Mindestlänge von 1500 Wörtern nicht erreicht werden kann. Aktuellere Operational Code Forschung hat ebenfalls auf dieses Problem hingewiesen. Schafer und Walker erklären dazu: „In earlier work we specified a minimum length of 1500 words for a speech act. While this criteria often works, the value that matters most for computing VICS indices is the number of utterances in the speech act that are coded by VICS" (Schafer/Walker 2006a: 51). Es zählt also nicht mehr die Länge des Sprechaktes an sich, sondern die Anzahl der kodierten Aussagen. Schafer und Walker legen sich auf eine Menge von 15 bis 20 kodierten Aussagen pro Sprechakt fest. Ein anderer möglicher Ausweg aus dieser methodischen Sackgasse könne die Zusammenlegung mehrerer Sprechakte seien, wenn sie z. B. zeitlich nah beieinander lägen (Schafer/Walker 2006a: 44).

Die vorliegende Arbeit orientiert sich an der von Schafer und Walker vorgeschlagenen Menge von mindestens 15 kodierten Aussagen pro Sprechakt. Darüber hinaus erörtern Schafer und Walker das Problem, wie viel Material generell zur Erstellung eines Operational Code ausreicht. Sie konstatieren, „it is [...] not necessary to code every speech in a subject's career to construct a good profile. We recommend [...] that [...] about ten randomly selected speech acts for a basic profile after identifying" (Schafer/Walker 2006a: 44). Im weiteren Verlauf dieser Arbeit wird also nicht jede im Untersuchungszeitraum gehaltene Regierungserklärung analysiert und kodiert. Es werden insgesamt zwölf Regierungserklärungen kodiert, dies entspricht pro Untersuchungsjahr je zwei Sprechakten. In diesem Sinne werden nicht alle Regierungserklärungen als Datenquellen verwendet, sondern nur eine zufällig getroffene Auswahl. Darüber hinaus werden die 12 ausgewählten Sprechakte auch nicht komplett kodiert, sondern lediglich jene Passagen, die die Währungsunion auch betreffen. Das Schlagwort ‚Währungsunion' ist also gewählt worden, um das Feld, aus dem der Operational Code von Angela Merkel in der Griechenlandkrise ermittelt wird, so groß wie möglich zu halten, ohne gleichzeitig Passagen mitzukodieren, die inhaltlich nicht relevant sind. Schlagwörter wie ‚Griechenlandkrise' oder ‚Krise der Währungsunion' hätten das Feld eingeschränkt, so dass die von Schafer und Walker vorgeschlagene Anzahl von 15 bis 20 kodierten Aussagen pro Sprechakt nicht hätte eingehalten werden können. Darüberhinaus ermittelt die vorliegende Arbeit einen politikfeldspezifischen Operational Code. Es geht der Verfasserin der Arbeit lediglich um jene Abschnitte, die das Thema der Griechenlandkrise weitestgehend behandeln. Aus diesem Grund hat sich die Verfasserin der Arbeit auch dagegen entschieden, zusätzliche, eher grundsätzliche außenpolitische Reden Angela Merkels zu kodieren. Ziel der Arbeit ist nicht der Vergleich zwischen einem politikfeldspezifischen und einem generellen Operational Code Angela Merkels, sondern eine *bottom-up* Analyse von Angela Merkels politikfeldspezifischem Operational Code in der Griechenlandkrise und dessen Einfluss auf die deutsche außenpolitische Regierungsposition. Dies spiegelt sich in der Wahl des Datenmaterials wider.

5.1.2 Handkodierung und die Erstellung des Codebuches

Wie bereits erwähnt, orientiert sich die vorliegende Arbeit an dem von Walker, Schafer und Young entwickelten *Verbs in Context System*. Dabei handelt es sich um ein „System zur Inhaltsanalyse von Sprechakten" basierend auf der Identifizierung transitiver Verben und des dazugehörigen Subjektes. Gemeinsam bilden Verb und Subjekt eine Aussage (*utterance*), die kodiert werden muss: „The recording unit is the „utterance", which is each verb in the statement and the corresponding parts of speech associated with each verb" (Schafer/Walker 2006c: 567). Die Kodierung der Sprechakte basierend auf dem *Verbs in Context System* kann sowohl händisch als auch computergestützt erfolgen. Für eine Kodierung mit Hilfe des Computers wird das Programm *Profiler Plus* herangezogen, dessen *dictionary* 2006 einen Verb-Katalog von 781 Wörtern umfasste (Schafer/Walker 2006a: 51). Allerdings existiert das *Profiler Plus* Programm derzeit nur für englische Sprechakte. Bei den Analyseeinheiten der vorliegenden Arbeit handelt es sich jedoch um Sprechakte in deutscher Sprache. Aufgrund dieser Einschränkung muss die Kodierung händisch erfolgen. Schafer und Walker weisen auf die Schwachstellen einer händischen Kodierung der Sprechakte hin: Erstens sei diese sehr zeit- und arbeitsintensiv. Zweitens bestünde bei einer händischen Kodierung immer die Gefahr einer Verzerrung der Ergebnisse: „human coders [...] may suffer from fatigue effects, personal political biases, learning effects, and other idiosyncratic stylistic differences. In each of these cases, the pattern of human errors may directionally bias the data" (Schafer/Walker 2006a: 38–39). In diesem Sinne kann händische Kodierung die Reliabilität sozialwissenschaftlicher Forschung einschränken. Aber auch automatische Kodierung könne Fehler nicht vermeiden; das Programm würde diesen Fehler nur für jeden Sprechakt und jede Kodierung wiederholen und damit das Endergebnis nicht verzerren, so Schafer und Walker (Schafer/Walker 2006a: 38). Neben diesen offensichtlichen Schwächen einer Handkodierung, kann diese aber auch Vorteile bringen. So kann ein computergestütztes Programm Feinheiten in den Sprechakten nicht erkennen. Häufig werden in Sprechakten rhetorische Mittel verwendet, wie z. B. die Aufzählungen. *Profiler Plus* kann diese oft sehr aussagekräftigen Phrasen nicht erkennen und verwirft sie. Eine Handkodierung kann jedoch explizit auf rhetorische Feinheiten im Text eingehen und diese mitkodieren. Schafer und Walker weisen darauf hin, dass sowohl eine Handkodierung als auch eine automatische Kodierung, mit allen Schwierigkeiten, die damit verbunden sind, zulässig und als *At a distance* Methode anwendbar sind, solange keine Vergleichbarkeit zwischen automatisch und händisch kodierten Texten angestrebt wird (Schafer/Walker 2006a: 39). Trotz dieser angesprochenen Schwierigkeiten einer Handkodierung muss die vorliegende Arbeit mit dieser Kodiermethode arbeiten, um den Operational Code von Angela Merkel zu erfassen. Bei der händischen Codierung der Aussagen von Sprechakten müssen Forscher*innen also einige Feinheiten beachten, um eine objektive und wissenschaftlichen Maßstäben entsprechende quantitative Datenauswertung zu garantieren. Um die vier Gütekriterien sozialwissenschaftlicher Forschung, Objektivität, Reliabilität, Replizierbarkeit und Validität zu gewährleisten, sollen diese Schwachstellen beseitigt werden. Bevor also die eigentliche Kodierung der Sprechakte beginnt, muss ein Codebuch erstellt werden: „All measures for human content analysis coding need to be fully explicated in a document called a codebook" (Neuendorf 2002: 132). Die Erstellung eines *Codebuches* und die Operationalisierung des Operational Code Ansatzes werden nun erläutert.

5.2 Theoretische Operationalisierung des Operational Code Ansatzes

Nachdem die methodischen Schwachstellen der quantitativen Erfassung des Operational Codes im Allgemeinen und der Handkodierung im Speziellen dargelegt wurden, soll im Folgenden die Erstellung des Codebuches sowie die Operationalisierung des Operational Code Ansatzes erläutert werden: „Operationalization is the process of developing measures" (Neuendorf 2002: 118). Zur Erstellung des Codebuches, mit dessen Hilfe die 12 Reden kodiert werden können, wurden in einem ersten Schritt alle von Angela Merkel gehaltenen Regierungserklärungen vom 1.1.2010 bis zum 31.12.2015 gesucht und pro Jahr zusammengefasst. Damit ergaben sich fünf Worddokumente (2010–2015), die unter den Dokumentennamen ‚Regierungserklärungen_Merkel_alle_2010' bis ‚Regierungserklärungen_Merkel_alle_ 2015' abgespeichert wurden. In einem zweiten Schritt wurde jedes dieser Worddokumente einzeln bearbeitet, um lediglich die für die Kodierung relevanten Reden mit Hilfe der Word-Suchfunktion herauszufiltern. Wie bereits dargelegt wurde, soll der Operational Code Angela Merkels in der Griechenlandkrise analysiert werden. In diesem Sinne sucht die Arbeit also nach einem politikfeldspezifischen Operational Code. Um aber das Feld an Datenmaterial, aus dem dieser politikfeldspezifische Operational Code erhoben werden soll, möglichst groß und damit fruchtbarer zu machen, wäre eine Fokussierung auf den Begriff ‚Griechenlandkrise' zu eng gefasst. Aus diesem Grund wurde der Suchbegriff erweitert und die Griechenlandkrise in den nächst größeren Kontext gebracht, die ‚Währungsunion'.[18] Mit Hilfe der Suchfunktion wurden also alle fünf Word-Dokumente auf den Begriff ‚Währungsunion' hin durchsucht. Jene Regierungserklärungen, die sich inhaltlich nicht mit der ‚Währungsunion' beschäftigten, wurden gelöscht und sind für die weitere Kodierung irrelevant. Damit änderte sich das N für jedes Worddokument und machte eine erneute Speicherung notwendig. Es ergaben sich wieder fünf

18 Die Verfasserin der Arbeit hat sich explizit gegen die Verwendung von Suchbegriffen wie ‚Euro-Krise', ‚Eurokrise' oder ‚Schuldenkrise' entschieden, da die Verwendungen dieser Begriffe über den Untersuchungszeitraum hinweg extrem volatil waren und eng mit der Interpretation der Krise zusammenhingen. 2010, zu Beginn der Krise sprachen Entscheidungsträger*innen kaum über ‚die Eurokrise', da das Bewusstsein für das Ausmaß der Krise noch nicht vorhanden war. Später, als offensichtlich wurde, dass die Krise sich nicht nur auf Griechenland bezog, wurden die Begriffe ‚Euro-Krise', ‚Eurokrise', ‚Staatsschuldenkrise', ‚Schuldenkrise' zwar inflationär verwendet. Gleichzeitig weisen diese Begrifflichkeiten aber bereits auf eine Interpretationsrichtung hin, so dass davon ausgegangen werden muss, dass die Wahl des einen oder anderen Begriffes schon eine Interpretation der Krisenursachen vorwegnimmt.

Tab. 3 Operationalisierung des Operational Code Ansatzes

	Schritt	Kodierakt	Beteiligte Kodierer*innen	Dokumentenname (siehe Anhang)
Erstellung Verbkatalog	1	Verben aus allen 12 Sprechakten in Excel-tabelle übertragen	Unabhängige Kodierer*in A und B	Excel-Tabelle ‚Überblick gesamt_ unkodiert'
	2	Alle kodierbaren transi-tiven Verben markieren	Unabhängige Kodierer*in A und B	Excel-Tabelle ‚Überblick gesamt_ unkodiert'
	3	Alle transitiven Verben in die sechs Kategorien konfliktiv/ kooperativ (-3 bis 3)	Unabhängige Kodierer*in A und B/ Verfasserin	Excel-Tabelle ‚Überblick kooperative+ konfliktive Verben'
B. Erstellung Subjektkatalog	1	Alle Subjekte in Excel-tabelle übertragen	Unabhängige Kodierer*in A und B	Excel-Tabelle ‚Überblick gesamt_un-kodiert'
	2	Alle kodierbaren Subjekte hervorheben	Unabhängige Kodierer*in A und B	Excel-Tabelle ‚Überblick gesamt_un-kodiert'
	3	Subjekte in Self/Other Kategorien übertragen	Unabhängige Kodierer*in A und B/ Verfasserin	Excel-Tabelle ‚Überblick Subjekte selbst+andere'
C. Kodierung der Sprechakte	1	Kodierung der 12 Sprechakte auf der Grundlage der Kataloge	Verfasserin/ Unab-hängiger Kodierer C	12 Excel-Tabellen ‚2010A_kodiert' bis ‚2015B_kodiert'
	2	Ausrechnen der Indizes pro Rede	Verfasserin/ Unab-hängiger Kodierer C	12 Excel-Tabellen ‚Errechnung OpCode_2014A' bis ‚Errechnung Op-Code_2015B'
	3	Ausrechnen der Indizes pro Jahr	Verfasserin/ Unab-hängiger Kodierer C	5 Excel-Tabellen ‚2010_Jahreswerte' bis ‚2015_Jahreswerte'

Eigene Darstellung (2018)

Worddokumente mit der Bezeichnung ‚Regierungserklärungen_Merkel_Währungsunion_2010' bis ‚Regierungserklärungen_ Merkel_Währungsunion _2015'. Für das Untersuchungsjahr 2010 wurden ursprünglich sieben Regierungserklärungen gefunden, nach der Anwendung des Filters ‚Währungsunion' sank die

Zahl auf fünf Regierungserklärungen. Für 2011 blieben vier aus ursprünglich sechs Regierungserklärungen, 2012 sechs aus sieben. Für das Jahr 2013 lässt sich eine vergleichsweise schwache inhaltliche Auseinandersetzung mit dem Thema ‚Währungsunion' nachweisen, da von ursprünglich fünf Regierungserklärungen nur zwei das Thema ‚Währungsunion' enthielten.[19] Für das Jahr 2014 hingegen behandelten insgesamt sechs von ursprünglich neun Regierungserklärungen Merkels das Thema ‚Währungsunion', 2015 drei aus sieben. Per Zufallsauswahl wurden pro Jahr zwei Reden für die Kodierung ausgewählt, die innerhalb der Dokumente gekennzeichnet wurden. Dies ergibt eine Anzahl von 12 Regierungserklärungen für den gesamten Untersuchungszeitraum. Anhand der *Tabelle 3* lassen sich nun die einzelnen Operationalisierungsschritte erkennen. Zusammenfassend lässt sich festhalten, dass die händische Kodierung der 12 Sprechakte in 3 Schritten erfolgte: Erstellung des Verbkatalogs, Erstellung des Subjektkatalogs, finale Kodierung der Sprechakte. Jeder dieser Schritte war wiederum in Unterschritte unterteilt.

5.2.1 Erstellung der Kataloge

Bevor die eigentliche Kodierung der 12 Sprechakte also beginnen konnte, mussten, analog zu dem *dictionary* des *Profiler Plus Programms,* im Vorfeld der Kodierung Kataloge der in den Sprechakten verwendeten transitiven Verben sowie der verwendeten Subjekte angelegt werden. Der Katalog transitiver Verben musste wiederum die Kategorien ‚kooperativ' und ‚konfliktiv'[20] enthalten, denen die Verben dann zugeordnet wurden. Diese Zuordnung fand ebenfalls im Vorfeld der Kodierung statt, damit Vergleichbarkeit und Reliabilität gewährleistet werden. Um eine Verzerrung der Ergebnisse zu vermeiden, wurden die Kataloge mit mehreren Kodierer*innen erarbeitet. Zwei unabhängige Kodierer*innen (Kodierer A und B) arbeiteten zuerst alle 12 zufällig ausgewählten Sprechakte durch und überführten zunächst alle Verben pro Sprechakt in eine gemeinsame Excel-Datei (Operationalisierungsschritt A Schritt 1). In einem zweiten Schritt (Operationalisierungschritt A Schritt 2) arbeiteten Kodierer*in A und B dann alle transitiven Verben heraus, so dass die Excel-Datei nun auch alle in den Sprechakten vorkommenden kodierbaren transitiven Verben enthielt (Excel-Tabelle ‚Überblick gesamt_unkodiert'). Dies ist ein Auszug aus der *Tabelle* ‚Überblick gesamt_kodiert', das komplette Dokument befindet sich im Anhang der Arbeit. Anhand dieses Auszugs ist die Vorgehensweise

19 Näheres zu den Gründen dieses offensichtlichen Abfalls an Salienz des Themas Währungsunion in Teil III der Arbeit.

20 Die Unterteilung in ‚kooperativ' und ‚konfliktiv' ist für die Kodierung der Verben eine zentrale Richtungsentscheidung. Die genaue Abfolge der Kodierung wird im Folgenden genauer erklärt werden.

Tab. 4 Auszug Excel-Tabelle ‚Überblick gesamt_unkodiert'

Regierungserklärung	alle Verben	transitive Verben	kodierbare transitive Verben	Subjekt	kodierbare Subjekte
2010A	machen werden	machen werden	machen werden (das)	Ich	
	bewusst sein			Deutschland	
	geprägt werden			Wirtschafts- und Währungsunion	
	gekämpft haben für			Helmut Kohl und Theo Waigel	
	garantieren	garantieren	garantieren (die Stabilität des	das (Regelwerk)	das (Regelwerk)
	ausgezahlt haben			das	
	stabil sein			der Euro	
	sein			die D-Mark	
	geholfen haben			der Euro	
	geschaffen haben	geschaffen haben	geschaffen haben (vertraglichen Grundlagen)	man	man
	vorgestellt haben	vorgestellt haben	vorgestellt haben (eine außergewöhnliche Situation)	man	man
	hinzufügen	hinzufügen*		ich	
	vorstellen können	vorstellen können	vorstellen können (es)	man	man
	konfrontiert werden			wir alle	
	sein			die (Dinge)	
	erwartet haben	erwartet haben	erwartet haben (was)	wir	wir
	getroffen werden			keine Vorkehrungen	
	beherrschen zu	beherrschen zu			
	(zahlungsunfähig)			ein Mitglied der Währungsunion	
	bedeuten**			dies	
	entstehen			Kettenreaktion	

Eigene Darstellung (2016)

bei der Erstellung des Katalogs zu erkennen. Die erste Regierungserklärung aus dem Jahr 2010 erhielt den Titel 2010A. Die zweite Spalte von links enthält alle in der 2010A-Rede vorkommenden Verben, die dritte Spalte alle transitiven Verben und die vierte Spalte schließlich alle kodierbaren transitiven Verben. Erst die vierte Spalte von links enthält also Datenmaterial, mit dem zu einem späteren Zeitpunkt die einzelnen Aussagen kodiert werden können. Bereits diese Excel-Datei enthält alle in der 2010A-Rede vorkommenden Subjekte (5. Spalte) sowie alle kodierbaren Subjekte (6. Spalte). Indem sowohl die Verben als auch die Subjekte für jede Rede in ein und demselben Ecxel Dokument abgespeichert wurden, ist bereits hier zu erkennen, welches die späteren kodierbaren Aussagen sein werden. Für die Reden 2010B bis 2015B wurden die gleichen Schritte unternommen. Die Ergebnisse sind alle untereinander in dem Excel-Dokument ‚Überblick gesamt_unkodiert' zu finden.

Anschließend haben Kodierer*in A und B sowie die Verfasserin dieser Arbeit, welche die Sprechakte vorher nicht gelesen hat, unabhängig voneinander die Liste aller transitiven Verben in die Kategorien ‚kooperativ' und ‚konfliktiv' einsortiert (Operationalisierungsschritt A Schritt 3; Excel-Tabelle ‚Überblick kooperative+-konfliktive Verben'). Die Einteilung der transitiven Verben in ‚kooperativ' oder ‚konfliktiv' basierte lediglich auf der von Kodierer*in A und B erstellten Excel-Tabelle ‚Überblick gesamt_unkodiert'. Wenn bei dieser dreifachen Zuordnung in ‚kooperativ' oder ‚konfliktiv' unterschiedliche Einordnungen entstanden, wurde eine gemeinsame Einordnung gefunden. Das Verb ‚vorstellen' trat einmal als ‚vorgestellt haben' und einmal als ‚vorstellen können' auf. Alle drei Kodierer*innen haben ‚vorgestellt haben' aufgrund der Vergangenheitsform als +3 gewichtet, ‚vorstellen können' hingegen als +1. Diese Einsortierung weist darauf hin, dass ein Verb nicht gleichzeitig der Kategorie *Versprechen (+2)* oder *Unterstützen (+1)* oder gleichzeitig *Drohen (-2)* oder *Widersetzen (-1)* zugeordnet werden kann. Dennoch kann ein Verb wie z. B. ‚vorstellen' gleichzeitig als +3 und +1 oder +2 gewichtet werden. Andere Fälle wiesen darauf hin, dass das gleiche Verb in unterschiedlichen Kontexten natürlich unterschiedlich gewichtet sein kann. Das Verb ‚nehmen' im Sinne von ‚wegnehmen' müsste als konfliktiv gewichtet werden, ‚keinen Schaden nehmen' hingegen als kooperativ. Ebenso kann eine vorangestellte Verneigung ein ursprünglich konfliktives Verb wie ‚beenden' zu einem kooperativen Verb machen. In diesem Fall wurde das konfliktive Verb ‚beenden' mit -2 gewichtet. Das kooperative Gegenstück dazu wurde dann mit +2 gewertet.

In diesem Sinne trug die Erstellung des Verbkatalogs dem kommunikativen Prozess der Erstellung eines Codebuches Rechnung. So hat auch Kimberly Neuendorf darauf hingewiesen, dass sogenannte „revision stages" eingebaut werden sollten, in denen alle Kodierer*innen in einen konsensbildenden Dialog miteinander treten (Neuendorfer 2002: 134). Durch die Einbeziehung zweier externer Kodierer*innen in die Erstellung des Verbkatalogs wurde die Objektivität und Validität der Kodierung erhöht.

Tab. 5 Auszug Excel-Tabelle ‚Überblick kooperative+konfliktive Verben'

konfliktive Verben			kooperative Verben		
-3	-2	-1	1	2	3
eingeholt haben	vorhalten müssen (Mehr Eigen-kapital)	einholen			be-schlossen haben
verspielt haben (Vertrauen)	erschüttern können	Nicht oder nicht vollständig angewandt haben (die Prinzipien)	ziehen können	erzielen können (Fort-schritte)	geschaffen haben
infrage gestellt haben	nicht führen (eine Diskussion)	auf-geweicht haben (die Prinzipien)	finden (Wege)	ein-schließen (die Beteiligung von...)	vorgestellt haben
aus-geschlossen haben	sich/ihre über-schätzen könnte	wieder-herstellen müssen (die Glaub-würdigkeit)	brauchen	anpacken (die Heraus-forderun-gen)	erwartet haben
abgelehnt haben	beenden	sparen (die Arbeit)	garantieren	verkünden	im Vertrauen auf etwas, etwas aufgegeben haben

Eigene Darstellung (2016)

Darüber hinaus musste ein Katalog für die Subjekte angelegt werden, die für die Erfassung einer kodierten Aussage ebenfalls relevant sind (Operationalisierungschritt B). Nach Schafer und Walker werden die Subjekte jeder Aussage einer Kategorie zugeteilt: Spricht die Sprecherin des Textes, Angela Merkel, über sich selbst oder ‚in-group'-Angehörige, so zählt das Subjekt der kodierten Aussage zur ‚selbst'-Kategorie. Spricht die Sprecherin des Textes über andere, so zählt das Subjekt der kodierten Aussage zur ‚andere'-Kategorie.[21] Das *Profiler Plus* Programm trifft diese Unterscheidung zwischen ‚selbst' und ‚andere' basierend auf der Verwendung von Personalpronomen. Daran schließt sich die Katalogisierung dieser Arbeit an. Eine händische Kodierung und die vorangegangene Katalogisierung können jedoch noch sauberer arbeiten als das *Profiler Plus* Programm: Für den Fall nämlich, dass ein Subjekt kein Personalpronomen verwendet, während es über sich selbst spricht, kodiert das Programm automatisch das Subjekt als der ‚andere'-Kategorie zugehörig: „However, subjects also sometimes use other, non-pronoun references when talking about *self*. Jimmy Carter might instead have said, ‚The U.S. strongly opposes […],' in which case Profiler Plus would, by default, code the utterance as *other*" (Schafer/Walker 2006a: 42; Hervorhebung i. O.). Um weiterhin jede mögliche Verzerrung des Ergebnisses aufgrund der Handkodierung auszuschließen, wurde auch hier die Intercoder-Reliabilität angewandt und auf die zwei unabhängigen Kodierer*innen A und B zurückgegriffen. Die zwei unabhängigen Kodierer*innen trugen in diese Tabelle erst alle Subjekte ein (Operationalisierungschritt B Schritt 1). Sie hoben nur die kodierbaren Subjekte hervor, also jene Subjekte, die mit einem kodierbaren transitiven Verb eine zu kodierende Aussage bilden (Operationalisierungsschritt B Schritt 2; Excel-Tabelle ‚Überblick gesamt_unkodiert'). Anschließend wurden die kodierbaren Subjekte von den zwei unabhängigen Kodierer*innen und der Verfasserin in die ‚selbst' und ‚andere' Kategorie eingeteilt (Operationalisierungschritt B Schritt 3; Excel-Tabelle ‚Überblick Subjekte selbst+andere'). Auch hier wurden ‚revision stages' eingebaut, während derer sich die Kodierer*innen intensiv ausgetauscht haben.

21 Die Selbst- oder Andere-Zuschreibung kann sich selbstverständlich über einen längeren Untersuchungszeitraum hinweg ändern, wenn sich zum Beispiel Regierungszusammensetzungen ändern. Dies muss bei der Erstellung des Subjektkataloges beachtet werden (Näheres dazu in II. Teil, Kapitel 1).

Tab. 6 Auszug Excel-Tabelle ‚Überblick Subjekte selbst+andere'

Selbst	andere
wir (auch: als Wirtschafts- und Währungsunion)	die (Konstruktionsfehler; Fortschritte)
das deutsche Volk	die Politik
das (wenn sie sich zb. auf "das deutsche Volk" bezieht, was sie im Satz davor angesprochen hat; oder die Zukunft Europas oder Deutschlands)	sie (die Politik; oder die Union der 27 MS)
der (gute Europäer)	die Finanzminister
Europa	das
ich	Italien
es (Europa)	systemrelevante Banken
er (guter Europäer)	die europäische Bankaufsicht
die Bundesregierung	die EU-Finanzminister
Mitglieder der EWU	man (wenn sie zb. über diejenigen spricht, die die Verträge der EWU ausgehandelt haben --> da war Merkel nicht dabei)
der Europäische Rat	Kettenreaktion
ehrgeiziges Ziel	Griechenland
Deutschland	Stabilität der Eurozone

Eigene Darstellung (2016)

5.2.2 Die Kodierung der Sprechakte

Nach der Erstellung des Verb- und Subjektkatalogs sowie der Einsortierung der Verben in konfliktiv oder kooperativ und der Subjekte in ‚selbst' oder ‚andere', konnte die Verfasserin der Dissertation gemeinsam mit einem weiteren unabhängigen Kodierer (nicht die Personen, die die Kataloge angelegt haben; Kodierer C), die Sprechakte auf der Grundlage der Kataloge und der darin enthaltenden Kategorien kodieren. Diese zweifache finale Kodierung fand ebenfalls unabhängig voneinander statt (Neuendorf 2002: 134). Wie bereits erwähnt, besteht eine Aussage aus einem transitiven Verb sowie einem dazugehörigen Subjekt: „These tow linguistic components, the subject and the verb, combine to form the recording unit – called the ‚utterance' – for the VICS system" (Schafer/Walker 2006a: 32). Jene Sätze, die ein Verb für mehrere Aussagen verwenden, können eigentlich nicht mit in die Kodierung aufgenommen werden und fallen somit heraus. Sowohl die händische Kodierung als auch die automatische Kodierung mit Hilfe des *Profiler Plus* Programms kodiert jede einzelne Aussage (*utterance*) in vier Schritten:

Zuerst wird das Subjekt betrachtet und mit einem Blick in den zuvor erstellten Subjektkatalog geklärt, ob es über sich selbst oder andere spricht: „Either the speaker is talking about others in the political universe or about self (and other in-group actors with which he or she identifies and over which he or she has some control or influence)" (Schafer/Walker 2006a: 32). Wenn dies geklärt ist, wird anschließend das transitive Verb in drei Unterschritten codiert: Basierend auf der zuvor erstellten Verbtabelle wird zuerst entschieden, ob die Richtung des Verbs eher konfliktiv (-) oder kooperativ (+) ist. Anschließend muss der/die Forscher*in entscheiden, ob das Verb als Tat (*deed*) oder Wort (*word*) codiert wird. Taten nehmen immer Bezug auf die Vergangenheit, d. h. Verben, die in der Vergangenheitsform stehen, werden automatisch als Taten codiert (Schafer/Walker 2006a: 32). Verben, die ihrer grammatikalischen Form nach in die Zukunft weisen oder im Präsens stehen, werden dementsprechend automatisch als Wort kodiert. Diese Einteilung in Tat oder Wort ist für den letzten Schritt der Verbcodierung relevant. Bei der finalen Verbkodierung nämlich muss über die endgültige Richtung entschieden werden. Anhand der *Tabelle 7* ist bereits zu erkennen, dass nach Walker und Schafer Taten nur mit Bestrafen (*Punish*, -3) oder Belohnen (*Reward*, +3) bewertet werden können. Wörter hingegen, fallen automatisch in die Kategorien *Drohen* (*Threaten*, -2) oder *Widersetzen* (*Oppose*, -1) auf der einen Seite, oder *Versprechen* (*Promise*, +2) oder *Unterstützen* (*Support*, +1) auf der anderen Seite: „Cooperative and conflict deeds are the most intense sanctions (rewards and punishments) at the opposite ends of a continuum separated by words of lower intensity that communicate as threats, promises [...]" (Schafer/Walker 2006a: 32). Schritt drei und vier gelten als Zusatzinformationen, die über die kodierten Aussagen hinaus Aufschluss geben können. Zusammenfassend lässt sich also sagen, dass „the VICS method extracts values for six attributes for each recording unit (verb) and its surrounding context: subject, verb category, domain of politics, tense of the verb, intended target, and context" (Schafer/Walker 2006c: 568; siehe auch Malici 2006: 44). Abschließend muss ein Ergebnis in Form einer zusammenfassenden Aussage entstehen, z.B: ‚andere -3'. *Tabelle 7* entspricht einem Blankoblatt zur Kodierung einer einzelnen Aussage. Wenn also beispielsweise einer der 12 kodierten Sprechakte insgesamt 24 verwertbare Aussagen enthält, dann müssten die Kodierer*innen je 24 solcher Blankoblätter für den untersuchten Sprechakt ausgefüllt haben.

Tab. 7 Vorlage zur Kodierung einer Aussage

Rede/ Kodierungsphasen		Datum der Rede			Titel der Rede												
1. Kodierung des Subjekt als...		Andere								Selbst							
2. Kodierung des Verbs als....	transitives Verb																
	Richtung des Verbs	konfliktiv (-)				kooperativ (+)				konfliktiv (-)				kooperativ (+)			
	Tat oder Wort	Tat		Wort		Tat		Wort		Tat		Wort		Tat		Wort	
	finale Verbkodierung	Bestrafen (-3)		Drohen (-2)		Belohnen (+3)		Versprechen (+2)		Bestrafen (-3)		Drohen (-2)		Belohnen (+)		Versprechen (+2)	
				Widersetzen (-1)				Unterstützen (+1)				Widersetzen (-1)				Unterstützen (+1)	
3. Kodierung des Politikfeldes		Inland	Ausland	Inland	Ausland	Inland	Ausland	Inland	Ausland	Inland	Ausland	Inland	Ausland	Inland	Ausland	Inland	Ausland
4. Kodierung des Zielobjektes und des Kontexts																	
Ergebnis																	

Eigene Darstellung, in Anlehnung an Schafer/Walker (2006a:40-41)

Nachdem alle 12 Sprechakte kodiert wurden, ergaben sich insgesamt 12 Excel-Tabellen (siehe Anhang; ‚2010A_kodiert' bis ‚2015B_kodiert'). Dies ist ein Auszug aus der Tabelle für die erste Regierungserklärung aus dem Jahr 2010 (2010A genannt).

Tab. 8 Auszug Excel-Tabelle ‚2010A_kodiert'

2010A		Regierungserklärung 25.03.2010						
Fallnummer	**Kodierbarkeitstest**	**KODIERUNG**	**Verben**	**Transitive Verben**	**kodierbare transitive Verben (Akkusativobjekt)**	**Subjekt**	**kodierbare Subjekte**	**Kodierung wird erfolgen**
2010A-01	1	a+1	garantieren	garantieren	garantieren (die Stabilität des Euros)	das (Regelwerk)	das (Regelwerk)	1
	FALSCH		ausgezahlt haben			das		
	FALSCH		stabil sein			der Euro		
	FALSCH		sein			die D-Mark		
	FALSCH		geholfen haben			der Euro		
2010A-02	1	a+3	geschaffen haben	geschaffen haben	geschaffen haben (vertraglichen Grundlagen)	man	man	1
2010A-03	1	a+3	vorgestellt haben	vorgestellt haben	vorgestellt haben (eine außergewöhnliche Situation)	man	man	1
	FALSCH		hinzufügen	hinzufügen*		ich		
2010A-04	1	a+1	vorstellen können	vorstellen können	vorstellen können (es)	man	man	1
	FALSCH		konfrontiert werden			wir alle		
	FALSCH		sein			die (Dinge)		
2010A-05	1	s+3	erwartet haben	erwartet haben	erwartet haben (was)	wir	wir	1
	FALSCH		getroffen werden			keine Vorkehrungen		
	FALSCH		beherrschen zu können	beherrschen zu können*				

Eigene Darstellung (2017)

Damit mögliche Fehler bei der anschließenden Errechnung der Indizes immer auf den richtigen Sprechakt und die richtige kodierte Aussage zurückgeführt werden können, wurden die kodierten Aussagen mit sogenannten ‚Fallnummern' versehen (z. B. 2010A-01 für die erste kodierbare Aussage der Regierungserklärung vom 25.03.2010). Die letzte Spalte zeigt die finale Kodierung an. Für die Fallnummer 2010A-01 haben die Verfasserin und der unabhängige Kodierer C das Ergebnis ‚a (für andere) + 1' eingetragen. Das Subjekt ‚das Regelwerk' wurde also der Kategorie ‚andere' zugeteilt. Das transitive Verb ‚garantieren' wurde als kooperativ, bzw. ‚unterstützen' (+1) gewertet. Jede der 12 Reden wurde auf diese Weise kodiert.

5.2.3 Die Errechnung des Operational Codes

Die Ergebnisse der Kodierungen wurden für jeden Sprechakt zusammengetragen, da anschließend mit Hilfe von Formeln (Indizes) der Operational Code pro Sprechakt errechnet werden musste. Walker und Schafer haben zur Errechnung der P-1 bis I-5 Indizes Formeln entwickelt, die eine quantitative Erfassung und eine Vergleichbarkeit zwischen mehreren Analyseeinheiten möglich machen. Bei den VICS Indizes unterscheiden Walker, Schafer und Young (1998) zwischen *diagnostic propensities*, also jenen Indizes, die Aussagen über das Weltbild eines Akteurs machen und *choice propensities* (I-1, I-2 und I-5), welche die Handlungsmöglichkeiten aufzeigen, die sich auf Grundlage der *diagnostic propensities* eines Akteurs ergeben. Die *shift propensities* (I-3 und I-4) wiederum sollen den möglichen Wandel von Handlungsmöglichkeiten unterstreichen (Walker/Schafer/Young 1998: 178–179). Anhand der *Tabelle 9* ist zu erkennen, dass die 10 Fragen von Alexander George (1969) sich in den *diagnostic propensities* (P-1 bis P-5), den *choice propensities* (I-1, I-2, I-5) sowie den *shift propensities* (I-3, I-4) wiederfinden. Die zweite Spalte enthält die Formel, mit deren Hilfe die zehn Kategorien errechnet werden. Die dritte Spalte zeigt dabei an, in welchem Rahmen sich die Ergebnisse für die Kategorien P-1 bis I-5 bewegen können.

Tab. 9 *Verbs in Context* Formeln

VICS Indizes		Formel	Beschreibung
	Diagnostic Propensities:		
P-1	**Natur der Politischen Welt**	% kooperativ *Andere* minus % konfliktiv *Andere* = P-1	+1 freundlich (Kooperation) bis -1 feindlich (Konflikt)
P-2	**Erreichung der politischen Ziele**	Anzahl der gewichteten *Andere*-Aussagen durch alle Aussagen (-3 bis +3)/3 =P-2	+ 1 optimistisch bis -1 pessimistisch

P-3	**Vorhersehbarkeit der politischen Zukunft**	1 – IQV[22] für *Andere*-Aussagen		1 vorhersehbar bis 0 nicht vorhersehbar
P-4	**Einfluss auf politische Entwicklungen**	*Selbst*-Aussagen durch (Summe der *selbst* Aussagen plus *Andere* Aussagen)		1 vollständiger Einfluss bis 0 kein Einfluss
P-5	**Rolle von Zufall**	1 – (P-3 x P-4)		1 nur Zufall bis 0 kein Zufall
	Choice Propensities			
I-1	**Strategie zur Erreichung der Ziele**	% kooperative *Selbst*-Aussagen minus % konfliktive *Selbst*-Aussagen		+1 sehr kooperativ bis -1 sehr konfliktreich
I-2	**Taktik zur Erreichung der Ziele**	Anzahl der gewichteten *Selbst*-Aussagen durch alle Aussagen (-3 bis +3)/3=I-2		+1 sehr kooperativ bis -1 sehr konfliktreich
I-5	Mehrwert von Handlungsoptionen	Bestrafung	Summe aller *Selbst*-Bestrafung-Aussagen/Anzahl aller *Selbst*-Aussagen	+1 sehr häufig bis 0 nie
		Drohung	Summe aller *Selbst*-Drohung-Aussagen/ Anzahl aller *Selbst*-Aussagen	+1 sehr häufig bis 0 nie
		Ablehnung	Summe aller *Selbst*-Ablehnung-Aussagen/Anzahl aller *Selbst*-Aussagen	+1 sehr häufig bis 0 nie
		Unterstützung	Summe aller *Selbst*-Unterstützung-Aussagen/ Anzahl aller *Selbst*-Aussagen	+1 sehr häufig bis 0 nie
		Versprechen	Summe aller *Selbst*-Versprechen-Aussagen/Anzahl aller *Selbst*-Aussagen	+1 sehr häufig bis 0 nie
		Belohnung	Summe aller *Selbst*-Belohnung-Aussagen/Anzahl aller *Selbst*-Aussagen	+1 sehr häufig bis 0 nie
	Shift Propensities			
I-3	**Risikoabschätzung**	1 – IQV für Selbst-Aussagen		1 risikofreundlich bis 0 risikoavers
I-4	**Zeitpunkt von Aktionen**	minus Absoluter Wert (% X minus %Y *Selbst*- Aussagen)		1 starke Neigung zum Wechsel von Taktiken bis 0 schwache Neigung zum Wechsel von Taktiken

Eigene Darstellung (2016)

22 Unter dem Index qualitativer Variation (IQV) versteht man ein Maß zur Darstellung der Varianz einer Verteilung von Kategorien.

Die Ergebnisse der finalen Kodierung, die in den Dokumenten ‚2010A_kodiert' bis ‚2015B_kodiert' festgehalten wurden, mussten wiederum so aufgearbeitet werden, dass eine Errechnung des Operational Codes pro Sprechakt und pro Untersuchungsjahr auf Basis der eben dargestellten Formeln möglich und nachvollziehbar wurden. Hierfür ergab sich pro Sprechakt wieder eine eigene Übersicht, die als ‚Errechnung OpCode_2010A' bis ‚Errechnung OpCode_2015B' im Anhang wiederzufinden sind.

Die *Tabelle 10* ist ein Auszug aus dem Dokument zur Errechnung des Operational Codes für die Rede 2010A. Es sind die Fallnummern (2010A-01 bis 2010A-23) zu erkennen. Diese deuten darauf hin, dass insgesamt 23 Aussagen kodiert wurden. Die linke Tabelle zeigt alle Aussagen an, die in der Rede 2010A der Kategorie ‚selbst' zugeordnet wurden, die rechte Tabelle jene Aussagen, die der Kategorie ‚andere' zugeordnet wurden. Dieser Tabelle ist also zu entnehmen, dass der Wert mit der Fallnummer 2010A-01 (a+1) in der rechten Tabelle, in der obersten Zeile und der dritten Spalte von rechts eingetragen wurde. Der Tabelle ist darüber hinaus zu entnehmen, dass es in der Rede 2010A 12 kodierte selbst-Aussagen gab, von denen 12 kooperativ und 0 konfliktiv waren, sowie 11 kodierte andere-Aussagen, von denen 9 kooperativ und 2 konfliktiv waren. Auf der Basis dieser Zahlen wurden anschließend die einzelnen Indizes errechnet. Die Ergebnisse sind im II. Teil der Arbeit ausführlich aufgearbeitet worden. In diesem Sinne enthalten die 12 Excel-Tabellen ‚Errechnung OpCode_2010A' bis ‚Errechnung OpCode_2015B' alle Daten, die zur Errechnung des Operational Codes wichtig sind.

Tab. 10 Auszug Excel-Tabelle ‚Errechnung OpCode_2010A'

	Fallnummer	Selbst								Andere					
		(-3) bestrafen	(-2) drohen	(-1) widersetzen	1 unterstützen	2 versprechen	3 belohnen			(-3) bestrafen	(-2) drohen	(-1) widersetzen	1 unterstützen	2 versprechen	3 belohnen
		-3	-2	-1	1	2	3			-3	-2	-1	1	2	3
	2010A-1								2010A-1				1		
	2010A-2								2010A-2						1
	2010A-3								2010A-3						1
	2010A-4								2010A-4				1		
	2010A-5						1		2010A-5						
	2010A-6								2010A-6		1				
	2010A-7				1				2010A-7						
	2010A-8								2010A-8						1
	2010A-9								2010A-9				1		
	2010A-10						1		2010A-10						
	2010A-11					1			2010A-11						
	2010A-12					1			2010A-12						
	2010A-13								2010A-13					1	
	2010A-14								2010A-14	1					
	2010A-15					1			2010A-15						
	2010A-16					1			2010A-16						
	2010A-17						1		2010A-17						
	2010A-18					1			2010A-18						
	2010A-19					1			2010A-19						
	2010A-20								2010A-20						1
	2010A-21					1			2010A-21						
	2010A-22								2010A-22				1		
	2010A-23					1			2010A-23						
SUMME SELBST	12	0	0	0	1	8	3	Summe Andere	11	1	1	0	4	1	4
Prozent		0	0	0	0,083333333	0,666666667	0,25	Prozent		0,090909091	0,0909091	0	0,363636364	0,090909091	0,3636364
SUMME SELBST koop.	12							SUMME Andere koop.	9						
Summe Selbst konfl.	0							Summe Andere konfl.	2						
Summe selbst+andere	23														

Eigene Darstellung (2018)

Um nicht nur die Ergebnisse für jeden einzelnen Sprechakt zu erhalten, sondern auch eine Gesamtaussage für jedes Untersuchungsjahr zu erlangen, wurden die Ergebnisse aus beiden Sprechakten pro Jahr in einem Dokument zusammengefasst. Dadurch ergaben sich 5 Dokumente mit dem Namen ‚Jahreswerte Zusammen'. In diesem Sinne kann der Operational Code pro Rede und pro Jahr errechnet und dargestellt werden. Um die Forschungsfrage 1 abschließend beantworten zu können, müssen die Werte aus dem Operationalisierungsschritt C Schritt 2 und 3 interpretiert werden. Nur so kann mit Hilfe der errechneten Werte eine Aussage über Angela Merkels Operational Code getroffen werden. Darüber hinaus können nur so die Erwartungen an Angela Merkels außenpolitische Regierungsposition formuliert werden.

5.2.4 Die Interpretation der Werte

Die Interpretation der Werte wiederum richtet sich nach einer Tabelle (siehe Anhang). Um im folgenden Kapitel die Werte besser interpretieren zu können und klare Erwartungen formulieren zu können, werden den VICS Indizes Idealtypen zugeordnet.

Grundsätzlich geht es bei den Indizes P-1 bis P-5 um das Bild über andere. So ist bereits an den Formeln zu erkennen, dass bei der Errechnung von P-1 bis P-5 lediglich die Aussagen über Andere gewichtet werden. Der P-1 Wert trifft Aussagen über die Natur der Politischen Welt, bzw. über das Bild über andere. Liegt der Wert für P-1 beispielsweise bei -1, dann wäre Merkels Denkbild über andere extrem feindlich. Sie hätte die Überzeugung, dass die Europäische Union und die Europäische Währungsunion eher nicht zusammenarbeiten und dass die politische Welt grundsätzlich von Krisen und Konfrontation geprägt sei. Läge der P-1 Wert hingegen bei +1, so hätte Angela Merkel die Überzeugung, dass die politische Welt aus Kooperation und gemeinsamen Aktionen besteht, sie hätte ein eher freundliches Bild von anderen politischen Akteuren: „We assume that the leader's image of other actors' policies and actions reflect the leader's beliefs about politics, political conflict, and the nature of other actors" (Schafer/Walker 2006a: 33).

Der P-2 Wert, der Aussagen über das Erreichen der politischen Ziele macht, kann sich auch zwischen -1 (extrem pessimistisch) und +1 (extrem optimistisch) bewegen. Extrem pessimistisch würde bedeuten, dass Angela Merkel die Überzeugung hat, dass sie ihre politischen Ziele bezüglich der Euro- und Griechenlandkrise nicht erreichen wird: Die Krise kann nicht abgewendet werden, die EWU zerfällt oder nimmt großen Schaden. Extrem optimistisch würde vermuten lassen, dass Angela Merkel der Überzeugung ist, dass die Krise abgewendet werden kann und der Euro gerettet wird. Damit hätte sie ihr politisches Ziel erreicht. Der P-2 Wert trifft Aussagen darüber, wie optimistisch ein/e Entscheidungsträger*in ist, ihre politischen

Ziele vor dem Hintergrund ihres Weltbildes zu erreichen (Schafer/Walker 2006a: 33). Der P-3 Wert, der die Vorhersehbarkeit der politischen Zukunft anzeigt, kann sich zwischen 0 (sehr gering) und 1 (sehr hoch) bewegen. Es geht vorrangig um die Berrechenbarkeit der Taktik der anderen Akteure: „With this index we examine whether the subject sees others acting in consistent, predictable ways" (Schafer/ Walker 2006a: 33). Ein Wert von 0 bis 0,50 würde bedeuten, dass Angela Merkel wenig Vertrauen in die Vorhersehbarkeit der politischen Taktik ihrer Partner hätte, ein Wert von 0,50 bis 1 hingegen würde anzeigen, dass sie durchaus Vertrauen hat, dass die politische Zukunft für sie kontrollierbar ist. Umgekehrt verhält es sich mit dem P-5 Wert, der die Rolle von Zufällen anzeigt und sich in derselben Spanne bewegt. Zeigt die Errechnung des Operational Codes einen P-5 Wert von 0,50 bis 1 an, so ist zu erwarten, dass Angela Merkel die Rolle von Zufällen hoch einschätzt, also das Agieren in Unsicherheit und fehlende Kontrolle über ihre Gegenspieler annimmt. Bewegt sich der P-5 Wert zwischen 0 und 0,50 ist ihre Überzeugung, dass die Unsicherheit gering ist und politische Entscheidungen im Rahmen absehbarer Taktiken der anderen gefällt werden können. Die *diagnostic propensities* P-1, P-2, P-3 und P-5 werden alle auf der Grundlage von Aussagen über andere errechnet. Ein Blick in *Tabelle 9* zu den Formeln der Indizes zeigt, was dies für Auswirkungen hat. Wenn in dem kodierten Sprechakt also keine positiven oder negativen Aussagen über andere zu finden sind, muss hier immer mit 0 gerechnet werden. Über die Bewertung, dass der/die Autor*in sich nicht über andere geäußert hat hinaus, wäre ein solches Ergebnis kaum zu interpretieren.

Der P-4 Wert trifft Aussagen darüber, wie der Einfluss auf politische Entwicklungen eingeschätzt wird. Dieser P-4 Wert ist der einzige Wert der *diagnostic propensities*, der auch auf der Grundlage von Selbst-Zuschreibungen errechnet wird. Enthält der kodierte Sprechakt also keine einzige Fremdzuschreibung und nur positive Selbstzuschreibungen, kommt beim P-4 Wert automatisch eine 1 heraus. Liegt der Wert bei 0.50 bis 1, so schätzt Angela Merkel ihren Einfluss hoch bis sehr hoch ein, d. h. sie schreibt sich selbst Macht innerhalb der politischen Entscheidungsprozesse zu. Läge der Wert zwischen 0 und 0,50 würde sie ihre eigenen Einflussmöglichkeiten und ihre Macht geringer einschätzen: „If the subject´s rhetoric indicates that self is taking most of the action, then self sees self as more in control. On the other hand, if the rhetoric indicates that others are the ones who act more frequently, then self is attributing control to others" (Schafer/Walker 2006a: 34). Grundsätzlich stellt sich die Frage ob überhaupt eine Aussage getroffen werden kann bezüglich der *diagnostic propensities*, wenn der/die Sprecher*in kein einziges Mal über andere spricht.

Die Werte, die die Handlungsoptionen (*Choice propensities*) anzeigen, können ebenso Idealtypen zugeordnet werden. Der I-1 und I-2 Wert geben Auskunft darüber, wie ein/e Entscheidungsträger*in die eigenen Ziele, Strategien und Taktiken innerhalb der politischen Welt einschätzt. Der I-1 Wert trifft Aussagen über die Strategie zur Erreichung der Ziele. Bewegt sich der Wert zwischen 0 und +1, so hat Angela Merkel die Überzeugung, dass sie ihre politischen Ziele in der Euro- und Griechenlandkrise nur kooperativ lösen kann. Sie wäre überzeugt, dass sie ihr politisches Ziel nur dann erreichen kann, wenn sie eine kooperative Strategie einnimmt: „The logic is that the more self talks about taking cooperative action, the more cooperatively he or she defines the directions of his or her strategy, and vice versa" (Schafer/Walker 2006a: 35). Würde sich der Wert eher zwischen 0 und -1 bewegen, hätte Merkel die Überzeugung, dass sie ihr Ziel, den Erhalt des Euro und der EWU, nur konfrontativ lösen kann. Der I-2 Wert, der die Taktik zur Erreichung der Ziele anzeigt, bewegt sich ebenso zwischen -1 und +1, also zwischen reiner Konfrontation und Kooperation. Läge der Wert der Operational Code Analyse bei 0 bis +1, wäre Merkels Überzeugung, dass die eingesetzten Mittel zur Erreichung ihrer Strategie ebenfalls kooperativ sein müssen. Wenn ihre Strategie zur Erreichung des politischen Ziels ‚Erhaltung des Euro' also Kooperation ist, muss ihre Taktik ebenfalls kooperative, koordinierende Mittel enthalten. Würde sich der I-2 Wert zwischen 0 und -1 bewegen, wäre ihre gewählte Taktik konfrontativ. I-1 und I-2 bilden Parallelen zu dem P-1 und P-2 Wert. Würde Angela Merkel ein eher feindlich geprägtes Bild über andere politische Akteure haben (P-1), könnte sie dennoch, oder gerade deswegen, die Entscheidung treffen, eine eher kooperative Strategie zu führen, um ihre Ziele zu erreichen (Walker/Schafer/Young 2003: 227). Würde Angela Merkel die Erreichung ihrer politischen Ziele eher pessimistisch sehen (P-2), dann könnte sie dennoch die Überzeugung haben, dass kooperative Taktiken am sinnvollsten sind (Walker/Schafer/Young 2003: 228). Die I-5 Werte sollen anzeigen, welche Verben Entscheidungsträger*innen am häufigsten verwenden: „Does the leader find utility in cooperative deeds? Or does he or she see value in conflictual words?" (Schafer/Walker 2006a: 37). Die I-5a bis I-5f Werte zeigen also an, wie oft Angela Merkel positive, bzw. negative Wörter (-2, -1, +1, +2) oder positive, bzw. negative Taten (+3, -3) verwendet hat. Läge der I-5e Wert, der die Häufigkeit der verwendeten Verben aus der Kategorie +2 (versprechen) anzeigt, bei 0,67, so könnte dieser als sehr hoch interpretiert werden; das würde bedeuten, dass Angela Merkel ihre vermutlich kooperative Strategie und Taktik häufig mit Versprechen untermauert hat.

Die *shift propensities* (I-3, I-4a und I-4b) können ebenfalls in Idealtypen eingeteilt werden. Der I-3 Wert macht Aussagen über die Risikobereitschaft von Entscheidungsträger*innen, bzw. die Berechenbarkeit ihrer eigenen verwendeten Taktik (Schafer/Walker 2006a: 36): „The risk orientation index can vary from 0 to 1. Scores at the lower end of the continuum indicate that the subject's rhetoric is well diversified across the six verb categories [*Bestrafen* (-3), *Belohnen* (+3); *Drohen*

(-2), *Ablehnen* (-1), *Unterstützen* (+1), *Versprechen* (+2)] and, therefore, the subject is risk avers. Higher scores indicate less diversity and therefore higher levels of risk acceptance“ (Schafer/Walker 2006a: 36). Wenn also die I-5 Werte ausgeglichen sind, der/die Entscheidungsträger*in also alle sechs Verbkategorien bedient hat, ist der/die Entscheidungsträger*in eher risikoscheu, und vice versa. Die I-4 Werte sollen den I-3 Wert zur Risikobereitschaft konkretisieren und zeigen an, ob Entscheidungträger*innen eine starke oder schwache Neigung haben, zwischen kooperativen und konfliktiven Taktiken, sowie zwischen Worten und Taten zu wechseln.

Der *Abbildung 5* sind die Idealtypen zu entnehmen. Der Operational Code ermittelt die Werte auf der Basis der verwendeten transitiven Verben und der dazugehörigen Subjekte, es handelt sich also um keine Inhaltsanalyse der Sprechakte. Aus diesem Grund bleiben auch die formulierten Idealtypen noch recht oberflächig, da dem Operational Code qua seiner theoretischen Grundannahmen nicht entnommen werden kann, was denn z. B. das politische Ziel des/der Entscheidungsträger/in eigentlich ist. Eine reale Ausformulierung dieses politischen Ziels könnten Wissenschaftler*innen lediglich durch eine angefügte inhaltliche Auseinandersetzung mit den verwendeten oder anderen Sprechakten des/der Entscheidungsträgers*in erreichen. Dementsprechend kompliziert ist es auch, an dieser Stelle die konkrete Ausformung der Strategien und Taktiken zu erläutern, da dafür das Wissen über die politischen Ziele erforderlich ist. In diesem Sinne bleiben die hier aufgestellten Idealtypen abstrakter Natur und dienen lediglich der leichteren Formulierung der anschließenden Erwartungen. Die Ergebnisse der Kodierung und der Errechnung des Operational Codes von Angela Merkel werden in Teil II der Arbeit vorgestellt und interpretiert. Um die Ergebnisse der Operational Code Analyse inhaltlich zu füllen und die zweite Forschungsfrage zu beantworten, müssen auf der Basis dieser Ergebnisse Erwartungen für Angela Merkels außenpolitisches Verhalten in der Griechenlandkrise formuliert werden. Diese eher abstrakten Erwartungen werden dann durch einen Abgleich mit den empirischen, realpolitischen Entwicklungen kontrolliert.

<table>
<tr><th colspan="9">P-1 Natur der Politischen Welt</th></tr>
<tr><td colspan="4">feindlich</td><td colspan="5">freundlich</td></tr>
<tr><td>extrem</td><td>ausge-
prägt</td><td>deut-
lich</td><td>eher</td><td>ge-
mischt</td><td>eher</td><td>deut-
lich</td><td>ausge-
präg</td><td>extrem</td></tr>
<tr><td>-1,0</td><td>-0,75</td><td>-0,50</td><td>-0,25</td><td>0,0</td><td>0,25</td><td>0,50</td><td>0,75</td><td>1,0</td></tr>
<tr><td colspan="4">• Die Mitgliedstaaten der EWU arbeiten alleine
• Die anderen Akteure sind eher feindlich gestimmt</td><td colspan="5">• Die Mitgliedstaaten der EWU arbeiten zusammen
• Die anderen beteiligten Akteure sind freundlich gestimmt</td></tr>
</table>

<table>
<tr><th colspan="9">P-2 Erreichen der politischen Ziele</th></tr>
<tr><td colspan="4">pessimistisch</td><td colspan="5">optimistisch</td></tr>
<tr><td>extrem</td><td>ausge-
prägt</td><td>deut-
lich</td><td>eher</td><td>ge-
mischt</td><td>eher</td><td>deut-
lich</td><td>ausge-
präg</td><td>extrem</td></tr>
<tr><td>-1,0</td><td>-0,75</td><td>-0,50</td><td>-0,25</td><td>0,0</td><td>0,25</td><td>0,50</td><td>0,75</td><td>1,0</td></tr>
<tr><td colspan="4">• Die Krise kann nicht abgewendet werden und erfasst die ganze Eurozone
• EWU zerfällt oder nimmt großen Schaden</td><td colspan="5">• Die Krise kann abgewendet werden
• Die EWU zerfällt nicht</td></tr>
</table>

<table>
<tr><th colspan="5">P-3 Vorhersehbarkeit der politischen Zukunft</th></tr>
<tr><td>sehr gering
0,0</td><td>gering
0,25</td><td>gemischt
0,50</td><td>hoch
0,75</td><td>sehr hoch
1,0</td></tr>
<tr><td colspan="2">• Die Taktik der anderen Akteure ist nicht einzuschätzen
• Die anderen Akteure sind in ihren Entscheidungen nicht berrechenbar
• Kein Vertrauen, dass die politische ZUkunft kontrollierbar ist</td><td colspan="3">• Die Taktik der anderen Akteure kann eingeschätzt werden
• Die anderen Akteure sind in ihren Entscheidungen berechenbar
• Vertrauen, dass die politische Zukunft kontrollierbar ist</td></tr>
</table>

<table>
<tr><th colspan="5">P-4 Einfluss auf politische Entwicklungen</th></tr>
<tr><td>sehr gering
0,0</td><td>gering
0,25</td><td>gemischt
0,50</td><td>hoch
0,75</td><td>sehr hoch
1,0</td></tr>
<tr><td colspan="2">• Die eigene Macht innerhalb der Entscheidungsfindungsprozesse ist gering
• Keine Deutungshoheit bei der Lösung der Krise</td><td colspan="3">• Die eigene Macht innerhalb der Entscheidungsprozesse ist hoch
• Deutungshoheit bei der Lösung der Krise</td></tr>
</table>

<table>
<tr><th colspan="5">P-5 Rolle von Zufall</th></tr>
<tr><td>sehr gering
0,0</td><td>gering
0,25</td><td>gemischt
0,50</td><td>hoch
0,75</td><td>sehr hoch
1,0</td></tr>
<tr><td colspan="2">• Agieren in Unsicherheit ist groß
• Fehlende Kontrolle über andere</td><td colspan="3">• Agieren in Unsicherheit ist eher gering
• Kontrolle über andere</td></tr>
</table>

I-1 Strategie zur Erreichung der Ziele								
Konflikt ←								→ **Kooperation**
extrem	ausge-prägt	deut-lich	eher	ge-mischt	eher	deut-lich	ausge-präg	extrem
-1,0	-0,75	-0,50	-0,25	0,0	0,25	0,50	0,75	1,0
• Ziele können nur konfrontativ erreicht werden				• Ziele können nur kooperativ erreicht werden				

I-2 Taktik zur Erreichung der Ziele								
Konflikt ←								→ **Kooperation**
extrem	ausge-prägt	deut-lich	eher	ge-mischt	eher	deut-lich	ausge-präg	extrem
-1,0	-0,75	-0,50	-0,25	0,0	0,25	0,50	0,75	1,0
• Konfrontative, nicht-koordinierende Mittel zur Umsetzung der Strategie: Eigeninteresse steht im Vordergrund; Alleingänge; keine allgemeine Übernahme von Verantwortung				• Kooperative, koordinierende Mittel zur Umsetzung der Strategie: Übernahme von Verantwortung, Deutungshoheit bei der Lösung der Krise				

I-3 Risikoabschätzung				
risikoscheu ←				→ **risikofreundlich**
sehr gering 0,0	gering 0,25	gemischt 0,50	hoch 0,75	sehr hoch 1,0
• Eigene verwendete Taktik ist kaum berechenbar	• Eigene verwendete Taktik ist berechenbar			
I-4a Zeitpunkt von Aktionen (zwischen Kooperation und Konflikt)				
sehr gering 0,0	gering 0,25	gemischt 0,50	hoch 0,75	sehr hoch 1,0
• Schwache Neigung zwischen Kooperation und Konflikt zu wechseln	• starke Neigung zwischen Kooperation und Konflikt zu wechseln			
I-5 Mehrwert von Handlungsoptionen (Bestrafung bis Belohnung)				
sehr gering 0,0	gering 0,8	gemischt 0,16	hoch 0,24	sehr hoch 0,32

Abb. 5 Interpretation der VICS Indizes
Eigene Darstellung 2016 (in Anlehnung an Renshon 2009)

5.3 Angewandte Methoden bei der Analyse der Kausalität

Im vorangegangen Kapitel sind die Methodik des Operational Code Ansatzes und dessen Operationalisierung erläutert worden. Im nun folgenden Kapitel wird die Methodik für die Analyse der Kongruenz und Kausalität erläutert. Die zweite Forschungsfrage, ob also die außenpolitische Position Deutschlands in der Griechenlandkrise mit Angela Merkels Operational Code übereinstimme, soll mit Hilfe eines Kongruenztests sowie einer daran anschließenden Prozessanalyse analysiert werden. Die zweite Forschungsfrage impliziert bereits, dass es möglicherweise einen Zusammenhang zwischen der deutschen Position in der Griechenlandfrage und den kognitiven Überzeugungen Merkels gibt, dass also Überzeugungen unmittelbaren Einfluss auf außenpolitische Entscheidungsstrukturen haben können. Diese theoretische Annahme ist bereits in Kapitel 3 ausführlich erörtert worden und hat diese Kausalitätsannahme diskutiert. George stellt bereits in seinem 1979 erschienenen Aufsatz zwei qualitative methodische Vorgehensweisen vor, die den Einfluss von Operational Codes auf die Entscheidungsfindung messen können: Die Kongruenzmethode sowie Prozessanalysen. In diesem Sinne gäbe es zwei Inferenzmöglichkeiten. Auch Beach und Pederson schließen sich dieser Einschätzung an, indem sie Fallstudien mit wenigen Fällen (small-n case study methods) hinsichtlich ihrer Inferenzmöglichkeiten unterscheiden: Entweder sei eine Schlussfolgerung innerhalb eines Falls oder aber zwischen mehreren Fällen möglich. Sowohl die Kongruenzmethode als auch Prozessanalysen bieten die Möglichkeit einer „within-case" Inferenz, also das Ziehen von Rückschlüssen innerhalb eines Einzelfalls (Beach/Pederson 2013: 4).[23] Um die ‚within-case-inference' des untersuchten Einzelfalls zu gewährleisten, arbeitet die vorliegende Dissertation mit einer methodischen Kombination aus Kongruenztest und Prozessanalyse. Die Kongruenzmethode und die Prozessanalyse werden also als ergänzende methodische Vorgehensweisen verwendet. In einem ersten Schritt soll mit Hilfe des Kongruenztests untersucht werden, ob der identifizierte Operational Code Einfluss auf die deutsche außenpolitische Position während der Griechenlandkrise hatte, ob also eine Korrelation zwischen Merkels Operational Code und ihrem außenpolitischen Verhalten besteht. In einem zweiten Schritt soll diese Korrelation dann durch eine Prozessanalyse auf ihre Kausalität hin untersucht werden, auch um mögliche Scheinkorrelationen zwischen der unabhängigen und der abhängigen Variable auszuschließen.

---

23 George und Bennett konstatieren zwar, dass eine Kombination einer „within-case" Analyse und einer „cross-case" Analyse die größten Rückschlüsse erlaube, stimmen aber darin überein, dass eine „within-case" Analyse innerhalb eines Einzelfalls auch Inferenzen brächte (George/Bennett 2005: 18).

Die Analysen der Korrelation sowie der Kausalität sollen, soweit dies für qualitative Studien möglich ist, den Gütekriterien sozialwissenschaftlicher Forschung folgen. In diesem Zusammenhang gilt die Einhaltung der Reliabilität, also der „Verlässlichkeit von Messinstrumenten" (Blatter/Janning/Wagemann 2007: 36) in qualitativen Studien als schlecht umsetzbar. Ziel der Reliabilität bei quantitativen Studien ist die Möglichkeit, dass andere Wissenschaftler*innen zu einem späteren Zeitpunkt auf der Grundlage der gleichen methodischen Vorgehensweise zu denselben Ergebnisse gelangen, also die „Replizierbarkeit der Messvorgänge und Messergebnisse" (Blatter/Janning/Wagemann 2007: 36). Ebenso kann qualitative Forschung die Objektivität, die quantitative Forschung durch „die Standarisierung der Datenerhebung und -auswertung erreicht" (Borchardt/Göthlich 2006: 51) schwer einhalten. Durch eine detaillierte Aufzeichnung der Datenerhebung und -auswertung soll dennoch versucht werden, den Kriterien der Reliabilität und Objektivität so weit wie möglich Rechnung zu tragen. Ziel qualitativer Studien muss also umso mehr die intersubjektive Überprüfbarkeit sein, d. h. besonders Wissenschaftler*innen von qualitativen Studien müssen ihren Arbeitsprozess detailliert aufzeigen (Borchardt/Göthlich 2006: 51; Blatter/Janning/Wagemann 2007: 36–37).

Das Kriterium der internen Validität, welches den Kausalzusammenhang von abhängiger und unabhängiger Variable sicherstellt[24], gewinnt vor diesem Hintergrund noch größere Bedeutung und kann bei qualitativen Einzelfallstudien eingehalten werden. Quantitative Studien favorisieren externe Validität, also die Generalisierbarkeit ihrer Ergebnisse auf eine Grundgesamtheit N (weiterführend dazu Seawright/Collier 2004: 288). In diesem Sinne ist für quantitative Studien eine hohe Anzahl an Fällen (N) relevant, da so die externe Validität am sichersten gewährleistet werden kann. Für qualitative Studien, besonders für Einzelfallstudien ist die externe Validität, also die Generalisierbarkeit des Forschungsergebnisses auf andere Felder, schwer zu erreichen[25]. Interne Validität können Einzelfallstudien hingegen durchaus gewährleisten: „Insbesondere bei einer Einzelfallstudie kann man von relativ konstanten Rahmenbedingungen ausgehen und Veränderungen in der abhängigen Variable deutlich leichter mit spezifischen Veränderungen von

24 „Unter interner Validität oder Gültigkeit einer quantitativen Untersuchung wird gemeinhin verstanden, dass sich Veränderungen in der Ausprägung der abhängigen Variable (z. B. Schlafstörungen) nur aus entsprechenden Veränderungen in den Eigenschaften der unabhängigen Variable (z. B. Schlafrhythmus) ergeben und dass der Einfluss weiterer unabhängiger oder intervenierender Variablen ausgeschlossen („kontrolliert") werden kann" (Blatter/Janning/Wagemann 2007: 36).

25 So konstatiert auch Schimmelfennig: „Whereas process tracing maximizes the internal validity of causal inferences, it does not generate any external validity per se. In all fairness, process tracing is not meant to produce external validity [...]" (2015: 103–104).

einzelnen Faktoren in Verbindung bringen“ (Blatter/Janning/Wagemann 2007: 138). Neben der Einhaltung der Gütekriterien für qualitative sozialwissenschaftliche Forschung ist auch die Vermeidung eines Auswahlbias relevant. Hierbei handelt es sich um eine Verzerrung des Forschungsergebnisses basierend auf einer fehlerhaften Auswahl der Fälle, einer fehlerhaften Fragestellung oder mangelhaften Datenerhebungen (Collier/Mahoney 1996: 59; siehe auch Lamnek 2005). Aus Sicht quantitativer Wissenschaftler*innen unterliegen vor allem qualitative Fallstudien der Gefahr, Fehler bei der Fallauswahl oder bei der Datenerhebung zu machen. Um einen Bias so gut es geht zu vermeiden, schlägt Lamnek wieder die Methodentriangulation vor:

> Durch die Methodentriangulation sollen in den einzelnen Methoden steckende Fehler bei der Datenerhebung entdeckt werden. Dabei wird davon ausgegangen, dass es äußerst unwahrscheinlich ist, eine fehlerhafte Information in beiden Techniken gleichermaßen oder sich gegenseitig kompensierend zu erhalten; ausgeschlossen ist dies jedoch nicht. (Lamnek 2005: 317)

Im Folgenden sollen die Vor- und Nachteile beider Methoden dargelegt, sowie die Operationalisierungsmöglichkeiten diskutiert werden.

5.3.1 Der Kongruenztest

Kongruenztests untersuchen die Konsistenz, oder auch Korrelation zwischen der abhängigen und der unabhängigen Variable: „In the congruence method, based on the value of the independent variable (X), researchers test whether the prediction about the outcome that should follow from the theory is congruent with what is found in the case, investigated either temporally or other across aspects of the outcome(s)“ (Beach/Pederson 2013: 4). George stellt heraus, dass die Kongruenzmethode deduktiv vorgeht, indem sie aus den Überzeugungen eines/r Entscheidungsträger*in deren Einfluss auf außenpolitische Entscheidungen ableitet und mit empirischen Entwicklungen abgleicht: „If the characteristics of the decision are consistent with the actor's beliefs, there is at least a presumption that the beliefs may have played a causal role in this particular instance of decision-making“ (George 1979: 106).

Der Vorteil eines Kongruenztests liegt darin, dass der/die Forscher*in keinen Prozess nachzeichnen muss, d. h. es muss keine Pfadabhängigkeit von der unabhängigen Variable zur abhängigen Variable nachgezeichnet werden, was den Datenaufwand reduziert. Darüber hinaus konstatieren George und Bennett, dass der Kongruenztest sowohl als ‚within-case‘ Methode anwendbar ist, als auch in Form eines kontrollierten Vergleichs mehrere Fälle Verwendung finden kann (2005: 181).

Die vorliegende Dissertation wird den Kongruenztest wie folgt operationalisieren: An erster Stelle steht ein deduktives Vorgehen. Auf der Basis der Ergebnisse der Operational Code Analyse wurden in einem Zwischenschritt die Erwartungen formuliert, die sich aus Angela Merkels Denkbildern für ihre Griechenlandpolitik ergeben. Anschließend werden diese formulierten Erwartungen abgeglichen mit Merkels außenpolitischem Verhalten bezüglich der Griechenlandpolitik und der realen deutschen Regierungsposition in der Griechenlandpolitik. Hierzu sollen mithilfe einer Chronologie die empirischen Ereignisse in der Griechenlandkrise von 2010 bis 2015 dargelegt werden. Wann sind welche Rettungsprogramme in Deutschland diskutiert worden? Wann wurden sie auf europäischer und auf nationalstaatlicher Ebene beschlossen? Was haben Angela Merkel selbst oder Vertreter der Regierung gesagt? Wenn die außenpolitische deutsche Regierungsposition vor den EU-Verhandlungen im Einklang mit Merkels Operational Code steht, dann ist davon auszugehen, dass ihre Überzeugungen einen Einfluss auf die deutsche Position in der Griechenlandkrise während des Untersuchungszeitraumes hatten. Eine Korrelation zwischen der unabhängigen und der abhängigen Variable konnte dann nachgewiesen werden.

Während der Griechenlandkrise war die Dichte der notwendigen Entscheidungen, die auf europäischer Ebene getroffen werden mussten, phasenweise extrem hoch. Besonders in den ersten drei Jahren des Untersuchungszeitraums (2010–2012) überschlugen sich oft die Ereignisse und Entscheidungen, die auf innenpolitischer oder europäischer Ebene kommuniziert bzw. getroffen wurden, oder sie waren innerhalb kürzester Zeit wieder hinfällig, so dass neue Entscheidungen diskutiert wurden. Vor dem Hintergrund dieser Schnelllebigkeit und rasanten Entwicklung war es oft nicht möglich, eine klare zeitliche Trennung zwischen der Erhebung der unabhängigen und abhängigen Variable zu gewährleisten. Die Verhandlungen über die nächsten Schritte, zu denen auch Angela Merkel und ihre Regierungssprecher*innen Stellung bezogen, folgten in so kurzen Abständen hintereinander oder liefen parallel, dass ein ‚vor' und ‚danach' oft schlecht einzuhalten war.

Der Kongruenztest soll auf der Basis einer Dokumentenanalyse und von Sekundärliteratur erfolgen. Da die Ermittlung des Operational Codes bereits auf der Grundlage von Regierungserklärungen erfolgte, kann für den Kongruenztest nicht erneut auf die Regierungserklärungen zurückgegriffen werden. Stattdessen werden andere öffentliche Statements der Bundesregierung zur Griechenlandkrise herangezogen. Dazu zählen Pressemitteilungen oder Interviews, die entweder Angela Merkel selbst gegeben hat, oder von Vertretern der Regierung erteilt wurden.[26] Darüber hinaus wird Sekundärliteratur herangezogen, um die Chronologie

26 Über die Tautologieproblematik bei Operational Code Analysen sowie die Notwendigkeit, die Datenerhebung für abhängige und unabhängige Variable methodisch zu trennen ist bereits in Kapitel 5.1.1 ausführlich diskutiert worden.

der Griechenlandkrise nachzeichnen zu können und die Verhandlungspositionen, in denen sich die deutsche Bundeskanzlerin als Vertreterin der Bundesregierung befand, besser aufzeigen zu können. Da die Verhandlungen des Europäischen Rates geheim sind, es also weder Protokolle noch Aufnahmen interner Sitzungen gibt, ist die Verfasserin auch auf Informationen von Dritten angewiesen. So erhielten beispielsweise die Journalist*innen Gammelin und Löw eingeschränkten Zugang zu den sogenannten Antici-Protokollen[27], die sie in ihrem Buch „Europas Strippenzieher. Wer in Brüssel wirklich regiert“ aufgearbeitet haben. Anhand der Auszüge aus diesen Protokollen lassen sich Abhängigkeit und Machtasymmetrien zwischen den einzelnen Staaten des Euroraums und Verhandlungstaktiken der einzelnen Akteure nachweisen. In der vorliegenden Arbeit geht es nicht um die Analyse von Handlungsspielräumen der deutschen Bundeskanzlerin auf europäischer Ebene oder Entscheidungsfindungsprozessen in der EU, dennoch sind die innerdeutsche und europäische Ebene während der Griechenlandkrise aufs Engste miteinander verwoben, so dass eine umfangreiche und allumfassende Chronologie nur dargelegt werden kann, wenn auch die Europäische Ebene betrachtet wird. Besonders vor, während und nach Verhandlungen auf EU-Ebene haben die Bundeskanzlerin und ihre Regierungsprecher*innen Stellung zur deutschen Position bezogen. Darüberhinaus ist der Verweis auf Sekundärliteratur sowie die Erkenntnisse von Journalist*innen wichtig, da auch hier die Position der Bundeskanzlerin und die deutsche Regierungsposition in Auseinandersetzung mit ihren europäischen Partner*innen deutlich wird.

Die Offenheit und Flexibilität von Kongruenztests kann allerdings auch zu fehlerhaften Schlussfolgerungen führen, gegen die sich Forscher*innen absichern müssen. So warnen auch George und Bennett davor, dass „Researchers must be sensitive to the issues of spuriousness, causal priority, and causal depth in judging the strength of inference made on the basis of congruence tests“ (2005: 185).

Dabei können folgende Fehlinterpretationen oder Scheinkorrelationen auftreten, die einen falschen Zusammenhang zwischen unabhängiger und abhängiger Variable postulieren, oder bei denen die unabhängige Variable gar keine notwendige Bedingung für das *outcome* der abhängigen Variable besitzt und damit kaum Erklärungskraft hat.

Erstens kann ein nachgezeichneter Zusammenhang zwischen abhängiger und unabhängiger Variable unecht sein, weil beide Variablen eigentlich von einer dritten,

27 Hierbei handelt es sich um geheime und vertrauliche Protokolle der Treffen, die meistens nicht einmal für Journalist*innen zugänglich sind. Wie diese Antici-Protokolle angefertigt werden und wie nah sie tatsächlichen Protokollen kommen, ist nachzulesen in Gammelin und Löw (2014: 18 FN).

nicht untersuchten Variable abhängen: „*Spuriousness* occures when the observed congruence of the cause C and effect E is artificial because both C and E are caused by some third factor Z (whether or not Z has been identified in a competing theory)" (George/Bennett 2005: 185). Darüber hinaus kann es zweitens vorkommen, dass die unabhängige Variable nur eine hinreichende Bedingung für die abhängige Variable ist, obwohl mit Hilfe des Kongruenztests ein Zusammenhang aufgezeigt wurde. Hierbei hat die unabhängige Variable keine „causal priority" für das Auftreten der abhängigen Variable: „C (cause) is itself only an intervening variable wholly or largely caused by a necessary prior variable. In this instance, both Z and C are necessary for E, but C has no independent explanatory value" (George/Bennett 2005: 185). Drittens gibt es auch die Option, dass die unabhängige Variable gar keine Erklärungskraft für das Auftreten der abhängigen Variable besitzt, da eine andere, nicht untersuchte Variable eine größere Erklärungskraft für die abhängige Variable hat. Hierbei ist die verwendete unabhängige Variable keine notwendige Bedingung für die abhängige Variable (George/Bennett 2005: 186; Schimmelfennig 2006: 264).

Vor dem Hintergrund dieser Fehlerquellen ist der Nachteil von Kongruenzmethoden evident: Mit Hilfe eines Kongruenztests kann zwar eine Kongruenz zwischen unabhängiger und abhängiger Variable aufgezeigt werden. Darüber hinaus kann dieser Test jedoch nichts über einen möglichen kausalen Zusammenhang zwischen beiden Variablen aussagen: „Moreover, even if a congruence test suggests that a variable played a causal role in a given case, this does not mean that this theory proposes causal factors that are necessary, sufficient, or causal in any sense in other cases where contextual and conjunctive variables are different" (George/Bennett 2005: 186). In diesem Sinne reicht die Anwendung eines Kongruenztest als Nachweis für einen (theoretischen) Zusammenhang zwischen Merkels Überzeugungen (unabhängige Variable) und der deutschen außenpolitischen Position in der Griechenlandkrise (abhängige Variable) nicht aus. Dieser Kausalzusammenhang kann nur mit der *within-case* Methode der Prozessanalyse nachgezeichnet werden, die über das bloße Aufzeigen einer Kongruenz hinausgeht: „Congruence investigates correlations between X and Y, whereas process-tracing investigates the workings of the mechanism(s) that contribute to producing an outcome. Process-tracing methods go beyond correlations by attempting to trace the theoretical causal mechanism(s) linking X and Y" (Beach/Pedersen 2013: 4–5).

Im folgenden Kapitel soll die Methode der Prozessanalyse in den Politikwissenschaften näher erläutert werden. Der Fokus liegt dabei auf der Unterscheidung zwischen kausalen Effekten und kausalen Mechanismen, den Vor- und Nachteilen einer Prozessanalyse und den unterschiedlichen Anwendungsmöglichkeiten der Prozessanalysen.

5.3.2 Die Prozessanalyse

Um eine Scheinkorrelation zwischen der unabhängigen und der abhängigen Variable auszuschließen und um die Kausalität zwischen Merkels Operational Code (unabhängiger Variable) und der deutschen außenpolitischen Regierungsposition in der Griechenlandkrise (abhängige Variable) testen zu können, muss in einem zweiten Schritt eine Prozessanalyse durchgeführt werden. Die Prozessanalyse geht also über die Analyse einer Korrelation hinaus und versucht eine Kausalität zwischen unabhängiger und abhängiger Variable nachzuweisen. Prozessanalysen entstanden als methodische Antwort auf die Kritik an bloßen Korrelationsanalysen. Der Mehrwert einer Prozessanalyse ist dabei dreifach: Erstens kann mit Hilfe der Prozessanalyse die sogenannte *black box* göffnet werden, Wissenschaftler*innen können also Einblick in die Abläufe zwischen der abhängigen und unabhängigen Variable erhalten (Wolf/Heindl/Jäckle 2015: 215; Schimmelfennig 2006: 264). Zweitens kann die Prozessanalyse, durch das Öffnen der *black box* die bereits erwähnten Scheinkorrelationen aufdecken sowie eventuell in den Verursachungsprozess involvierte Drittvariablen oder intervenierende Variablen identifizieren. In diesem Sinne verringert eine Prozessanalayse „die Gefahr, kausalen Fehlschlüssen aufzusitzen" (Schimmelfennig 2006: 264). Drittens kann eine Prozessanalyse auch explizit nicht-chronologisch vorgehen und durch die Konzentration auf intervenierende Schritte oder Ereignisse einen kausalen Zusammenhang nachweisen. Zentrales Element jeder Prozessanalyse ist aber die Offenlegung jener Kausalmechanismen, die eine abhängige und eine unabhängige Variable miteinander verbinden (George/Bennett 2005: 206). Unter einer Prozessanalyse versteht man also eine „Strategie, um den kausalen Zusammenhang oder die kausalen Prozesse zwischen einem oder mehreren Erklärungsfaktoren (unabhängigen Variablen) auf der einen Seite und einem zu erklärenden Phänomen (abhängige Variable) auf der anderen Seite zu identifizieren und zu überprüfen" (Wolf/Heindl/Jäckle 2015: 216).

In diesem Sinne unterliegt die Methode der Prozessanalyse einer anderen epistemologischen Grundhaltung als quantitative Methoden: Quantitative Forschungsdesigns und die darin verwendeten Methoden weisen Kausalität über kausale Effekte nach: „Valide Schlussfolgerungen basieren auf der Abschätzung eines kausalen Effektes – der Effekt, der sich bei der abhängigen Variable Y durch eine Änderung bei der unabhängigen Variable X festellen lässt, unter der Bedingung dass die anderen Rahmenbedingungen sich nicht ändern" (Blatter/Janning/Wagemann 2007: 133, siehe auch Seawright/Collier 2004: 275–276). Qualitative Forschungsdesigns und Methoden akzeptieren jedoch zwei Inferenzformen: zum einen die kausale Inferenz basierend auf der Messung kausaler Effekte, zum anderen auf der Grundlage kausaler Mechanismen: Kausale Mechanismen werden nach Mahoney definiert als „unobserved entities, processes, or structures that generate outcomes and that do not themselves require explanation" (Mahoney 2003: 1) Beach und Pedersen hingegen definitieren Kausalmechanismen wie folgt:

> A theorized system that produces outcomes through the interaction of a series of parts that transmit causal forces from X to Y. Each part of a mechanism is an individually insufficient but necessary factor in a whole mechanism, which together produces Y. The parts of a causal mechanisms are composed of entities engaged in activities. (Beach/Pedersen 2013: 176)[28]

Die vorliegende Arbeit schließt sich dieser Definition an und begreift einen kausalen Mechanismus daher als ein System unterschiedlicher, miteinander interagierender Einzelfaktoren, aus deren spezifischem Zusammenwirken kausale Kraft entsteht. Beach und Pedersen vergleichen die theoretische Annahme des Kausalmechanismus mit dem realen Ablauf einer Maschine, um die einzelnen Anaylseschritte zur Aufdeckung des Kausalmechanimus greifbarer zu machen. In diesem Sinne verstehen sie die „entities" also Einheiten (n) als Zahnräder, die Aktivitäten (→) setzen sie gleich mit der Bewegung, die die Zahnräder erzeugen: „Entities are the factors engaging in activities (the parts of the mechanism – i. e., toothed wheels), where the activities are the producers of change, or what transmits causal focus through a mechanism (the movement of the wheel)" (Beach/Pedersen 2013: 29). Beach und Pedersen stellen diese Gleichung folgendermaßen dar, wobei X die unabhängige und Y die abhängige Variable veranschaulichen, n die Einheit und der Pfeil → die Bewegung darstellen.

$$X \rightarrow [(n1 \rightarrow) * (n2 \rightarrow)]\ Y$$

X setzt also einen Mechanismus in Gang, der wiederum aus Teil 1 (n1 und →) sowie aus Teil 2 (n2 und →) besteht und so Y verursacht. Die Teile eines Mechanimus sind wiederum für sich genommen notwendige, aber nicht hinreichende Bedingungen für den gesamten Mechanismus. In diesem Sinne kann der Kausalmechanismus nicht greifen, wenn Teil 1 oder Teil 2 des Kausalmechanimus nicht funktionieren (Beach/Pedersen 2013: 30).

Eine Prozessanalyse kann drei unterschiedliche Forschungsziele verfolgen (Beach/Pedersen 2013: 11–22). Zum Ersten kann sie theorietestend eingesetzt werden. In diesem Fall dient die Prozessanalyse als ergänzende Methode, um zuvor durch andere methodischen Vorgehensweisen postulierte Korrelationen zu überprüfen:

28 Eine einheitlich anerkannte Difinition kausaler Mechanismen steht noch aus. Für weitere Definitionen und epistemoligische Einordnungen siehe George/Bennett (2005: 137); Gerring (2007); King/Keohane/Verba (1994: 84–85) oder Seawright/Collier (2004: 277).

Die Prozessanalyse wird also eingesetzt als „Prüfung eines theoretisch vermuteten Zusammenhangs, den man aufgrund eines vorhandenen (statistischen) Zusammenhangs zwischen UV und AV annehmen könnte" (Wolf/Heindl/Jäckle 2015: 216–217; siehe auch Schimmelfennig 2006: 266; Starke 2015: 457). Wissenschaftler*innen stellen sich die Frage, ob der Kausalmechanismus präsent ist und ob er so funktioniert, wie die Theorie es vorgibt.

Zum Zweiten kann eine Prozessanalyse als eigenständiger Ansatz verwendet werden. Dann ist sie theorie-generierend und soll eher dabei helfen Hypothesen aufzustellen (Wolf/Heindl/Jäckle 2015: 217). Theorie-genererierenden Prozessanalysen „involves building a theory about a causal mechanism between X and Y that can be generalized to a population of a given phenonenon, starting from a situation where we are in the dark regarding the mechanism" (Beach/Pedersen 2013: 11). Die forschungsleitende Frage ist, was genau der Kausalmechanismus zwischen der abhängigen und der unabhängigen Variable ist.

Die dritte Ausformung von Prozessanalysen hat das Ziel, spezifische Outcomes zu erklären: „the aim is to craft a sufficient explanation of the outcome. Instead of studying mechanisms that cause war (Y), the analysis would focus on explaining a particular outcome such as World War I" (Beach/Pedersen 2013: 11).

Die Vor- und Nachteile von Prozessanalysen sind offensichtlich. Vorteilhaft ist die methodische Offenheit von Prozessanalysen: „Sie ist mit ganz unterschiedlichen Datentypen – kognitive Zustände, verbale Äußerungen und Prozessdaten, Zwischenereignisse und -ergebnisse – und Methoden der Datenerhebung vereinbar" (Schimmelfennig 2006: 266). Neben dem offensichtlichen umfangreichen Aufwand bei der Generierung der Daten, unterliegen Prozessanalysen dem Problem des *storytelling*, also des ‚Geschichtenerzählens'. Darüber hinaus laufen Wissenschaftler*innen Gefahr in einen infiniten Regress zu verfallen, also immer kleinschrittiger zu argumentieren und so die eigentliche Kernaufgabe der Prozessanalyse, nämlich das Aufdecken von Kausalmechanismen, aus den Augen zu verlieren.

Auch Schimmelfennig betont die Einbeziehung alternativer Erklärungen, um die Erklärungskraft der Prozessanalyse zu stärken. Die Formulierung alternativer Erklärungen müsse jedoch auf der Basis der Theorie geschehen:

> Ein solches theoriegeleitetes selektives Vorgehen setzt dem infiniten Regress Schranken und reduziert den Aufwand eine Prozessanalyse beträchtlich. Es reduziert auch die Beliebigkeit des Geschichtenerzählens, weil es systematisch die Aufmerksamkeit auf theoretisch relevante und explizierte Prozessmerkmale lenkt und alternative Erklärungen [...]in Betracht zieht. (Schimmelfennig 2006: 267–268)

Insgesamt bietet die Prozessanalyse also die Möglichkeit eine etwaige Falsifizierbarkeit des Falls nicht von Vornherein auszuschließen. Insofern trägt die Prozessanalyse zur wissenschaftlich-methodischen Qualität der Arbeit bei und macht eine bessere Darstellung der empirischen Realität des untersuchten Falls wahrscheinlich. Die vorliegende Arbeit wird die Prozessanalyse theorietestend verwenden. Der Theorie des Operational Codes nach, müsste die Überzegungsstruktur Angela Merkels in der Griechenlandkrise Einfluss auf die außenpolitische Position der Bundesregierung haben. Im Einklang mit der Forschung richtet sich der Fokus nun auf die interagierenden Einheiten des Kausalmechanismus[29] zwischen dem Überzeugungssystem Angela Merkels und der tatsächlichen außenpolitischen Position Deutschlands in der Griechenlandkrise. Ziel der Prozessanalyse ist die Identifikation neuer Informationen. Leitende Fragen sind: Gab es Handlungsalternativen und wenn ja, was waren die Alternativen? Was für Handlungsoptionen lagen noch auf dem Tisch, sind aber verworfen oder gar nicht erst berücksichtig worden? Wer hat die alternativen Handlungsoptionen angebracht?

Die Prozessanalyse wird auf der Basis von Dokumenten, von Sekundärliteratur sowie von Zeitungsartikeln stattfinden. Die zuletzt genannte Medienanalyse wird an dieser Stelle nicht um ihrer selbst Willen angewandt, um z. B. Medienframes oder die Salienz des Themas Griechenlandkrise gegenüber anderen Krisen zu ermitteln. Ziel der Medienanalyse ist lediglich die Herausarbeitung der alternativen Handlungsoptionen, die während der Griechenlandkrise diskutiert wurden, um dann festzustellen, ob diese Eingang in Merkels Überzeugungssystem gefunden haben. Mit Hilfe der Medienanalyse kann festgestellt werden, welche Alternativen populärer waren als andere. Außerdem kann analysiert werden, welcher Akteur, welche Alternativen vorgeschlagen hat. Durch die Medienanalyse soll den Gefahren einer Prozessanalyse (*storytelling* und infiniter Regress) sowie der Gefahr eines Auswahlbias entgegengetreten werden. Bevor die Durchführung der Prozesseanalyse den abschließenden Theorietest durchführt, muss im nun folgenden Teil II. der Operational Code von Angela Merkel ermittelt werden.

29 Auch Klaus Brummer konstatiert: „Die Anwendung der Prozessanalyse bedeutet jedoch nicht, dass ein Fall in all seinen Facetten wiedergegeben werden muss. Folgt die Prozessanalyse theoretischen Vorgaben, kommt es vielmehr zwangsläufig zu einer selektiven Darstellung. Bestimmte Aspekte – eben diejenigen, die von der Theorie als wesentlich identifiziert werden – stehen im Mittelpunkt. Andere Aspekte werden hingegen vernachlässigt" (Brummer 2013: 32). Durch die konsequente Ausrichtung der Analyse entlang der Erwartungen der Theorie kann auch eine Schwäche der Prozessanalyse behoben werden, die darin liegt „zu immer kleinteiligeren Zwischenschritten und immer niedrigeren Analyseebenen zu gelangen („infiniter Regress") und/oder ins Geschichtenerzählen" abzugleiten" (Brummer 2013: 32)

Der Operational Code von Angela Merkel II

1 Der Operational Code von Angela Merkel von 2010 bis 2015

Der erste Teil der Dissertation hat das zugrunde liegende Forschungsdesign erläutert. Kapitel 4.1 und 4.2 haben die Methodik und die Operationalisierung des Operational Code Ansatzes ausführlich dargelegt. Die Kodierer*innen A, B und C sowie die Verfasserin haben die Auszüge aus Merkels Regierungerklärungen kodiert (siehe Anhang). Im nun folgenden zweiten Teil der Arbeit gilt es, die Ergebnisse der Kodierung zu analysieren und zu interpretieren, um so die Forschungsfrage A beantworten zu können: Welche Überzeugungen hatte Angela Merkel in der Griechenlandkrise von 2010 bis 2015? Dazu soll im Folgenden zunächst jedes Untersuchungsjahr einzeln näher betrachet werden. Die Ergebnisse der Kodierung der zwei Regierungserklärungen aus dem Jahr 2010 (2010A und 2010B) sind mit Hilfe der Indizes in Zahlen überführt worden, wie anhand der Tabelle OpCode 2010 zu erkennen ist. Um eine bessere Vergleichbarkeit über den gesamten Untersuchungszeitraum hinweg zu ermöglichen, sind abschließend die Ergebnisse für jedes Jahr addiert worden. Ziel dieses Kapitels ist die Interpretation der Ergebnisse und die daran anschließende Formulierung der Erwartungen. Um die zweite Forschungsfrage beantworten zu können, müssen auf der Basis dieser Ergebnisse der Kodierung Erwartungen für Angela Merkels außenpolitisches Verhalten in der Griechenlandkrise formuliert werden.

D. Ankel, *Angela Merkels Überzeugungen in der Eurokrise*, Globale Gesellschaft und internationale Beziehungen, https://doi.org/10.1007/978-3-658-29797-8_2

1.1 Angela Merkels Operational Code 2010

In 2010A gab es insgesamt 12 Selbstzuschreibungen, von denen alle 12 kooperativ waren. Keine einzige der Zuschreibungen war konfliktiv. Merkel sprach also über sich selbst und ihre Ingroup nur positiv. Insgesamt gab es 11 Aussagen über andere, von denen 9 kooperativ und 2 konfliktiv waren. Diese Zahlen spiegeln sich auch in der *Tabelle 11* wieder.

Tab. 11 Angela Merkels Operational Code 2010A und 2010B

		23.3.2010	5.5.2010
	Diagnostic propensities		
P-1	**Natur der Politischen Welt**	0,64 deutlich bis ausgeprägt freundlich	0,33 eher freundlich
P-2	**Erreichung der politischen Ziele**	0,19 eher optimistisch	0,01 gemischt
P-3	**Vorhersehbarkeit der politischen Zukunft**	0,15 eher gering	0,2 gering
P-4	**Einfluss auf politische Entwicklungen**	0,52 gemischt	0,88 hoch bis sehr hoch
P-5	**Rolle von Zufall**	0,92 hoch bis sehr hoch	0,83 hoch bis sehr hoch
	Choice propensities		
I-1	**Strategie zur Erreichung der Ziele**	1 extrem kooperativ	0,52 deutlich kooperativ
I-2	**Taktik zur Erreichung der Ziele**	0,38 eher kooperativ	0,22 eher kooperativ
I-5	**Mehrwert von Handlungsoptionen**		
A	**Bestrafung**	0 sehr gering	0,05 sehr gering
B	**Drohung**	0 sehr gering	0,25 hoch
C	**Ablehnung**	0 sehr gering	0 sehr gering
D	**Unterstützung**	0,08 sehr gering	0,29 hoch
E	**Versprechen**	0,67 sehr hoch	0,43 sehr hoch

F	**Belohnung**	0,25 hoch	0,05 sehr gering
	Shift propensities		
I-3	**Risikoabschätzung**	0,42 mittelmäßig risikofreundlich	0,17 eher risikoscheu
I-4	**Zeitpunkt von Aktionen**		
I-4a	**Kooperation/Konflikt**	0 sehr gering	0,48 gemischt
I-4b	**Worte/Taten**	0,5 gemischt	0,19 gering

Eigene Darstellung (2017)

Grundsätzlich war Angela Merkels Bild über andere freundlich. Der P1 Wert, der Aussagen über die *Natur der Politischen Welt* der Entscheidungsträger*innen macht, liegt in der Rede vom März 2010 (2010A) bei 0,64 und kann als deutlich bis ausgeprägt freundlich gewertet werden. Sie scheint also der Überzeugung gewesen zu sein, dass sie außenpolitisch in einem eher freundlichen Umfeld agierte. Merkels Zuversicht bezüglich der *Erreichung der politischen Ziele* (P-2) ist mit 0,19 eher optimistisch als pessimistisch. Der Wert über die *Vorhersehbarkeit der politischen Zukunft* (P-3) liegt mit 0,15 Prozent eher niedrig. Obwohl Anfang 2010 Angela Merkel das außenpolitische Umfeld also noch als eher freundlich auffasste, so schätzte sie die Berechenbarkeit der Taktik der anderen politischen Akteure doch gering ein. Zu dieser Überzeugung passt auch der Wert über die *Rolle von Zufall* (P5), der mit 0,92 sehr hoch liegt. Dieser zeigt an, dass Angela Merkel der Überzeugung war, dass sie kaum Kontrolle über andere politischen Akteure und die politische Zukunft der EWU hat. Sie schätzte auch ihren Einfluss auf politische Entwicklungen eher mäßig ein (P-4 = 0,52).

Die Werte für den I1 und I2 Index liegen, ebenso wie der P1 Wert relativ hoch und weisen auf eine kooperative bis extrem kooperative Angela Merkel hin. Merkel scheint sich also immerhin in der *Strategie zur Erreichung der Ziele* (I1) und der gewählten *Taktik zur Erreichung der Ziele* (I2) relativ sicher gewesen zu sein. Der P-1 und I-1 Wert lassen also folgende Interpetation zu: Da Merkels Bild über andere und die politische Welt eher freundlich war, war sie zugleich der Überzeugung, dass ihre *Strategie zur Erreichung der Ziele* deutlich kooperativ sein muss. Gleiches gilt für den P-2 und I-2 Wert. Da sie die Möglichkeit, ihre politischen Ziele zu erreichen noch eher optimistisch einschätzte, war sie auch bei der *Wahl ihrer*

Taktik eher kooperativ als konfliktiv. Der I3 Wert, also jener Wert, der etwas über die *Risikobereitschaft* aussagt, liegt mit 0,42 bei mittelmäßig risikofreudig. Sie stand einem Wechsel ihrer eher kooperativen Taktik hin zu einer eher konfrontativen Taktik also mittelmäßig risikobereit gegenüber. Auch die I-4 Werte zeigen eine eher schwache bis gemischte Neigung zum Wechsel von Taktiken an.

Die Regierungserklärung vom Mai 2010 (2010B) zeigt an, dass Merkels Bild über andere innerhalb von nicht einmal zwei Monaten von deutlich bis ausgeprägt freundlich (0,64) auf nur noch eher freundlich (0,33) gefallen ist. Angela Merkel spricht 21 Mal über sich selbst oder ihre Ingroup. Davon sind 16 Aussagen positiv und nur 5 negativ. Über andere spricht Merkel insgesamt nur drei Mal al, kein einziges Mal davon negativ. Auch der P2 Wert, der Aussagen über die *Erreichung der politischen Ziele* macht, liegt niedriger, als der Wert von 2010A. Angela Merkels Einstellung hier scheint weder optimistisch noch pessimistisch zu sein. Auch der P-3 Wert, der Aussagen macht über die Berechenbarkeit der Taktik der anderen und die *Vorhersehbarkeit über die politische Zukunft* liegt mit 0,2 sehr niedrig. Im Gegensatz zur Rede 2010A ist jedoch der P4 Wert, der den *Einfluss auf politische Entwicklungen* anzeigt, auf 0,88 angestiegen und bewegt sich damit zwischen hoch und sehr hoch. Die Rolle von Zufällen, also das Fehlen von Kontrolle schätzt Merkel nach wie vor mit 0,83 sehr hoch ein. Angela Merkels Überzeugungsstruktur über die Verlässlichkeit der anderen Akteure ist im Mai 2010 also deutlich negativer als Ende März 2010.

Die Werte, welche die Handlungsoptionen anzeigen, fallen im Mai 2010 ebenfalls schwächer aus, können aber dennoch als kooperativ interpretiert werden. Angela Merkel scheint also vor dem Hintergrund ihres P-1 und P-2 Wertes eine deutlich kooperative Strategie zur Erreichung ihrer Ziele (I-1 = 0,52) sowie eine eher kooperative Taktik (I-2 = 0,22) zu präferieren. Ihre Risikobereitschaft liegt mit 0,17 eher niedrig und deutet auf eine risikoscheue Angela Merkel beim Wechsel zwischen ihren Taktiken hin (I-3 =0,17; I-4a = 0,48; I4b =0,19).

Grundsätzlich lässt sich für die Reden aus dem Jahr 2010 also festhalten, dass Angela Merkels Bild über andere politische Akteure freundlich ist und sie kooperativ agiert (P1,P2,I1,I2), gleichzeitig jedoch die Vorhersehbarkeit der politischen Zukunft der Eurozone und Griechenlands gering und die Rolle von weiteren Zufällen hoch einschätzt. Diese Ambivalenz in ihrem Überzeugungssystem könnte den Schluss zulassen, dass sie die Verantwortung, die der Bundesrepublik in der Euro- und Griechenlandkrise zufällt, zwar nicht ignorieren kann und will, konkrete politische Zusagen jedoch nicht treffen will. Indem sie die Rolle des Zufalls so hoch einschätzt und die Berechenbarkeit der Taktik der anderen so gering, scheint sie überzeugt zu sein, kaum Kontrolle über die politische Zukunft zu haben und in einem außenpolitischen Umfeld der Unsicherheit agieren zu müssen. Von Angela Merkel ist im Frühjahr 2010 also zu erwarten, dass sie kooperiert und an einer Lösung der Griechenlandkrise interessiert ist. Sie bleibt dabei allerdings risikoavers, ein Wechsel der Taktiken zu einem eher konfliktiven Auftreten ist also eher unwahrscheinlich.

1.2 Angela Merkels Operational Code 2011

Die kodierten Passagen der Regierungserklärung vom 24.3.2011 beinhalten 14 positive Selbstzuschreibungen, von denen keine einzige negativ ist. Darüber hinaus gibt es nur 4 Aussagen über andere, von denen zwei kooperativ und zwei konfliktiv sind. Die wenigen Aussagen über andere spiegeln sich in den Werten für die Rede 2011A wieder.

Die Werte über die *Natur der Politischen Welt* sowie dem *Erreichen der politischen Ziele* (P1 und P2) sind mit jeweils 0 gemischt. Merkel scheint Anfang 2011 also nicht mehr ganz so kooperativ und optimistisch zu sein wie 2010. Ihr Bild über andere politische Akteure, also die übrigen Mitgliedstaaten der EWU und der EU ist neutral. Auch der P3 Wert, der die *Vorhersehbarkeit der politischen Zukunft* anzeigt, liegt nach wie vor recht niedrig. Mit 0,4 Prozentpunkten ist er zwar höher als die P3 Werte der Reden aus dem Jahr 2010, dennoch bewegt er sich im unteren Bereich. Die Berechenbarkeit der Taktiken der anderen scheint sich aus Merkels Perspektive also etwas verbessert zu haben. Dennoch schätzt sie die fehlende Kontrolle recht hoch ein, was ein Agieren in Unsicherheit bedeutet (P-5 = 0,69). Ihren *Einfluss auf politische Entwicklungen* (P4) schätzt Merkel nach wie vor relativ hoch ein. Der I1 und I2 Wert bewegen sich zwischen extrem kooperativ und deutlich kooperativ. Obwohl ihr Bild über andere also deutlich negativer ausfällt und sie die Erreichung der politischen Ziele weniger optimistisch einschätzt als im Jahr 2010, wählt sie eine deutlich kooperative Strategie und eine eher kooperative Taktik um ihre Ziele zu erreichen. Ihre *Risikobereitschaft* zum Wechsel der Taktiken ist mit 0,47 Prozentpunkten gemischt. Ihre Bereitschaft, ihre kooperative Taktik zugunsten einer konfliktiven aufzugeben, ist also deutlich ausgeprägter als 2010.

Tab. 12 Angela Merkels Operational Code 2011A und 2011B

		24.3.2011	2.12.2011
	Diagnostic propensities		
P-1	**Natur der Politischen Welt**	0 gemischt	-0,14 eher feindlich
P-2	**Erreichung der politischen Ziele**	0 gemischt	-0,06 eher pessimistisch
P-3	**Vorhersehbarkeit der politischen Zukunft**	0,4 gemischt	0,07 sehr gering
P-4	**Einfluss auf politische Entwicklungen**	0,78 hoch	0,13 sehr gering
P-5	**Rolle von Zufall**	0,69 hoch	0,99 sehr hoch
	Choice propensities		
I-1	**Strategie zur Erreichung der Ziele**	1 extrem kooperativ	1 extrem kooperativ
I-2	**Taktik zur Erreichung der Ziele**	0,56 deutlich kooperativ	0,04 gemischt
I-5	**Mehrwert von Handlungsoptionen**		
A	**Bestrafung**	0 sehr gering	0 sehr gering
B	**Drohung**	0 sehr gering	0 sehr gering
C	**Ablehnung**	0 sehr gering	0 sehr gering
D	**Unterstützung**	0,07 gering	1 sehr hoch
E	**Versprechen**	0,71 sehr hoch	0 sehr gering
F	**Belohnung**	0,21 hoch	0 sehr gering
	Shift propensities		
I-3	**Risikoabschätzung**	0,47 gemischt	1 risikofreundlich
I-4	**Zeitpunkt von Aktionen**		
I-4a	**Kooperation/Konflikt**	0 sehr gering	0 sehr gering
I-4b	**Worte/Taten**	0,43 gemischt	0 sehr gering

Eigene Darstellung (2017)

Ein Blick auf die Rede vom 2.12.2011 lohnt sich, denn im Überzeugungssystem Merkels scheint sich ein Wandel zu vollziehen, der sich im März 2011 bereits abzeichnete. Zum ersten Mal überwiegt die Anzahl der Aussagen über andere. Insgesamt spricht Angela Merkel 14 Mal über andere, davon acht Mal negativ. Sie tätigt lediglich zwei Selbstaussagen, die beide kooperativ sind (2011B-6 und 2011B-12). Die Werte P1 und P2 bewegen sich beide zum ersten Mal im negativen Bereich und sind damit eher feindlich (-0,14) und pessimistisch (-0,06). Die *Vorhersehbarkeit der politischen Zukunft* schätzt Merkel nun vor dem Hintergrund ihres negativen Bildes über andere politische Akteure sehr gering ein. Auch der P-4 Wert liegt mit 0,13 wesentlich niedriger als die P-4 Werte aus den Reden 2011A, 2010A und 2010B. Dies spricht dafür, dass Merkel den Einfluss auf politische Entwicklungen wieder geringer einschätzt als zuvor. Dieser Rückgang könnte für einen politischen Rückschlag sprechen, wie z. B. eine offensichtliche Fehleinschätzung der europäischen Lage oder einen Misserfolg der zuvor erarbeiteten Rettungsmaßnahmen. Der P5 Wert, der die *Rolle von Zufall* anzeigt, ist nach wie vor mit 0,99 Prozentpunkten sehr hoch. Der Wert, der Aussagen über die *Strategie zur Erreichung der Ziele* macht (I1) ist mit 1 sehr hoch und deutet auf Kooperation hin, der P2 Wert hingegen, der Aussagen über die T*aktik zur Erreichung der Ziele* macht, ist im Gegensatz zu der Rede 2011A eher gemischt. Darüber hinaus scheint Angela Merkel nun eher risikofreudig zu sein und einem Wechsel zu einer konfrontativen Taktik offen gegenüber zu stehen.

Von Angela Merkel ist 2011 also zwar nach wie vor zu erwarten, dass sie trotz ihres eher negativen Bildes über andere und ihre eher pessimistische Einschätzung ihrer eigenen Position dennoch eine kooperative Strategie zur Erreichung ihrer Ziele wählt. Vor dem Hintergrund ihrer steigenden Risikobereitschaft ist ein Taktikwechsel jedoch nicht auszuschließen.

1.3 Angela Merkels Operational Code 2012

In ihrer Regierungserklärung vom Juni 2012 (2012A) spricht sie 11 Mal über sich selbst oder die Ingroup, kein einziges Mal negativ. Die vier kodierten Äußerungen über andere sind zwei Mal positiv, und zwei Mal negativ.

Tab. 13 Angela Merkels Operational Code 2012A und 2012B

		27.6.2012	18.10.2012
	Diagnostic propensities		
P-1	**Natur der Politischen Welt**	0 gemischt	0,6 deutlich freundlich
P-2	**Erreichung der politischen Ziele**	-0,02 eher pessimistisch	0,13 eher optimistisch
P-3	**Vorhersehbarkeit der politischen Zukunft**	0,1 sehr gering	0,23 gering
P-4	**Einfluss auf politische Entwicklungen**	0,73 hoch	0,67 hoch
P-5	**Rolle von Zufall**	0,93 sehr hoch	0,85 sehr hoch
	Choice propensities		
I-1	**Strategie zur Erreichung der Ziele**	1 extrem kooperativ	0,8 Ausgeprägt kooperativ
I-2	**Taktik zur Erreichung der Ziele**	0,47 deutlich kooperativ	0,33 deutlich kooperativ
I-5	**Mehrwert von Handlungsoptionen**		
A	**Bestrafung**	0 sehr gering	0 sehr gering
B	**Drohung**	0 sehr gering	0 sehr gering
C	**Ablehnung**	0 sehr gering	0 sehr gering
D	**Unterstützung**	0,27 gering	0,3 gering
E	**Versprechen**	0,54 gemischt	0,5 gemischt
F	**Belohnung**	0,18 gering	0,1 gering
	Shift propensities		
I-3	**Risikoabschätzung**	0,29 gering	0,23 gering
I-4	**Zeitpunkt von Aktionen**		
I-4a	**Kooperation/Konflikt**	0 sehr gering	0,2 gering
I-4b	**Worte/Taten**	0,36 gering	0,2 gering

Eigene Darstellung (2017)

Angela Merkels Einschätzung über *die Natur der politischen Welt* ist eher gemischt (P1 = 0). Mitte 2012 ist ihr Bild über andere also wieder positiver und freundlicher als Ende 2011. Die *Erreichung der politischen Ziele* scheint sie aber nach wie vor eher kritisch zu betrachten, da der P2 Wert deutlich auf eine eher pessimistische Grundhaltung hindeutet. Auch die *Vorhersehbarkeit der politischen Zukunft* liegt mit 0,1 immer noch sehr niedrig. Demgegenüber sind der P4 und P5 Wert wieder leicht angestiegen im Vergleich zur Rede 2011B. Das bedeutet, dass Angela Merkel ihren *Einfluss auf die politischen Entwicklungen* in der Eurozone hoch einschätzt, gleichzeitig aber die *Rolle von Zufall* und die Unsicherheit, in der sie agieren muss, ebenfalls hoch einschätzt. Die Indizes, die Aussagen über Angela Merkels Handlungsoptionen machen, sind nach wie vor sehr hoch. Das bedeutet, dass Angela Merkel in der *Strategie zur Erreichung der Ziele* (I1) deutlich kooperativ zu sein scheint und auch die *Taktik zur Erreichung der Ziele* deutet wieder auf Kooperation hin. Darüberhinaus scheint Angela Merkel wieder deutlich an Risikobereitschaft verloren zu haben (I-3 = 0,29; I-4a = 0; I-4b = 0,36).

Im Vergleich zur Regierungserklärung vom Juni 2012 steigen vor allem die Indizes der *diagnostic propensities* wieder an. Angela Merkel spricht in der Regierungserklärung vom Oktober 2012 10 Mal über sich selbst oder ihre Ingroup, davon neun Mal kooperativ und nur einmal negativ: Darüber hinaus finden sich fünf kodierte Andere-Zuschreibungen, vier kooperative und eine konfliktive. Merkel schätzt die politische Lage eher freundlich und optimistisch ein (P-1 = 0,6; P-2 = 0,13). Der P4 und P5 Wert sind ebenfalls mit 0,73 und 0,93 hoch und deuten darauf hin, dass Angela Merkel immer noch den *Einfluss auf politische Entwicklungen* hoch einschätzt, gleichzeitig aber auch die *Rolle von Zufall*, also das Agieren in Unsicherheit basierend auf der Berechenbarkeit der Taktik der anderen (P-3 = 0,23) mit hoch bewertet. Die Indizes, die die Handlungsoptionen anzeigen, weisen ein ähnliches Bild auf, wie in den Jahren zuvor. Der I1 liegt bei 0,8 und zeigt an, dass Angela Merkel ausgeprägt kooperativ bei der *Strategie zur Erreichung der Ziele* ist und eher kooperativ bei der *Taktik zur Erreichung der Ziele* (I-2 = 0,33). Ihre Risikobereitschaft ist immer noch gering, sie ist also berechenbar in der Wahl ihrer kooperativen Taktik (I-3 = 0,23) und zeigt eine schwache Neigung zum Wechsel ihrer Taktiken (I-4a = 0,2; I-4b = 0,2).

Die Ergebnisse der Kodierungen für das Jahr 2012 weisen also in eine ähnliche Richtung. Selbst wenn ihre Überzeugungen hinsichtlich der Natur der Politischen Welt und der Erreichung der politischen Ziele schwanken und durchaus pessimistischer ausfallen können, so bleibt sie dennoch stets kooperativ (I1 und I2). Gleichzeitig weisen die P3 und P5 Werte darauf hin, dass sie die politische Zukunft immer noch als unsicher einschätzt sowie die Rolle von Zufall hoch. Für das Jahr 2012 ist also zu erwarten, dass Angela Merkel nach wie vor kooperativ ist und an einer Lösung interessiert ist. Sie wird immer noch nur ein geringes Risiko bei der Lösungsfindung eingehen, und kaum von dem abweichen, wofür sie bisher geworben hat.

1.4 Angela Merkels Operational Code 2013

Im Juli 2013 scheint sich die Stimmung wieder verschlechtert zu haben. Die Regierungserklärung 2013A weist 13 kodierte Selbstaussagen auf, von denen 10 positiv sind und drei negativ. Angela Merkel spricht darüber hinaus fünf Mal über andere, drei Mal kooperativ und zwei Mal konfliktiv.

Tab. 14 Angela Merkels Operational Code 2013A und 2013B

		27.7.2013	18.12.2013
	Diagnostic propensities		
P-1	**0**	-0,2 eher feindlich	0 gemischt
P-2	**sehr gering**	0,02 gemischt	0 gemischt
P-3	**Vorhersehbarkeit der politischen Zukunft**	0,42 gemischt	0 sehr gering
P-4	**Einfluss auf politische Entwicklungen**	0,72 hoch	1 sehr hoch
P-5	**Rolle von Zufall**	0,69 hoch	0 sehr gering
	Choice propensities		
I-1	**Strategie zur Erreichung der Ziele**	0,54 deutlich kooperativ	1 extrem kooperativ
I-2	**Taktik zur Erreichung der Ziele**	0,30 eher kooperativ	0,71 Ausgeprägt kooperativ
I-5	**Mehrwert von Handlungsoptionen**		
A	**Bestrafung**	0 sehr gering	0 sehr gering
B	**Drohung**	0,1 sehr gering	0 sehr gering
C	**Ablehnung**	0,15 gemischt	0 sehr gering
D	**Unterstützung**	0,23 hoch	0,27 hoch
E	**Versprechen**	0,31 sehr hoch	0,33 sehr hoch
F	**Belohnung**	0,23 hoch	0,4 sehr hoch

	Shift propensities		
I-3	**Risikoabschätzung**	0,08 sehr risikoscheu	0,21 Etwas risikoscheu
I-4	**Zeitpunkt von Aktionen**		
I-4a	**Kooperation/Konflikt**	0,46 gemischt	0 sehr gering
I-4b	**Worte/Taten**	0,46 gemischt	0,8 hoch

Eigene Darstellung (2017)

Die Indizes, die Aussagen über Angela Merkels Weltbild machen, deuten in der Regierungserklärung 2013A eher auf ein feindliches und pessimistisches Weltbild hin. Der P1 Wert ist mit – 0,02 wieder in den negativen Bereich gerutscht, der P2 Wert liegt mit 0,02 nur knapp im positiven Bereich. Obwohl der P1 und der P2 Wert niedriger sind als sonst, ist der P-3 Wert, der Aussagen über die Vorhersehbarkeit der politischen Zukunft macht zum ersten Mal seit März 2011 wieder auf ‚gemischt' gestiegen (P-3 = 0,42). Die P-4 (0,72) und P-5 Werte (0,69) sind nach wie vor recht hoch. Jene Indizes, die die Handlungsmöglichkeiten aufzeigen, haben sich ebenso wie P-1 und P-2 verschlechtert, befinden sich aber dennoch im Bereich der Kooperation. Angela Merkel ist außerdem immer noch risikoscheu, wenngleich sie eine eher mittelmäßige Neigung hat, ihre kooperative Taktik zu wechseln. Ihre gestiegene Flexibilität beim Taktikwechsel könnte eine Reaktion auf die negativen P-1 und P-2 Werte sein.

Die Regierungserklärung vom Dezember 2013 (2013B) enthält nur positive Selbstzuschreibungen. Zum ersten Mal während des Untersuchungszeitraums liegt keine kodierte Aussage über andere vor. Ein Blick in die *Tabelle 9* über die Formeln der Indizes zeigt, was dies für Auswirkungen hat. Die P-1, P-2 und P-3 Werte werden alle nur auf der Basis der Aussagen über andere errechnet. Wenn in dem kodierten Sprechakt also keine Aussagen über andere zu finden sind, muss hier immer mit 0 gerechnet werden. Darüber hinaus finden sich in der Rede 2013B nicht nur keine Andere-Aussagen, sondern nur positive Selbstaussagen. Die Werte der Selbstaussagen reichen von +1 bis +3. Auch das hat Auswirkungen auf die Errechnung der Indizes. Der P1 und P2 Wert zeigen mit 0 ein gemischtes Weltbild an, die *Vorhersehbarkeit der politischen Zukunft* scheint gering eingeschätzt zu werden. Der Wert, der Aussagen über den Einfluss auf politische Entwicklungen macht, ist mit 1 sehr hoch. Dieser P-4 Wert ist der einzige Wert der *diagnostic propensities*, der auch auf der Grundlage von Selbst-Zuschreibungen errechnet wird. Enthält der kodierte Sprechakt also keine einzige Fremdzuschreibung und nur positive Selbstzuschreibungen, kommt beim P-4 Wert automatisch eine 1 heraus. Der P5

Wert hingegen, der bisher immer hoch war, ist zum ersten Mal niedrig. Auch dies liegt an den fehlenden Fremdzuschreibungen. Die Werte der *choice propensities* deuten wieder auf Kooperation hin; I5 Werte wie 2013A. Grundsätzlich stellt sich die Frage, ob überhaupt eine Aussage getroffen werden kann bezüglich der *diagnostic propensities*, wenn der/die Sprecher*in kein einziges Mal über andere spricht.

Die Werte, welche die *choice propensities* anzeigen, werden auf der Basis der Selbstaussagen errechnet. Da in der Rede 2013B nur positive Selbstaussagen getätigt wurden, liegt der I-1 Wert, der Aussagen über die gewählte Strategie zur Erreichung der Ziele macht, bei 1 (extrem kooperativ), der I-2 Wert bei 0,71 (ausgeprägt kooperativ). Auffällig ist ebenfalls Angela Merkels starke Neigung ihre Taktik zu wechseln. Der I-4b Wert liegt mit 0,8 unverhältnismäßig hoch. Die Ergebnisse aus dem Jahr 2013 weisen auf Folgendes hin: Das Weltbild Angela Merkels scheint, ähnlich wie 2012 eher gemischt bis pessimistisch zu sein, dennoch kann von ihr nach wie vor Kooperation und Lösungswillen erwartet werden. Nach wie vor versucht Angela Merkel ihre Handlungsoptionen zu nutzen, um für ihre Lösungsvorschläge zu werben und diese durchzusetzen. Obwohl die Stimmung besonders zu Beginn des Jahres eher schlecht zu sein scheint, bleibt Merkel also bei ihrer kooperativen Strategie und Taktik.

1.5 Angela Merkels Operational Code 2014

2014 ergibt sich wieder ein eindeutigeres Bild. Die kodierten Passagen der Regierungserklärung 2014A enthalten 12 Selbstzuschreibungen, von denen 8 kooperativ und 4 konfliktiv sind, sowie 5 Anderezuschreibungen, von denen alle fünf positiv sind.

Tab. 15 Angela Merkels Operational Code 2014A und 2014B

		29.1.2014	18.12.2014
	Diagnostic propensities		
P-1	**Natur der Politischen Welt**	1 extrem freundlich	0,5 gemischt
P-2	**Erreichung der politischen Ziele**	0,12 eher optimistisch	0,06 gemischt
P-3	**Vorhersehbarkeit der politischen Zukunft**	0,62 hoch	0,25 gering
P-4	**Einfluss auf politische Entwicklungen**	0,71 hoch	0,77 hoch
P-5	**Rolle von Zufall**	0,57 gemischt	0,81 hoch

	Choice propensities		
I-1	**Strategie zur Erreichung der Ziele**	0,33 eher kooperativ	0,69 deutlich kooperativ
I-2	**Taktik zur Erreichung der Ziele**	0,08 gemischt	0,31 eher kooperativ
I-5	**Mehrwert von Handlungsoptionen**		
A	**Bestrafung**	0,08 sehr gering	0 sehr gering
B	**Drohung**	0,13 gemischt	0 sehr gering
C	**Ablehnung**	0,17 gemischt	0,15 gemischt
D	**Unterstützung**	0,42 sehr hoch	0,31 sehr hoch
E	**Versprechen**	0,25 hoch	0,54 sehr hoch
F	**Belohnung**	0 sehr gering	0 sehr gering
	Shift propensities		
I-3	**Risikoabschätzung**	0,13 Etwas risikoscheu	0,29 Etwas risikoscheu
I-4	**Zeitpunkt von Aktionen**		
I-4a	**Kooperation/Konflikt**	0,67 hoch	0,31 gering
I-4b	**Worte/Taten**	0,17 sehr gering	0 sehr gering

Eigene Darstellung (2017)

Das Weltbild Angela Merkels ist hier wieder freundlicher und optimistischer. Der P1 Wert, der Aussagen über die *Natur der Politischen Welt* macht, liegt bei 1, also extrem freundlich. Merkel schätzt zum ersten Mal während des Untersuchungszeitraums ihr politisches Umfeld als sehr freundlich ein. Der P2 Wert liegt mit 0,12 im mittleren Bereich und kann somit als eher optimistisch gewertet werden. Auch der Wert über die *Vorhersehbarkeit der politischen Zukunft* liegt mit 0,62 zum ersten Mal im Untersuchungszeitraum hoch, genauso wie der P4 Wert (0,71). Die *Rolle von Zufall* bewegt sich hingegen mit nur 0,57 eher im mittleren Bereich. Die Werte für die Wahl der Handlungsoptionen sind hingegen das erste Mal während des Untersuchungszeitraums niedriger als sonst. I-1 weist einen Wert von 0,33 auf und liegt damit bei eher kooperativ. Der Wert für I3 liegt bei 0,08 und kann als gemischt kooperativ gewertet werden. Diese mittelmäßigen I-1 und I-2 Werte ergeben gemeinsam mit dem P-1 und P-2 Wert ein neues Bild. Merkel schätzt zum ersten Mal ihr politisches Umfeld so freundlich ein, dass sie der Überzeugung ist, zur Erreichung ihrer Ziele nicht zwangsläufig eine ausgeprägt kooperative Strategie fahren zu müssen. Aufgrund des freundlichen politischen Klimas schätzt sie die Erreichung ihrer politischen Ziele grundsätzlich optimistisch ein, ohne dabei eine deutlich kooperative Taktik verwenden zu müssen. Ihre Risikobereitschaft ist mit (I-3 = 0,13) eher mäßig, gleichzeitig zeigt sie aber eine starke Neigung, zwischen ihren Taktiken zu wechseln (I-4a = 0,64). Angela Merkel hat also zu Beginn des Jahres 2014 durchaus die Flexibilität, zwischen kooperativen und konfliktiven Taktiken zu wechseln.

Die Regierungserklärung vom 18.12.2014 (2014B) enthält 13 Selbstzuschreibungen, von denen 11 kooperativ und zwei konfliktiv sind, sowie vier Andere-Zuschreibungen, von denen drei positiv und eine negativ ist. Das Weltbild Angela Merkels ist gemischt (P1 = 0,5), d. h. sie schätzt Ende 2014 ihr politisches Umfeld deutlich weniger freundlich ein, als noch zu Beginn des Jahres. Auch die *Erreichung der politischen Ziele* sieht sie nicht wirklich optimistisch (P2 = 0,06). Auffällig ist außerdem der Abfall des P3 Wertes von 0,62 in 2014A auf nur noch 0,25 in 2014B. Schätzte Angela Merkel die *Vorhersehbarkeit der politischen Zukunft* also im Januar 2014 noch hoch ein, so scheint sie nun diese eher gering einzuschätzen. Darüber hinaus sind der P4 (0,77) und der P5 (0,81) Wert erneut relativ hoch. Auch der I1 Wert, der Aussagen über die *Strategie zur Erreichung der Ziele* macht, liegt im Vergleich zum Januarwert mit 0,69 wieder relativ hoch und kann als ausgeprägt kooperativ interpretiert werden. Der I2 Wert ist ebenfalls wieder angestiegen und liegt mit 0,31 zwischen eher bis deutlich kooperativ. Angela Merkel ist nach wie vor eher risikoscheu (I3 = 0,29) weist eine geringe Flexibilität bezüglich des Wechsels ihrer Strategien auf (I-4a = 0,31; I-4b = 0).

Für das Untersuchungsjahr 2014 lässt sich schlecht eine allgemeine Erwartung an Angela Merkels außenpolitische Position formulieren. Im Januar 2014 hätte man erwartet, dass Angela Merkel ihre eigene Position als so sicher einschätzt, dass sie zwar zu Kooperation auf europäischer Ebene tendiert, aber jederzeit bereit wäre ihre Taktik zu ändern. Ende 2014 hat sich ihr Bild über ihr politisches Umfeld wieder verschlechtert, sie schätzt ihre Kontrolle über politische Ereignisse und über die Taktiken der anderen wieder schlechter ein. Dies hat Auswirkungen auf ihre Kooperationsbereitschaft. Sie scheint ihre Strategie und Taktik wieder kooperativer auszurichten.

1.6 Angela Merkels Operational Code 2015

Die Regierungserklärung vom 18.6.2015 enthält in den kodierten Passagen 12 Selbstzuschreibungen, von denen zehn kooperativ und zwei konfliktiv sind, sowie neun Andere-Zuschreibungen, von denen acht positiv und nur eine negativ sind.

Tab. 16 Angela Merkels Operational Code 2015A und 2015B

			18.6.2015	16.12.2015
	Diagnostic propensities			
P-1	**Natur der Politischen Welt**		0,78 Ausgeprägt freundlich	0 gemischt
P-2	**Erreichung der politischen Ziele**		0,29 eher optimistisch	0 gemischt
P-3	**Vorhersehbarkeit der politischen Zukunft**		0,41 gemischt	0,13 gering
P-4	**Einfluss auf politische Entwicklungen**		0,57 gemischt	0,6 gemischt
P-5	**Rolle von Zufall**		0,77 hoch	0,92 hoch
	Choice propensities			
I-1	**Strategie zur Erreichung der Ziele**		0,67 Ausgeprägt	0,56 deutlich
I-2	**Taktik zur Erreichung der Ziele**		0,24 eher kooperativ	0,27 eher kooperativ
I-5	**Mehrwert von Handlungs optionen**			
	A	**Bestrafung**	0,08 sehr gering	0 sehr gering
	B	**Drohung**	0,1 sehr gering	0 sehr gering
	C	**Ablehnung**	0 sehr gering	0,22 hoch
	D	**Unterstützung**	0,25 hoch	0,22 hoch
	E	**Versprechen**	0,33 sehr hoch	0,33 sehr hoch
	F	**Belohnung**	0,25 hoch	0,22 hoch

	Shift propensities		
I-3	**Risikoabschätzung**	0,1 sehr risikoscheu	0,11 sehr risikoscheu
I-4	**Zeitpunkt von Aktionen**		
I-4a	**Kooperation/Konflikt**	0,33 gering	0,44 gemischt
I-4b	**Worte/Taten**	0,67 hoch	0,44 gemischt

Eigene Darstellung (2017)

Das Weltbild Angela Merkels ist in der Mitte 2015 noch ausgeprägt freundlich (P1 =0,78). Ihr Bild über die anderen Akteure ist also freundlicher als Ende 2014. Innerhalb dieses eher freundlich gestimmten europäischen Umfelds, scheint sie eher optimistisch gestimmt zu sein (P2 = 0,29) bezüglich der Erreichung ihrer politischen Ziele. Sie schätzt die *Vorhersehbarkeit der Zukunft* eher gemischt ein (P-3 = 0,41), d.h. sie ist der Überzeugung, dass die Taktik der anderen europäischen Akteure mittelmäßig berechenbar ist. Ihren *Einfluss auf politische Entwicklungen* (P-4 = 0,57) scheint sie ebenfalls mittelmäßig einzuschätzen. Der P5 Wert, der Aussagen über die Rolle von Zufällen macht, liegt mit 0,77 erneut relativ hoch. Angela Merkel geht also Mitte 2015 davon aus, dass sie in einem unsicheren Umfeld agieren muss. Auch der I1 Wert, der Aussagen über die gewählte *Strategie zur Erreichung der Ziele* macht, liegt mit 0,67 hoch und deutet Kooperation an. Die zwei Masterbeliefs (P-1 und I-1) zeigen an, dass Angela Merkel sich für eine kooperative Strategie entschieden hat, um in dem eher freundlich gestimmten Umfeld zu handeln. Der I2 Wert zeigt ebenfalls mit 0,24 eher Richtung Kooperation. Ihre Risikobereitschaft ist im Juni 2015 gering (I-3 = 0,1), allerdings weist der I-4b Wert einen hohen Wert auf.

Die Regierungserklärung vom 16.12.2015 (2015B) enthält neun Selbstzuschreibungen von denen 7 kooperativ und zwei konfliktiv waren, sowie sechs Fremdzuschreibungen, von denen je 3 kooperativ und 3 konfliktiv waren. Merkels Überzeugungssystem scheint sich Ende 2015 noch einmal verändert zu haben: Sie schätzt ihr politisches Umfeld nun weniger freundlich ein (P-1 = 0) und auch die *Erreichung der Ziele* sieht sie nun nicht mehr so optimistisch wie noch im Juni 2015 (P-2 = 0). Die *Berechenbarkeit der Taktik* der anderen (P-3) schätzt sie wieder gering ein. Die *Rolle von Zufällen*, also die fehlende *Kontrolle über die politische Zukunft*, schätzt sie hingegen hoch ein (P-5 = 0,92). Angela Merkel wählt wieder eine deutlich kooperative *Strategie zur Erreichung ihrer Ziele* (I-1 = 0,56) sowie eine kooperative Taktik. Gleichzeitig bleibt sie aber mittelmäßig flexibel für einen möglichen Wechsel zwischen den Taktiken (I-4a = 0,44 und I-4b = 0,44). Ende 2015 ist von Angela Merkel also zu erwarten, dass sie die Krise nach wie vor kooperativ lösen will.

2 Zusammenfassung der Ergebnisse

Nachdem die einzelnen Regierungserklärungen innerhalb des Untersuchungszeitraums ausgewertet wurden, soll im Folgenden ein Überblick erstellt werden, um Veränderungen oder Tendenzen besser aufzeigen zu können.

Angela Merkels Weltbild während des Untersuchungszeitraums scheint grundsätzlich eher freundlich zu sein, d.h. sie schätzte die anderen beteiligten Akteure eher freundlich gestimmt ein und ging davon aus, dass diese zusammenarbeiten wollten. Lediglich die Jahre 2011 und 2013 weisen ein eher feindlich gestimmtes Weltbild auf, wie auch anhand der Tabelle zu erkennen ist.[30] Nur die Werte aus den Regierungserklärungen 2011B sowie 2013A waren negativ. 2011A, 2012A, 2013B und 2015B lag der P1 Wert zwar bei 0 (gemischt), dies wirkte sich jedoch nur marginal auf die Jahreswerte aus. So lagen lediglich die Jahre 2011 und 2013 mit -0,11 und -0,2 im negativen Bereich. Auf die Gesamtwerte der Jahre 2012 (P-1 =0,33) und 2015 (P-1 = 0,47) hatten sie kaum Einfluss. Anhand der Jahreswerte ist deutlich zu erkennen, dass Angela Merkels Weltbild zu Beginn der Krise freundlich war (2010 lag der P-1 Wert bei 0,51), und gegen Ende des Untersuchungszeitraums 2014 und 2015 wieder deutlich bis ausgeprägt freundlich wurde (2014 lag er bei 0,78; 2015 bei 0,47). 2010 schien Angela Merkel auch grundsätzlich optimistisch eingestellt zu sein bezüglich der Erreichung der politischen Ziele. Diesen Optimismus verlor sie im Verlauf der folgenden Krisenjahre, so dass sie von 2011 bis 2014 weder eindeutig optimistisch noch eindeutig pessimistisch war. Erst 2015 scheint sie ihren Optimismus wiedergewonnen zu haben (P-2 = 0,17).

Der P-3 Wert, der Aussagen über die *Vorhersehbarkeit der politischen Zukunft* macht, bleibt über den Untersuchungszeitraum hinweg niedrig und weist auf eine ihrer Meinung nach geringe Vorhersehbarkeit und Berechenbarkeit der Taktiken der anderen politischen Akteure hin. Angela Merkels Überzeugung war also, dass die Taktik der anderen beteiligten Akteure kaum berechenbar war und sie kaum Vertrauen hatte, dass die politische Zukunft für sie kontrollierbar war. Dazu passen die stets hohen P-5 Werte, die die Rolle von Zufall, also das Fehlen von Kontrolle beschreiben. Angela Merkel scheint also die Überzeugung gehabt zu haben, dass sie

30 Die Werte der Rede 2013B sind nicht enthalten, d.h. alle Werte der *diagnostic propensities* aus dem Jahr 2013 beziehen sich auf die Rede 2013A.

in Unsicherheit agieren muss und ihr die Kontrolle über andere fehlt. Den *Einfluss auf politische Entwicklungen* (P-4) bewertet Merkel über den Untersuchungszeitraum hinweg hoch. Sie schätzt also ihre eigene Macht auf den Entscheidungsprozess hoch ein und ist der Überzeugung, dass sie die Deutungshoheit in der Lösung der Krise innehaben kann.

Die Indizes, die die Handlungsoptionen anzeigen (*choice propensities*), weisen ebenfalls in diese Richtung. Die Werte zur *Strategie zur Erreichung der Ziele* (I-1) sowie zur gewählten *Taktik* (I-2) weisen von 2010 bis 2015 eher Richtung Kooperation. Die I-1 Werte rutschen lediglich 2014A unter 0,5, ansonsten bewegen sie sich über den Untersuchungszeitraum hinweg zwischen 1 und 0,5. Dies bedeutet, dass Angela Merkel immer mindestens deutlich kooperativ war. Die I-2 Werte lagen nur zweimal unterhalb von 0,5 (2011A = 0,04; 2014A =0,08), ansonsten bewegten sich diese Werte stets zwischen eher kooperativ und ausgeprägt kooprativ. Angela Merkel hatte also die Überzeugung, dass die politischen Ziele eher durch Kooperation als durch Konflikt gelöst werden könnten und dass sie aus diesem Grund eher kooperative, koordinierende Mittel zur Umsetzung der Strategie verwenden müsse. Die Werte der *shift propensities* zeigen, dass Angela Merkel stehts eine geringe Risikobereitschaft hatte sowie eine eher niedrige bis mittelmäßige Flexibilität beim Wechsel zwischen Kooperation und Konfrontation, sowie zwischen Worten und Taten.

Tab. 17 Angela Merkels Operational Code 2010–2015

		2010	2011	2012	2013	2014	2015
	Diagnostic propensities						
P-1	**Natur der Politischen Welt**	0,51 deutlich freundlich	-0,11 eher feindlich	0,33 eher freundlich	-0,2 eher feindlich	0,78 Ausgepr. freundlich	0,47 deutlich freundl.
P-2	**Erreichung der politischen Ziele**	0,10 eher optimistisch	-0,03 eher pessimistisch	0,06 gemischt	0,01 gemischt	0,09 gemischt	0,17 eher optimistisch
P-3	**Vorhersehbarkeit der politischen Zukunft**	0,11 gering	0,07 sehr gering	0,14 gering	0,42 gemischt	0,38 gemischt	0,18 gering
P-4	**Einfluss auf politische Entwicklungen**	0,70 hoch	0,47 gemischt	0,7	0,85	0,74	0,58
P-5	**Rolle von Zufall**	0,93	0,97	0,90	0,64	0,73	0,90

I-1	**Strategie zur Erreichung der Ziele**	0,70	1	0,91	0,79	0,5	0,62
I-2	**Taktik zur Erreichung der Ziele**	0,30	0,31	0,4	0,48	0,20	0,25
I-5	**Mehrwert von Handlungs-optionen**						
A	**Bestrafung**	0,03	0	0	0	0,04	0,05
B	**Drohung**	0,14	0	0	0,04	0,05	0,06
C	**Ablehnung**	0	0	0,05	0,07	0,16	0,10
D	**Unterstützung**	0,21	0,19	0,29	0,25	0,36	0,24
E	**Versprechen**	0,52	0,63	0,52	0,32	0,4	0,33
F	**Belohnung**	0,12	0,18	0,14	0,32	0	0,24
	Shift propensities						
I-3	Risikoa-bschätzung	0,21	0,35	0,25	0,13	0,18	0,09
I-4	Zeitpunkt von Aktionen						
I-4a	Kooperation/ Konflikt	0,30	0	0,10	0,21	0,48	0,38
I-4b	Worte/Taten	0,30	0,38	0,29	0,643	0,08	0,57

Eigene Darstellung (2017)

Um eine bessere Vergleichbarkeit der Ergebnisse zu erzielen, wurden alle Werte der *diagnostic propensities* (P-1 bis P-5) sowie die P-1, P-2, I-1 und I-2 Werte in ein Diagramm überführt.

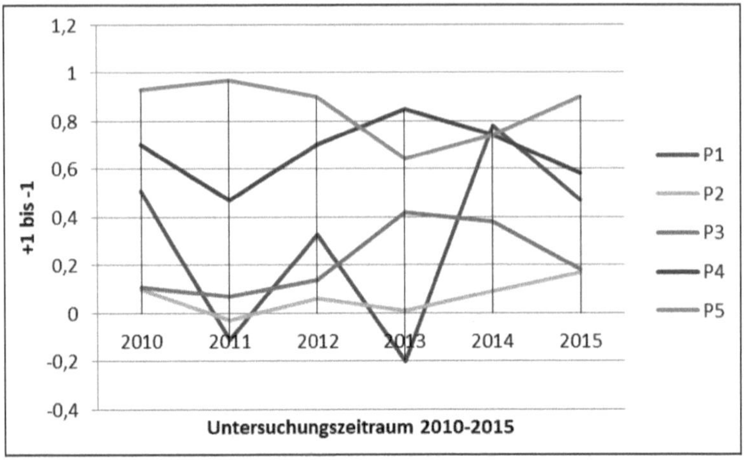

Abb. 6 Graphische Darstellung der *diagnostic propensities* 2010–2015
Eigene Darstellung (2018)

Abbildung 6 veranschaulicht noch einmal den Zick-Zack-Kurs den der P-1 Wert über den Untersuchungszeitraum hinweg vornimmt. Innerhalb eines Jahres fällt der Wert von 0,51 in den negativen Bereich, um sich dann 2012 wieder deutlich im positiven Bereich zu bewegen. 2013 fällt der Wert erneut stark ab und verzeichnet dann innerhalb eines Jahres einen sprunghaften Anstieg auf 0,78. Im Untersuchungsjahr 2015 scheint er sich dem Ausgangswert von 2010 wieder stark anzunähern. Im Gegensatz zu dem P-1 Wert ist der P-2 Wert deutlich stabiler. Anhand der *Abbildung 6* ist zu erkennen, dass der P-2 immer gleichzeitig mit dem P-1 Wert abnimmt oder steigt. Dies verdeutlicht einmal mehr, dass die Überzeugung, dass die eigenen politischen Ziele erreicht werden können, beeinflusst wird von der Überzeugung über die Natur der Politischen Welt (*master belief*). Der P-3 Wert ist bis einschließlich 2013 eher niedrig, d.h. Angela Merkel schätzte die Vorhersehbarkeit der politischen Zukunft und die Berechenbarkeit der Taktik der anderen gering ein. In den Untersuchungsjahren 2013 und 2014 scheint sich dieser Wert zu erholen. Vor dem Hintergrund der Fortsetzung der Griechenlandkrise schien Angela Merkel vielleicht etwas mehr Sicherheit zu gewinnen und die politische Zukunft der Währungsunion besser einschätzen zu können. Diese Entwicklung scheint sich zu decken mit dem Verlauf des P-5 Wertes, der Angaben macht über die Rolle von Zufall. In den Jahren, in denen Angela Merkel die Vorhersehbarkeit der politischen Zukunft positiver einschätzte, schätzte sie auch die Rolle von Zufällen geringer ein. Insgesamt spricht das für die Annahme, dass Angela Merkel die Überzeugung hatte, nicht mehr in absoluter Unsicherheit agieren zu müssen. Der P-4 Wert, der Aussagen über den Einfluss auf politische Entwicklungen macht, scheint ebenso wie der P-5 Wert über den Untersuchungszeitraum hinweg recht stabil zu sein. Außer im Jahr 2013 entwickelt sich der P-4 Wert immer parallel zum P-1 Wert.

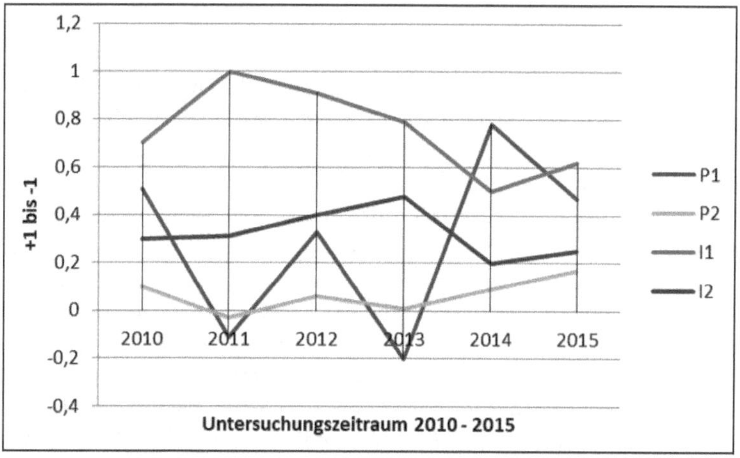

Abb. 7 Graphische Darstellung der P-1, P-2, I-1 und I-2 Werte 2010–2015
Eigene Darstellung (2018)

Der *Abbildung 7* ist zu entnehmen, dass die I-1 und I-2 Werte der *choice propensities* immer in dieselbe Richtung weisen, bzw. die Taktik der Strategie folgt. Die P-1 und I-1 Werte hingegen stehen in den Jahren 2010 bis 2012 diametral zueinander, wodurch eine kontraintuitive These entsteht: Je negativer Angela Merkels Bild über andere wird, umso überzeugter scheint sie, dass eine kooperative Strategie die Lösung ist. 2012 sinkt ihre kooperative Strategie gleichzeitig mit dem P-1 Wert und obwohl der P-1 Wert 2014 wieder sprunghaft ansteigt, sackt der I-1 Wert weiter ab auf ein Tief von 0,5, um sich gegen Ende des Untersuchungszeitraums wieder an den 2010er Wert anzunähern. Die graphische Darstellung offenbart noch etwas anderes: die I-1 und I-2 Werte weisen eine viel stärkere Stabilität über den Untersuchungszeitraum hinweg auf, als die P-1 und P-2 Werte. Dies wiederum könnte ein Beleg für die Annahme sein, die bereits in Kapitel 4.2.1 über die Genese des Operational Code Ansatzes angesprochen wurde, nämlich dass die philosophischen Überzeugungen von Entscheidungsträger*innen volatiler sind als die instrumentellen Überzeugungen. Unabhängig davon, wie also Angela Merkel z. B. ihre politischen Partner und die politische Welt allgemein einschätzt (P-1), bleibt sie in Strategie und Taktik kooperativ. Diese Tendenz zieht sich durch den gesamten Untersuchungszeitraum.

Vor dem Hintergrund dieser Ergebnisse ergibt sich ein recht eindeutiges Bild. Für Angela Merkel schien Kooperation der einzige Ausweg aus der Eurokrise zu sein. Auf der Basis ihres mittelmäßig freundlichen Weltbildes zog sie die Kooperation als Strategie und Taktik dem Konflikt eindeutig vor. Gleichzeitig war sie tendenziell risikoavers, schätzte die Rolle des Zufalls hoch ein und die Vorhersehbarkeit der politischen Zukunft der Eurozone gering. Sie hatte also während des gesamten Untersuchungszeitraums die Überzeugung, kaum Kontrolle über die politische Taktik ihrer politischen Partner zu haben. Dennoch schätzte sie ihren Einfluss, den sie auf politische Entwicklungen hat, meistens recht hoch ein. Daraus lässt sich folgende Erwartung für Angela Merkels außenpolitische Position in der Griechenlandkrise ableiten: Angela Merkel befürwortet während des Untersuchungszeitraums stets Kooperation und ist eher wenig bereit, diese kooperative Strategie zugunsten einer eher konfrontativen zu ändern. Gleichzeitig ist aber davon auszugehen, dass Angela Merkel versuchen wird, die Ausrichtung der Eurozone ihrem Interesse nach zu gestalten. Das schließt eine entscheidende und dominante Rolle Deutschlands bei den Verhandlungen mit ein. In diesem Sinne ist die Verhaltenserwartung an Angela Merkel deutlich kooperativ, d. h. es ist davon auszugehen, dass sie gemeinsam mit den europäischen Partnern nach Lösungen für die Griechenlandkrise suchen wird. Wie dieses Kooperationsverhalten mit substanitiellem politischem Inhalt gefüllt wird, kann der Operational Code allein nicht beantworten. Der Operational Code Ansatz kann also an dieser Stelle nicht analysieren, ob sich Angela Merkel angesichts ihres Kooperationsverhaltens eher für Eurobonds oder einen Europäischen Stabilitätsmechanismus entscheidet.

Auf der Basis dieser Ergebnisse wurden deduktiv die Erwartungen formuliert, die sich aus Angela Merkels Denkbildern für ihre Griechenlandpolitik ergeben. Nun müssen die formulierten Erwartungen abgeglichen werden mit der realen deutschen Regierungsposition in der Griechenlandpolitik. Hierzu sollen mithilfe einer Chronologie die empirischen Ereignisse in der Griechenlandkrise von 2010 bis 2015 dargelegt werden. Wann sind welche Rettungsprogramme in Deutschland diskutiert worden? Wann wurden sie auf europäischer und auf nationalstaatlicher Ebene beschlossen? Wenn die außenpolitische deutsche Position vor den EU-Verhandlungen im Einklang mit Merkels Operational Code stehen, dann ist davon auszugehen, dass ihre Überzeugungen einen Einfluss hatten auf die deutsche Position in der Griechenlandkrise während des Untersuchungszeitraumes. Eine Korrelation zwischen der unabhängigen und der abhängigen Variable konnte dann nachgewiesen werden.

Das außenpolitische Handeln von Angela Merkel in der Griechenlandkrise (2010–2015)

III

Im vorangegangenen Kapitel ist der Operational Code von Angela Merkel in der Griechenlandkrise analysiert worden. Anschließend wurden auf der Basis der Ergebnisse der Operational Code Analyse die Erwartungen formuliert, die sich aus Angela Merkels Denkbildern für ihre Griechenlandpolitik ergeben. Der dritte Teil der Dissertation setzt sich mit dem tatsächlichen außenpolitischen Handeln der Bundesrepublik auseinander und soll die Forschungsfrage B beantworten. Diese Forschungsfrage lautete: Stimmen die deutschen Regierungspositionen während des Untersuchungszeitraumes von 2010 bis 2015, bezüglich der Griechenlandkrise mit Angela Merkels Überzeugungssystem überein? Hatten ihre Überzeugungen Einfluss auf die deutsche Regierungsposition in der Griechenlandkrise? (AV) Diese Frage soll durch eine Kongruenz- und eine Prozessanalyse beantwortet werden. In einem ersten Schritt soll mit Hilfe des Kongruenztests untersucht werden, ob der identifizierte Operational Code Einfluss auf die deutsche außenpolitische Position der Bundesregierung während der Griechenlandkrise hatte, ob also eine Kongruenz zwischen Merkels Operational Code und der Positionierung der Bundesregierug besteht. In einem zweiten Schritt soll diese Korrelation dann durch eine Prozessanalyse auf ihre Kausalität hin untersucht werden, auch um mögliche Scheinkorrelationen zwischen der unabhängigen und der abhängigen Variable auszuschließen.

1 Der Kongruenztest

Um im Kongruenztest die formulierten Erwartungen mit der realen Griechenlandpolitik und Merkels bzw. Deutschlands außenpolitischem Verhalten bezüglich

D. Ankel, *Angela Merkels Überzeugungen in der Eurokrise*, Globale Gesellschaft und internationale Beziehungen, https://doi.org/10.1007/978-3-658-29797-8_3

der Griechenlandpolitik abgleichen zu können, soll nun eine Chronologie der Griechenlandkrise vorgestellt werden. Parallel zu dieser Chronologie der Griechenlandkrise wird die außenpolitische Positionierung der Bundesregierung bezüglich der jeweiligen Entscheidungen und Phasen dargelegt. Wenn Angela Merkel hier zu Wort kommt, dann lediglich als ein entscheidungsrelevanter Akteur der Bundesregierung, der in öffentlichen Äußerungen die außenpolitische Positionierung der Bundesregierung vertrat. Obwohl der Untersuchungszeitraum 2010 beginnt, greift die Chronologie zurück in das Jahr 2009, um den Ausbruch der Krise im Frühjahr 2010 besser erläutern zu können.

Als der neu gewählte sozialistische Premierminister Griechenlands Giorgos Andreas Papandreou im Oktober 2009 das Amt übernahm, musste seine Regierung unmittelbar bekannt geben, dass die Haushaltslage um Einiges dramatischer sei, als zuvor bekannt gewesen war. Er musste das Haushaltsdefizit von 7,7 % auf 16 % revidieren (Gammelin/Löw 2014: 68–69). Bereits 2004 hatte der Rat für Wirtschaft und Finanzen (EcoFin) ein erstes Defizitverfahren gegen Griechenland eröffnet (Europäische Kommission 2004). Dieses wurde jedoch 2007, auf Grundlage gefälschter griechischer Zahlen wieder eingestellt (Europäische Kommission 2007). Ein zweites Defizitverfahren erreichte die griechische Regierung am 27. April 2009, diesmal kombiniert mit Konjunkturempfehlungen (Schwarzer 2010: 2). Das griechische Defizit vergrößerte sich im Dezember 2009 weiter, nachdem die Ratingagentur Fitch die Kreditwürdigkeit Griechenlands von A- auf BBB+ herabstuft hatte. Griechenland musste nun höhere Zinsen für die bereits angehäuften Schulden zahlen. Gleichzeitig stiegen die Risikoaufschläge für griechische Staatsanleihen und der Kurs des Euro fiel (Busch 2012: 11). Laut einem Antici-Protokoll soll Premier Papandreou bereits auf dem EU-Gipfeltreffen im Dezember 2009 seine europäischen Amtskolleg*innen gewarnt haben: „Die Lage ist düster. Ich habe ein riesiges Defizit und eine große Verschuldung geerbt. Ich brauche eure Unterstützung" (Gammelin/Löw 2014: 69).

Die Staats-und Regierungschef*innen verständigten sich am 10. Dezember 2009 jedoch darauf, dass Griechenland sich selbst helfen müsse. Gammelin und Löw zeigen in ihrer Aufarbeitung der Krise, dass Ende 2009, Anfang 2010 niemand in Brüssel wahrhaben wollte, dass Griechenlands Verschuldung alle betrifft (Gammelin/Löw 2014: 69 FN). Am 11. Februar 2010 dann gaben die Staats- und Regierungschef*innen auf dem Gipfeltreffen bekannt, dass „die Mitgliedstaaten des Euro-Währungsgebietes [...] im Bedarfsfall entschlossen und koordiniert handeln [werden], um die Finanzmarktstabilität im gesamten Euro-Währungsgebiert zu wahren" (Europäischer Rat 2010a). Darüber hinaus hielten sie aber fest, dass die griechische Regierung noch keine finanzielle Unterstützung beantragt habe und aus diesem Grund auch keine Rettung notwendig sei (Europäischer Rat 2010a). Diese nachträgliche Einschränkung galt „Merkel und deren „Athen muss sich selbst helfen““ (Gammelin/Löw 2014: 73), das sie immer wieder in den innerstaatlichen Rückbindungsprozess einspeiste.

Die griechische Regierung wurde angehalten „Maßnahmen konsequent und entschlossen umzusetzen, um das Haushaltsdefizit im Jahr 2010 effektiv um 4 % zu verringern“ (Europäischer Rat 2010a). Die weitere Ausgestaltung der Maßnahmen zur Verringerung des Defizits konkretisierte der EcoFin auf seiner Tagung am 16. Februar 2010. Die Dokumente der Regierungspressekonferenzen von Ende Februar und Anfang März zeigen deutlich, wie die Position der deutschen Bundesregierung war. Bei einem Pressestatment der Bundeskanzlerin vor einem Gespräch mit Vertretern der mittelständischen Wirtschaft und zu Griechenland sagte Merkel: „[...] es gibt keine Alternative dazu, dass Griechenland seine Hausaufgaben macht“ (Bulletin 2010a). Auch auf die immer wiederkehrenden Fragen der Journalist*innen, ob es nicht irgendeine Art der Hilfe werde geben müsse, waren die Antworten der Regierungssprecher*innen immer dieselben: „Es gibt hierzu keinen veränderten Sachstand“ erläuterte Staatssekretär (STS) Wilhelm am 5.3.2010, „die Probleme Griechenlands können nachhaltig und glaubwürdig nur in Griechenland selbst gelöst werden“ (Bulletin 2010b). Die Bundeskanzlerin und ihre Sprecher*innen wiederholten diese Haltung auf den Regierungspressekonferenzen bis Ende April. Griechenland habe nicht um finanzielle Hilfe gebeten, Griechenland müsse sich selbst helfen, und die Stabilität des Euro sei das zentrale Anliegen der Bundesregierung.

Die griechische Regierung war um Schadensbegrenzung bemüht, indem sie Sparmaßnahmen ankündigte und am 5. März 2010 ein Sparprogramm in der Vouli verabschiedete, gegen massive Proteste der Bevölkerung (Bundesfinanzministerium 2017). Die Finanzminister der Eurogruppe[31] trafen sich am 15. und 16. März 2010, um erneut über die Situation in Griechenland und der Eurozone zu beraten. Bei diesem Treffen legten die Amtsträger*innen bereits fest, im äußersten Notfall bilateral koordinierte Kredite an Griechenland zu zahlen (Gammelin/Löw 2014: 75; Eurogruppe 2010a). Trotz dieser Festlegung der Eurogruppe antwortete STS Wilhelm auf die Frage, „mit wie viel Milliarden“ der deutsche Steuerzahler denn an der Rettung Griechenlands beteiligt sein solle: „Griechenland hat nicht um Hilfe gebeten. Es gibt keinen neuen Sachstand hinsichtlich dieser Erklärung (*er bezieht sich auf die Erklärung der Staats- und Regierungschefs vom 11.2.2010*), die gestern einmal mehr geäußert wurde“ (Bulletin 2010c). Auch in der Pressekonferenz vom

31 Die Eurogruppe ist ein informelles Gremium, welches aus den Ministern der Mitgliedstaaten aus dem Euroraum besteht. Die Eurogruppe wird beratend tätig und bereitet die Gipfeltreffen der Staats- und Regierungschefs maßgeblich vor. Während der Euro- und Griechenlandkrise wurde die Eurogruppe zu einem entscheidenden Akteur innerhalb des EU-Institutionengelechts. Siehe weiterführend http://www.consilium.europa.eu/de/council-eu/eurogroup/.

19. März erklärte STS Wilhelm: „Es gibt in dieser Angelegenheit keinen neuen Sachstand, sondern es gilt unverändert zum einen der Beschluss des informellen Treffens der Staats- und Regierungschefs vom 11. Februar in Brüssel [...] Es gilt zum anderen unverändert, dass die griechische Regierung keine Hilfen beantragt hat und auch nicht um Hilfen durch die Europäische Union bittet" (Bulletin 2010d).

Auf dem Gipfeltreffen des Europäischen Rates am 25. März 2010 einigten sich die Staats- und Regierungschef*innen der Eurozone dann darauf, „bei Bedarf entschieden und koordiniert zu handeln, um die finanzielle Stabilität im gesamten Euro-Währungsgebiet zu sichern, wie dies auch am 11. Februar 2010 beschlossen wurde" (Europäischer Rat 2010b). Sie wiederholten ihre Hilfszusagen vom 11. Februar und erklärten sich bereit „im Rahmen eines Pakets, das eine erhebliche Finanzierung durch den Internationalen Währungsfonds und einen Mehrheitsanteil aus europäischen Finanzmitteln umfasst, zu koordinierten bilateralen Darlehen beizutragen" (Europäischer Rat 2010b). Die Auszahlung solcher bilateralen Kredite musste von den Mitgliedstaaten einstimmig beschlossen werden und bedurfte einer vorherigen Prüfung durch die drei Institutionen IWF, Europäischer Kommission sowie der EZB. Obwohl die Finanzminister*innen der Eurozone bereits Mitte März diese bilaterealen Kredite inoffizell vereinbart hatten, weigerte sich Angela Merkel nach wie vor diese Form der Griechenlandrettung zu unterstützen. „Verhindern kann sie die zwischenstaatlichen Kredite nicht mehr [aber] sie sichert Deutschland ein Vetorecht: ob ein Notfall für Hilfskredite vorliegt, müssen die Euro-Läder *einstimmig* beschließen" (Gammelin/Löw 2014: 75). Auf der Pressekonferenz unmittelbar nach der Entscheidung machte Angela Merkel deutlich, dass sie ihre Zustimmung zu der Griechenlandrettung nur gegeben habe, weil Kernforderungen der Bundesregierung übernommen wurden: Der IWF sei an den Hilfen beteiligt, die Griechenlandrettung gelte nur als Ultima Ratio und muss, wenn nötig einstimmig beschlossen werden sowie ein strenge Konditionalität, also strenge und harte Bedingungen, die die griechische Regierung erfüllen müsse, falls sie europäische Hilfen in Anspruch nähme (Bulletin 2010e). Diese Hilfszusage der Eurostaaten schien die Märkte nicht zu beeindrucken, denn unmittelbar nach der Vereinbarung stufte die Ratingagentur Fitch ihr Rating für Griechenland auf BBB- herunter, wodurch Risikoaufschläge für griechische Staatsanleihen stiegen. Als sich die Finanzminister*innen der Eurogruppe am 11. April 2010 erneut trafen, konkretisierten sie ihre Zusagen an Griechenland. Von nun an sollten die Europäische Kommission, die EZB und der IWF gemeinsam mit Vertretern der griechischen Regierung ein Dreijahresprogramm erarbeiten. Im Gegenzug verpflichtete sich Griechenland zu Sparmaßnahmen und regelmäßigen Berichten über Erfolge und Misserfolge. Die Parlamente der Euromitgliedstaaten sollten auf nationaler Ebene alle Schritte einleiten, damit eine Auszahlung der zugesagten bilateralen Kredite gewährleistet sei (Eurogruppe 2010b).

Am 23. April 2010 schließlich ging dann der griechische Antrag auf ein Hilfsprogramm wegen drohender Zahlungsunfähigkeit in Brüssel ein. Mit Blick auf eine Anleihe in Höhe von 8,5 Mrd. Euro, die am 19. Mai 2010 fällig war, benötigte die griechische Regierung dringend Geld. Am 27. April stufte auch die Ratingagentur Standard & Poor's die Kreditwürdigkeit Griechenlands auf BBB-, wodurch Griechenland erneut höhere Zinsen für die Kredite an den Kapitalmärkten zahlen musste. Dies führte wiederum zu einer Erhöhung des Staatsdefizites. Selbst nach dem Eingang des Hilfsantrags der griechischen Regierung am 23. April 2010 machte die Bundeskanzlerin ihre außenpolitische Position deutlich: Sie war bereit zu helfen, allerdings nur als Ultima Ratio: „Deutschland wird helfen, wenn die entsprechenden Voraussetzungen erfüllt sind" (Bulletin 2010f). Die Voraussetzungen für Hilfen sind harte Sparmaßnahmen und die Verpflichtung der griechischen Regierung eine strikte Austeritätspolitik zu verfolgen. Sie gab in der Pressekonferenz sogar zu:

> Wer die deutsche Position und die deuschen Verhandlungen verfolgt hat, der wird nicht zu der Überzeugung kommen, dass wir nicht alles versucht hätten, um Solidität, Nachhaltigkeit und auch Strenge in diese Verhandlungen hineinzubringen. [...] Wir brauchen keine Verunsicherung, sondern wir brauchen Sicherheit auf der Basis klarer Vorgaben und Aufgaben für Griechenland. (Bulletin 2010f)

Sie machte klar, dass es im deutschen Interesse war, einen stabilen Euro zu haben, und dass das das deutsche Verhandlungsziel sei (Bulletin 2010f). Am Sonntag, den 2. Mai 2010 vereinbarte die griechische Regierung mit dem IWF, der EZB und der Europäischen Kommission endgültig das auf drei Jahre ausgelegte Anpassungsprogramm:

> Im Rahmen eines gemeinsamen Dreijahresprogramms mit dem IWF werden über das Finanzpaket 110 Mrd. EUR zur Verfügung gestellt, um Griechenland bei der Deckung seines Finanzbedarfs zu unterstützen, wobei die Mitgliedstaaten des Euro-Währungsgebiets bereit sind, sich mit 80 Mrd. EUR an diesem Paket zu beteiligen, wovon 30 Mrd. EUR im ersten Jahr verfügbar sein werden. Die ersten Auszahlungen werden so rechtzeitig erfolgen, dass die griechische Regierung ihren am 19. Mai fälligen Zahlungsverpflichtungen nachkommen kann. (Eurogruppe 2010c)

Der europäische Anteil wurde wiederum in zwei Vereinbarungen geregelt: Zum einen existierte ein Kreditvertrag (*Loan Facility Agreement*), welcher die Konditionalitäten zwischen den Euroländern und Griechenland regelt. Zum anderen gab es eine Vereinbarung zwischen den kreditgewährenden Euroländern (*Intercreditor Agreement*), in der die Auszahlung geregelt wird (Eurogruppe 2010c). Damit es zur

Auszahlung der europäischen, freiwilligen bilateralen Kredite kommen konnte, musste Griechenland einen Antrag stellen, woraufhin dann die Mitglieder der Eurostaaten einen einstimmigen Beschluss zur Auszahlung fassen mussten. Anschließend veranlassten die Eurostaaten als Kreditgeber gemeinsam mit dem IWF die Auszahlung der Hilfen (Busch 2012: 11). Griechenland verpflichtete sich zur Umsetzung strenger Auflagen, die im Vorfeld gemeinsam mit den drei Institutionen IWF, EZB und Europäischer Kommission erarbeitet wurden. Der griechische Ministerrat hatte diesem Programm ebenfalls am 2. Mai 2010 zugestimmt. Darüber hinaus wurden die Mitliedstaaten, mit dem Euro als Währung, aufgefordert, notfalls die Zustimmung des eigenen Parlamentes zügig einzuholen, um die Auszahlung der ersten Tranche freizugeben. Am 3. Mai lag die Gesetzesinitiative der Bundesregierung „zur Übernahme von Gewährleistungen zum Erhalt der für die Finanzstabilität in der Währungsunion erforderlichen Zahlungsfähigkeit der Hellenischen Republik" vor; am Freitag, den 7. Mai wurde das Währungsunion-Finanzstabilitätsgesetz beschlossen (Deutscher Bundestag 2010a). Der Bundestag stimmte mit 391 Ja-Stimmen gegenüber 72 Nein-Stimmen und 139 Enthaltungen für das WFStG (Deutscher Bundestag 2010b). Am 8 Mai 2010 trat das WFStG in Kraft und ermächtigte damit die KFW, Kredite in Höhe von 22,4 Mrd. Euro (der deutsche Anteil an dem Rettungspaket für Griechenland) zu zahlen.

Während der Deutsche Bundestag über das WFStG debattierte und anschließend abstimmte, und die Entscheidungsträger*innen der Eurozone dachten, mit dem Anpassungsprogramm für Griechenland die Krise abgewendet zu haben, verbreitete sich die Krise immer weiter und wurde zu einer systemischen Krise der Eurozone: Die „Risikoaufschläge für die Staatsanleihen einiger Euro-Mitgliedstaaten wie Portugal, Irland und Spanien steigen rapide und erreichen das Niveau, das im Fall von Griechenland im April zum Verlust des Zugangs zu den Kapitalmärkten führte. Auch europäische Banken leihen sich [...] kaum mehr untereinander Geld" (Bundesfinanzministerium 2017). Aus diesem Grund einigten sich die Staats- und Regierungschef*innen der Eurozone auf einem Sondergipfel am 7.5.2010 einen europäischen Stabilisierungsmechanismus („Europäischer Rettungsschirm") zu etablieren (Europäischer Rat 2010c). Auch Angela Merkel stimmte zu „[...] vorübergehend einen gemeinsamen Finanztopf einzurichten" (Gammelin/Löw 2014: 79). Finanzminister Schäuble musste kurzfristig auf dem ECOFIN-Rat am 9.5.2010, auf dem über den europäischen Stabilisierungsmechanimus entschieden werden soll, von seinem Finanzstaatssekretär Assmusen vertreten werden, der von Angela Merkel die Anweisung erhielt „keinesfalls einem Gemeinschaftsinstrument zuzustimmen" (Gammelin/Löw 2014: 80), bis Schäubles Vertretung Thomas de Maizière einträfe. Einige Euroländer, darunter Frankreich präferierten ein Gemeinschaftsinstrument, z. B. einen Fonds mit gemeinschaftlicher Haftung, das aber lehnte die deutsche Bundesregierung erneut ab (Gammelin/Löw 2014: 78–80). Doch schließlich einigten sich die Finanzminister*innen der Eurozone am 9. Mai 2010 auf den „Europäischen Rettungsschirm" mit einem Gesamtvolumen von 500 Mrd. Euro ins Leben zu rufen (ECOFIN 2010). Der Europäische Stabilisierungsmechnismus, der im Mai 2010 beschlossen wurde, bestand aus dem „Europäischen Finanzstabilisierungsmechanismus (EFSM) sowie einer zwischenstaatlichen Zweckgesellschaft (EFSF). Der EFSM selbst stellte 60 Mrd. Euro bereit, die zwischenstaatliche Zweckgesellschaft 440 Mrd. Euro. Obwohl es sich bei dem provisorischen Rettungsschirm um ein Gemeinschaftsinstrument handelt, enthielt dieser jedoch eine zentrale Kernforderung der deutschen Bundeskanzlerin: „Er ist der Vorläufer des ESM und ist eine Art GmbH-Hülle, deren Vorteil aus deutscher Sicht ist, dass jeder Gesellschafter [Gesellschafter sind die Euroländer selbst], stets und ausschließlich für seinen Kapitalanteil haftet'" (Gammelin/Löw 2014: 81). Der deutsche Bundestag traf sich am 11.5.2010 zu einer Sondersitzung und verabschiedete den Entwurf zum „Gesetz zur Übernahme von Gewährleistungen im Rahmen eines europäischen Stabilisierungsmechanismus" (Deutscher Bundestag 2010c). Mit dem Inkrafttreten dieses Gesetzes vepflichtete sich die Bundesregierung sich mit 24,6 Mrd. Euro am Europäischen Rettungsschirm zu beteiligen. Am 18. Mai 2010 überwiesen die Eurostaaten die erste Kredittranche an Griechenland, wobei der deutsche Beitrag mit 4,4 Mrd. Euro von der KFW bereitgestellt wurde (Bundesfinanzministerium 2017). Am 21. Mai 2010 stimmten Bundestag und Bundesrat dem Gesetzentwurf zur „Übernahme von Gewährleistungen im Rahmen eines europäischen Stabilisierungsmechanismus" zu, so dass das Gesetz am 22. Mai 2010 vom Bundespräsidenten unterzeichnet werden konnte (Bundesgesetzblatt 2010).

Über den Sommer 2010 schien sich die Lage etwas entspannt zu haben. Auf dem EU-Gipfel am 17. Juni einigten sich die Staats- und Regierungschefs auf die „Europa 2020"-Strategie. Hierbei handelte es sich um eine Strategie zur Verbesserung von Beschäftigung und Wachstum innerhalb der EU (Europäischer Rat 2010d). Die Europäische Kommission brachte Gesetzesvorschläge für eine Stärkung des Stabilitäts- und Wachstumspaktes sowie zur Verbesserung der haushalts- und wirtschaftspolitischen Steuerung und Überwachung der EU ein. Diese Vorschläge entsprachen auch der Position der Bundeskanzlerin. Ende Juni wiederum legte die Europäische Kommission Maßnahmen vor, um die wirtschaftspolitische Steuerung und Koordinierung der EU zu verbessern (Europäische Kommission 2010a). Diese Vorschläge wurden Ende September konkretisiert und die Europäische Kommission legte einen Vorschlag zur Durchsetzung der haushaltspolitischen Überwachung der Eurozone (Europäische Kommission 2010b) sowie Maßnahmen zur Korrektur makroökonomischer Ungleichgewichte im Euroraum vor (Europäische Kommission 2010c). Anfang und Mitte September zahlten der IWF und die Eurostaaten planmäßig ihre Tranchen an Griechenland.

Am 18. Oktober einigen sich Angela Merkel und der französische Präsident Sarkozy in Deauville darauf, einen permanenten Rettungsschirm zu installieren bei gleichzeitiger Beteiligung des Privatsektors.[32] Obwohl ein Großteil der Entscheidungsträger*innen der Eurozone eine Privatsektorbeteiligung ablehnten, mussten die Staats- und Regierungschefs am 29.10. 2010 einen dauerhaften Rettungsschirm mit Beteiligung privater Gläubiger verkünden (Europäischer Rat 2010e). Die Eurogruppe nahm die Absichtserklärung der Staats- und Regierungschefs auf und formulierte die Details eines permanenten Rettungsschirms (Eurogruppe 2010d).

Am 16.12.2010 beschlossen die Staats- und Regierungschefs der EU jene Vertragsänderung, die notwenig war, um den ESM einzusetzen (Europäischer Rat 2010f). Im Anschluss an diesen Rat verkündete Angela Merkel: „der Rat hat beschlossen, was wir uns auch vorgenommen haben und kann insoweit als erfolgreich eingestuft werden" (Bulletin 2010g). Der ESM ist, im Gegensatz zu dem provisorischen Rettungsschirm ein intergouvernementales Instrument und entsprach damit genau der deutschen außenpolitischen Position: eine Vergemeinschaftung der Schulden sollte unter allen Umständen vermieden werden. Für das Krisenjahr 2010 lässt sich festhalten, dass die außenpolitischen Positionen, mit denen die Kanzlerin für die Bundesregierung in die Verhandlungen auf EU-Ebene ging, den Erwartungen, die sich aus den Operational Code – Ergebnissen ergaben, entsprochen haben. Auf der einen Seite schien Angela Merkel ihre politischen Gegenspieler auf der EU-Ebene zwar freundlich einzuschätzen und in diesem Sinne kooperativ zu handeln. Auf der anderen Seite schätzte sie die Vorhersehbarkeit der politischen Zukunft der Eurozone und Griechenlands gering und die Rolle von Zufällen hoch ein. Aus den Operational Code Errechnungen ergab sich außerdem, dass Angela Merkel ihre eigene Macht innerhalb des Entscheidungsprozesses hoch einschätzte, ebenso wie ihre Deutungshoheit bei der Lösung der Krise. Aus dieser Persepektive schien sie der Überzeugung zu sein, zwar Verantwortung übernehmen zu müssen, jedoch keine konkreten politischen Zusagen machen zu können. Nicht nur außenpolitisch schien die Lage unsicher zu sein, auch innenpolitisch agierte Angela Merkel in Unsicherheit: Auch Hubert Zimmermann macht in seinem Aufsatz deutlich:

32 „Getrieben von nationalen Interessen vereinbaren sie ungeachtet des Luxemburger Treffens einen eigenen Deal: Merkel akzeptiert den Wunsch Sarkozys, der Kommission nicht die Macht einzuräumen, automatisch Sanktionen gegen Haushaltssünder auslösen zu können – obwohl sie das gefordert und öffentlich dafür eingestanden hatte. […] Als Gegenleistung für das Zugeständnis Merkels akzeptiert Sarkozy, dass er eine nationale Schuldenbremse einführen soll und dass private Gläubiger zur Kasse gebeten werden dürfen, um die Kosten der Krise mitzubezahlen" (Gammelin/Löw 2014: 83).

„Ebenso wie bei der noch andauernden Bankenrettung waren Hilfsleistungen gegenüber Griechenland ausgesprochen unpopulär, und zwar gerade innerhalb der Regierungsparteien. [...] Für die Kanzlerin war in dieser Situation unklar, ob sie für eine Griechenlandrettung überhaupt eine parlamentarische Mehrheit bekommen würde [...]" (Zimmermann 2015: 359). In dem Bewusstsein, dass eine rasche Zusage an Hilfszahlungen sowie eine Vergemeinschaftung der Hilfen an Griechenland beim heimischen Wähler eher schlecht ankommen würde, hat sie sich also für bilaterale Hilfen ausgesprochen, über die einzig die nationalen Parlamente zu entscheiden hatten. Auch mit Blick auf die bevorstehende NRW-Landtagswahl im Mai 2010 scheint Merkel eher risikoavers gehandelt zu haben.

Bis Ende 2010 wurden alle eingeführten Maßnahmen und Hilfsleistungen immer legitimiert mit dem Hinweis, dass ein stabiler Euro und ein stabiles Europa oberste Priorität für Deutschland hätten. Dies war für Merkel das politische Ziel, welches sie auch über das Krisenjahr 2010 hinaus, erreichen wollte. 2011 kam ein weiteres wichtiges Merkmal hinzu: Nun sprach Merkel immer öfter über die Steigerung der Wettberwerbsfähigkeit in der Eurozone: „[...] wir müssen unsere gemeimsame Wettbewerbsfähigkeit erhöhen. Dabei muss der Maßstab, an dem wir uns ausrichten, jeweils der Mitgliedsstaat sein, der die entsprechenden Bedingungen am besten erfüllt" (Bulletin 2011a). Angela Merkel verfolgte also das Ziel, alle anderen Euro-Länder zu mehr Verbindlichkeit bei der Fiskalpolitik anzuhalten: „Merkel will durchsetzen, dass in der Währungsunion mehr Verbindlichkeit einzieht, dass die Regierungen gezwungen werden, ordentlich zu haushalten. [...] Schnell steht fest: Die Deutsche findet keine Verbündeten" (Gammelin/Löw 2014: 87–88). Am 11. März einigten sich dann die Staats- und Regierungschefs auf einen Pakt für Wettbewerbsfähigkeit (Euro-Plus-Pakt) (Europäischer Rat 2011a) und Angela Merkel verkündete der Presse, ihr Ziel bei den Verhandlungen erreicht zu haben (Bulletin 2011b). Journalist*innen wie Gammelin und Löw beurteilten den Pakt hingegen als „völlig wirkungslos" (Gammelin/Löw 2014: 88).

Nachdem am 15. März 2011 der ECOFIN Rat die Vorschläge der Europäischen Kommission angenommen hatte und die Eurogruppe endgültig den ESM beschloss, trafen sich am 25. März 2011 die Staats- und Regierungschefs der EU erneut und errichteten eine Gesamtstrategie zur Stabilisierung der Wirtschafts- und Währungsunion. Diese Gesamtstrategie sah sowohl eine wirtschaftspolitische Überwachung der Euro-Länder durch den bereits erwähnten Euro-Plus-Pakt für mehr Wettbewerbsfähigkeit vor sowie eine Stärkung der haushaltspolitischen Überwachung durch einen strikteren Stabilitäts- und Wachstumspakt, die Einführung des Europäischen Semesters, die Schaffung einer Überwachung und Korrektur wirtschaftspolitischer Ungleichgewichte, sowie die Errichtung des ESM (Europäischer Rat 2011b). Damit der ESM in Kraft treten konnte, musste der Europäische Rat am 25. März ebenfalls der Änderung des Artikels 136 des Vertrags über die Arbeitsweise der Europäischen Union zustimmen. Dem Artikel 136 wurde folgender Absatz hinzugefügt: „Die Mitgliedstaaten, deren Währung der Euro ist, können einen Stabilitätsmechanismus einrichten, der aktiviert wird, wenn dies unabdingbar ist, um die Stabilität des Euro-Währungsgebiets insgesamt zu wahren. Die Gewährung aller erforderlichen Finanzhilfen im Rahmen des Mechanismus wird strengen Auflagen unterliegen" (Europäischer Rat 2011b).

Im Anschluss an dieses Gipfeltreffen und die Entscheidungen, die dort getroffen wurden, konstatierte Merkel: „Es ist viel erreicht worden. Ich glaube, es ist auch nicht falsch, zu sagen, dass Deutschland dabei eine prägende Rolle gespielt hat. Das ist aber auch unsere Pflicht und unsere Aufgabe. Insofern ist das wichtig gewesen, ist aber auch im Rahmen dessen, was man von uns erwarten kann" (Bulletin 2011c). Stefen Seibert bezog im Mai 2011 noch einmal Stellung zum deutschen Interesse in der Griechenlandkrise und machte deutlich, wie genau die außenpolitische Position der Bundeskanzlerin aussah und dass sie diese auf europäischer Ebene durchsetzen konnte:

> Das deutsche Interesse an einer stabilen Währung wie aber auch am Euro, dessen großer Nutznießer wir auch sind, steht selbstverständlich im Mittelpunkt aller europapolitischen und auch europafinanzpolitischen Bemühungen der Bundeskanzlerin, unter anderem wegen Folgendem: Wenn man auf das ganze letzte Jahr schaut, kann man an vielen Stellen ablesen, wo genau dieses deutsche Interesse bestand und wie die Bundesregierung es umgesetzt hat. Das ging damit los, dass das Griechenland-Programm, das die griechische Regierung seitdem durchzuführen hat, auch sehr stark auf deutsches Betreiben hin mit vielerlei Bedingungen und mit Auflagen versehen wurde. Das ging weiter mit der deutschen Initiative, nach 2013 den EFSF mit all seinen Unzulänglichkeiten eben nicht einfach so weiterlaufen zu lassen, sondern einen aus unserer Sicht sehr viel besseren, permanenten Krisenmechanimus zu etablieren den ESM, der in künftigen Fällen auch die Einbeziehung privater Gläuibiger vorsieht. Das alles ist Ausdruck deutschen Interesses. (Bulletin 2011d)

Ein Blick in den Operational Code aus der Rede 2011A zeigt, dass Angela Merkel ihre Macht und ihren Einfluss innerhalb des Entscheidungsprozesses hoch einschätzte (P-4 = 0,78). Die Rolle von Zufall schätzte sie mittelmäßig hoch ein, die Erreichung der politischen Ziele sowie die Vorhersehbarkeit der politischen Zukunft beides gemischt. Darüberhinaus war sie überzeugt, dass sie kooperativ handeln müsse, um ihre Ziele zu erreichen. Angela Merkel verhielt sich in der ersten Jahreshälfte entsprechend der Erwartungen aus dem Operational Code: Die Steigerung der Wettbewerbsfähigkeit, die gesetzliche Verankerung von mehr Verbindlichkeit, ein stabiler Euro sowie die Einbeziehung privater Gläubiger in den ESM waren Ziele von Angela Merkel. Gemäß ihres Operational Codes versuchte sie zu Beginn des Jahres

2011 die eigene Macht zu nutzen, um ihre Ziele durchzusetzen. Sie war proaktiv tätig, suchte nach Verbündeten bei der Erreichung ihrer Ziele und übernahm bei den Lösungsansätzen die Deutungshoheit.

Die Monate Mai und Juni 2011 waren von den Diskussionen geprägt, dass ein zweites Hilfsprogramm für Griechenland nötig sein würde sowie eine Ausgestaltung dieses Programms. Auf die Fragen der Journalist*innen bei den Pressesitzungen, ob ein zweites Hilfsprogramm notwendig wäre und wie dieses auszusehen hätte, fielen die Antworten der Regierungs- und Ministersprecher*innen immer ähnlich aus: „Griechenland wird seine Anstrengungen verstärken müssen" (Bulletin 2011e) sowie der Hinweis, dass die Bundesregierung zunächst den Bericht der drei Institutionen abwarten werde und erst „nach Vorlage des Berichts [...] sich zeigen [wird], ob und in welchem Umfang eine weitere Hilfsleistung erforderlich ist" (Bulletin 2011f). Am 20. Juni 2011 einigte sich der ECOFIN-Rat darauf den permanenten Europäischen Stabilitätsmechanismus (ESM) zu errichten sowie auf eine Beteiligung des Privatsektors. Hiermit ging also ein zentrales Anliegen der deutschen Bundeskanzlerin, die Beteiligung des privaten Sektors, in den Entwurf des ECOFIN-Rates ein, welches sie schon Mitte 2010 bei ihrem Spaziergang in Deauville gegen Sarkozy und später auch gegen Trichet und die anderen Euro-Länder durchgesetzt hatte. Auch Kreienbaum bezog hierzu Stellung: „aus deutscher Sicht [ist] die Privatsektorbeteiligung ein wichtiges Element innerhalb der Frage der Prüfung der Schuldentragfähigkeit" (Bulletin 2011g). Nachdem also die deutsche Bundeskanzlerin bis Mitte 2011 keine eindeutige Stellung bezogen hatte bezüglich eines zweiten Hilfspakets für Griechenland und auch die Regierungssprecher*innen eine klare Stellungnahme verweigerten, erläutert Steffen Seibert Mitte Juli, es sei ganz besonders wichtig, „dass jetzt mit aller Entschiedenheit an einem neuen Programm für Griechenland gearbeitet wird" (Bulletin 2011h). Auch auf die Andeutung von Journalist*innen hin, dass das deutsche Beharren auf einer PSI-Beteiligung ein Hindernis für ein weiteres Hilsprogramm für Griechenland darstelle, antworteten Kotthaus und Seibert: „Es wird eine Beteiligung des Privatsektors geben. [...] Die Bundesregierung hat in den vergangenen Tagen immer wieder betont, dass sie jetzt der Meinung ist, dass das Zustandekommen eines neuen Griechenlandprogramms von überragender Bedeutung ist" (Bulletin 2011i). Darüberhinaus sah sich der Regierungssprecher Steffen Seibert Mitte Juli oft dazu veranlasst die außenpolitische Position der Bundeskanzlerin und der Bundesregierung bezüglich eines weiteren Hilfspaketes deutlich zu machen. So erinnerte er am 18. Juli 2011: „[...] die Grundzüge der deutschen Haltung sind immer die gleichen geblieben: Es gibt keine Hilfe nur um der Hilfe willen. Es gibt Hilfe an ein Land dann, wenn seine Schuldenproblematik die gesamte Eurozone bedroht. Es gibt Hilfe gegen massive Konditionierung[...]" (Bulletin 2011j). Auch dies ist Ausdruck von Angela Merkels

Überzeugung im Jahr 2011: Sie schätzte das Verhalten der anderen beteiligten Akteure, in diesem Fall Griechenlands, als mittelmäßig berechenbar ein und verhielt sich demensprechend zurückhaltend.

Die Position der deutschen Bundeskanzlerin, eine PSI-Beteiligung zu erreichen, fand Einzug in die Verhandlungen auf der EU-Ebene (vgl. Gammelin/Löw 2014: 89) und am 21. Juli 2011 beschlossen die Staats- und Regierungschefs eine Laufzeitverlängerung für den EFSF. Auf diesem Sondergipfel wurde ebenfalls das zweite Griechenlandpaket beschlossen, welches im Rahmen des EFSF ausgezahlt werden sollte: „Wir sind uns einig, ein neues Programm für Griechenland zu unterstützen und – zusammen mit dem IWF und dem freiwilligen Beitrag des Privatsektors – die Finanzierungslücke vollständig zu schließen" (Europäischer Rat 2011c).

Mitte des Jahres 2011 scheint die grundsätzlich eher noch positive Stimmung zu kippen, denn bereits im August 2011 gab es erste Meldungen, dass dieses gerade erst beschlossene, zweite Programm nicht ausreichen würde: „Der Sommer 2011 ist geprägt von der Sorge, dass die Währungsunion scheitert. Im August finden die Abgesandten von EU-Kommission, EZB und IWF, die sogenannte Troika, in Griechenland heraus, dass das zweite Rettungspaket von Ende Juli schon wieder überholt ist" (Gammelin/Löw 2014: 90). Auf die Frage von Journalist*innen, ob die Informationen über die Unzulänglichkeiten des zweiten Programmes stimmen würden, gab es keine offizielle Regierungsposition (Bulletin 2011k). Immer wieder wiesen die Regierungssprecher*innen auf den noch ausstehenden Bericht der drei Institutionen hin (Bulletin 2011l; Bulletin 2011m). Im Sommer 2011 gab es immer wieder Berichterstattungen darüber, dass einzelne Minister*innen oder Politiker*innen sich für eine Staatsinsolvenz Griechenlands aussprachen oder gar einen Austritt Griechenlands aus der Eurozone in Erwägung zogen, oder Euro-Bonds präferierten. Die Regierungssprecher*innen waren damit beschäftigt immer wieder die Positionen der Bundeskanzlerin und der Regierung klarzustellen (Bulletin 2011k; 2011l; 2011n). So stellt Steffen Seibert klar: „Die Kanzlerin hat in der Tat gesagt: Man muss Geduld haben. [...] Sie sagt ganz klar: [...] Das wird ein langer Weg sein – für die Griechen und für alle, die mit ihnen auf europäischer Ebene solidarisch sind" (Bulletin 2011n). Darüberhinaus machte auch Angela Merkel selbst deutlich, dass ihre außenpolitische Überzeugung sei, dass Griechenland Teil der Eurozone bleibe und nicht ausscheide (Bulletin 2011o) sowie, dass sie und die Bundesregierung alle weiteren Maßnahmen immer nur vor dem Hintergrund der Ergebnisse der drei Institutionen beschließen (Bulletin 2011m; 2011n). Ende Oktober 2011, auf dem Euro-Gipfel einigten sich Angela Merkel und Sarkozy gemeinsam mit Bankenvertretern über den lang diskutierten, und von der Bundeskanzlerin 2010 noch vehement abgelehnten Schuldenschnitt für Griechenland (Europäischer Rat 2011d). Die Beschlussfassung des Gipfels griff diesen 50 % -igen Schuldenschnitt auf, „und dann findet der Schuldenschnitt doch nicht statt, weil Griechenland komplett im Chaos versinkt“ (Gammelin/Löw 2014: 91; siehe auch Busch 2012: 16). Am 31. Oktober 2011 kündigte der griechische Premierminister Papandreou ein Referendum an. Er wollte die griechischen Bürger*innen über den Schuldenschnitt sowie die harten Konditionalitäten und die darin enthaltenen extremen Spar- und Reformmaßnahmen abstimmen lassen. Angela Merkels bisherige eher kooperative Haltung ändert sich und Angela Merkel macht die deutsche Position in der Griechenlandkrise deutlich:

> Wir wollen [...], dass Griechenland im Euroraum verbleibt. Aber es gibt im Raum eine einseitige Entscheidung Griechenlands und die hat die Situation verändert. [...] Die sechste Tranche kann erst ausgezahlt werden, wenn Griechenland alle Teile der Entscheidung vom 27. Oktober angenommen hat und zusätzlich jeder Zweifel hinsichtlich des Ausgangs des angekündigten Referendums ausgeräumt ist, also dieses Referendum positiv in Richtung Euro abläuft. [...] Der Euro als Ganzes muss stabil gehalten werden. Wir möchten dies lieber mit Griechenland als ohne Griechenland erreichen. Aber die Aufgabe, den Euro als stabile Währung zu erhalten, ist die überwölbende, ist die primäre Aufgabe, der wir uns verpflichtet fühlen. [...] Wir wollen die Schuldenkrise des Euro überwinden. Wenn Sie so wollen: Wir wollen alle zu einer soliden Haushaltsführung zurückkehren. [...] Deshalb haben wir uns auch alle darauf verständigt, Schuldenbremsen in unseren Verfassungen einzuführen. (Bulletin 2011p)

In diesem Sinne wurden alle noch ausstehenden Zahlungen an Griechenland eingestellt und die Banken lehntenden gerade vereinbarten Schuldenschnitt wieder ab (Busch 2012: 16). Die außenpolitischen Positionen der Bundeskanzlerin in der Griechenlandkrise im Krisenjahr 2011 waren also: Die Stabilität der Währung; strikte, vertraglich geregelte Haushaltskonsolidierung in allen Euro-Ländern; Schulden durch Austeritätspolitik abbauen sowie Steigerung der Wettberwebsfähigkeit; Sicherung der Stabilität des Euro. Angela Merkel versuchte 2011 immer wieder Verbündete für ihre außenpolitische Position zu finden. Ihre außenpolitische Position passte zu den Erwartungen, die sich aus ihrem Operational Code für das Jahr 2011 ableiten ließen. Ihr Bild über andere hat sich vor allem in ihrer Rede 2011B (Dezember 2011) verschlechtert, was unter anderem auf das Ende Oktober 2011 angekündigte Referendum des griechischen Premierministers zurückzuführen sein könnte. Sie schätzte ihre eigene Position und die Möglichkeit, die politischen Ziele auch zu erreichen, zunehmend pessimistisch ein. Ebenso war sie überzeugt, dass die politische Zukunft gegen Ende 2011 kaum vorhersehbar und die Taktik der anderen kaum berechenbar sei. Im Vergleich zu 2010, schätzte Merkel nun ihre eigene Macht innerhalb des Entscheidungsprozesses eher mittelmäßig ein. Trotz dieser eher pessimistischen *diagnostic propensities*, blieb sie bei ihrer kooperativen Strategie. Sie suchte, wenn auch nur kurzfristige Allianzen, die ihr dabei halfen, ihre Ziele durchzusetzen. Nach wie vor ist sie bemüht die Deutungshoheit bei der Lösung der Krise zu behalten. Ihre steigende Risikobereitschaft deutet jedoch an, dass sie durchaus zu einem Taktikwechsel und zu einer konfrontativen Haltung bereit gewesen wäre. Bereits am 3. November zog Papanderou das angekündigte Referendum zurück und gab sein Amt als Premierminister auf. Es folgte eine provisorische Beamtenregierung unter Lucas Papademos, der die Geschäfte am 9. November übernahm. Am 29. November konnte die Eurogruppe der Auszahlung der sechsten Tranche an Griechenland zustimmen, am 5. Dezember überwies der IWF seine Rate (Busch 2012: 16; Bundesfinanzministerium 2017).

Am 23. Januar 2012 einigte sich die Eurogruppe auf den permanenten Rettungsschirm ESM und verhandelte über einen Schuldenschnitt für Griechenland. Am 30. Januar konnten dann die Staats- und Regierungschefs der EU auf einem informellen Treffen den Weg frei machen für den „Vertrag über Stabilität, Koordinierung und Steuerung in der Wirtschafts- und Währungsunion" (Fiskalvertrag 2012) und den revidierten ESM-Vertrag billigen. Bei dem Fiskalvertrag handelt es sich um einen intergouvernementalen Vertrag, der zwischen den Mitgliedstaaten der Europäischen Union eingegangen wurde (Großbritannien und Tschechien haben diesen abgelehnt). Mit der Unterzeichnung des Fiskalvertrags verpflichteten sich alle Mitgliedstaaten eine Schuldenbremse nach deutschem Vorbild in ihren Verfassungen zu installieren. Der Fiskalvertrag und der ESM gehören unmittelbar zusammen.

> Sie ergänzen sich gegenseitig bei der Verstärkung der haushaltspolitischen Verantwortlichkeit und der Solidarität innerhalb der Wirtschafts- und Währungsunion. Es ist anerkannt und vereinbart, dass die Gewährung von Finanzhilfe im Rahmen neuer Programme durch den ESM ab dem 1. März 2013 von der Ratifizierung des VSKS durch das betreffende ESM-Mitglied abhängt, und nach Ablauf der in Artikel 3 Absatz 2 VSKS genannten Frist von der Erfüllung der in diesem Artikel genannten Pflichten. (ESM-Vertrag 2012)

In diesem Sinne ist Angela Merkels außenpolitische Überzeugung, dass Solidarität und haushalts- und wirtschaftspolitische Solidität zwei Seiten einer Medaille seien, aufgenommen worden. Am 2. Februar unterzeichneten die Staats- und Regierungschefs der Euro-Länder den ESM Vertrag.

Trotz des vereinbarten Schuldenschnitts für Griechenland verzögerten sich die Verhandlungen der drei Institutionen und Griechenlands. Die Regierungssprecher*innen waren bemüht immer wieder darauf hinzuweisen, dass die Bundeskanzlerin das Ziel verfolge, dass Griechenland Teil der Eurozone bleibt: „Das Ziel heißt: Griechenland auf einen Weg der Stabilität und der Wettbewerbsfähigkeit zurück zu helfen und damit die Eurozone als Ganzes zu sichern" (Bulletin 2012a). Darüberhinaus wurde deutlich gemacht, dass für die Bundeskanzlerin die PSI-Beteiligung nach wie vor zentraler Bestandteil eines zweiten Hilfspaktes sein müsse und dass erst nachdem die Verhandungen über diese abgeschlossen seien, über das zweite Paket für Griechenland verhandelt werden könne (Bulletin 2012a). Immer wieder tauchten zu Beginn des Jahres 2012 Diskussionen über eine mögliche griechische Staatspleite sowie einen Austritt Griechenlands aus der Eurozone auf, die auf den Regierungspressekonferenzen aus dem Weg geräumt werden mussten:

> Es gibt eine klare Positionierung in dieser Frage: Der Minister hat zwar mehrfach betont [...] dass der Tag X mittlerweile den Schrecken verloren hat; allerdings möchte ich betonen, dass natürlich eine solche ungeordnete Insolvenz nicht im Interesse des Bundeswirtschaftsministeriums und auch nicht im Interesse der gesamten Bundesregierung liegt. Ebenso haben wir, das ist der zweite Punkt, auch ein Interesse am Verbleib Griechenlands in der Eurozone. (Bulletin 2012b)

Am 20. Februar konnte dann von der Eurogruppe das zweite Hilfspaket für Griechenland auf den Weg gebracht werden (Eurogruppe 2012a). Der Europäische Rat, der am 1. März 2012 tagte, unterzeichnete schließlich den Fiskalvertrag (Fiskalvertrag 2012). Steffen Seibert wies am 5. März noch einmal auf die Kernziele der Bundeskanzlerin in der Griechenlandkrise hin: Es gehe darum „eine nachhaltige Stabilitätsunion [zu] errichten, die eben auf das Fundament aus Solidität, aus Solidarität und aus Wachstum aufgebaut ist" (Bulletin 2012c). Am 12. März genehmigte die Eurogruppe das zweite Hilfsprogramm für Griechenland, welches nicht mehr bilateral, sondern im Rahmen des provisorischen Rettungsschirms ausgezahlt wurde (Eurogruppe 2012b).[33] Am 6. Mai fanden griechische Parlamentswahlen statt, bei denen die konservative Partei Nea Demokratia nur knapp vor der linken Syriza lag, so dass keine Regierungsbildung möglich war:

> Das Zentrum der Krise lässt sich nicht beruhigen. Im Frühjahr 2012 wird Griechenland unregierbar. Die erste Wahl für ein neues Parlament endet am 6. Mai in einem Patt. [...] Zur selben Zeit kommt das Wachstum in der gesamten Euro-Zone zum Erliegen. [...] Die Währungs- und Schuldenkrise wird zur wirtschaftlichen und politischen Krise, sie gefährdet den sozialen Zusammenhalt. „Wir haben gedacht, wir krepieren alle", erinnert sich einer vom Euro-Personal. (Gammelin/Löw 2014: 95)

33 Das zweite Hilfsprogramm für Griechenland sah ein Gesamtvolumen von 164,5 Mrd. Euro bis Ende 2014 vor. 144,7 Mrd. Euro sollten von der EFSF übernommen werden, 19,8 Mrd. Euro vom IWF. Darüber hinaus sah das zweite makroökonimische Anpassungsprogramm eine PSI Beteiligung vor.

In den folgenden Wochen musste Angela Merkel die Journalist*innen immer wieder überzeugen, dass sie wolle, dass Griechenland Teil der Eurozone bleibt (Bulletin 2012d; 2012e). Die Verhandlungen über die am 28. Juni beschlossene Bankenaufsicht starteten und Wolfgang Schäuble begann im Namen der Bundesregierung auf europäischer Ebene über die Ausgestaltung zu beraten. Für „völlig unausgereift" hielt er die Vorschläge der Europäischen Kommission noch im Oktober 2012 (Spiegel Online 2012) und ging nicht davon aus, dass der gewünschte Starttermin Angang 2013 eingehalten werden könne (vgl. auch Gammelin/Löw 2014: 105). Angela Merkel mahnte ebenfalls, dass „Qualität vor Schnelligkeit" gehen müsse. Darüberhinaus stellte sie klar: „Es wird eine Bankenaufsicht geben. Sie soll eine Bankenaufsicht sein, die auch den Namen verdient. Sie muss funktionsfähig sein" (Bulletin 2012e).

Nachdem am 8. Oktober 2012 der ESM in Kraft trat, gab es am 27. November eine Neuauflage des zweiten Griechenlandprogramms im Rahmen der ersten Programmprüfung. (Eurogruppe 2012c) Die Neuauflage des Programms sollte erst nach zwei Jahren wieder überprüft werden, wie Steffen Seibert klarstellte: „Das derzeitige Hilfsprogramm für Griechenland läuft bis 2014 [...] Wenn Griechenland eines Tages wieder mit seinen Einnahmen auskommt, ohne neue Schulden aufzunehmen, dann müssen wir die Lage anschauen und bewerten. Das ist nicht vor 2014/15 der Fall, wenn alles nach Plan läuft" (Bulletin 2012f). Das Geld wurde auch diesmal, wie in den zwei Jahren zuvor, in Phasen ausgezahlt, abhängig von den Reformfortschritten in Griechenland. Bereits Ende 2012, Anfang 2013 war jedoch klar, dass in der Neuauflage des zweiten Hilfsprogramms ein zweistelliger Milliarden-Euro-Betrag fehlen wird", der aber „von der Bundesregierung als bekannter Fakt heruntergespielt" wurde (Gammelin/Löw 2014: 109). Das Jahr 2013 verlief im Vergleich zu den Vorjahren relativ ruhig. Am 1. Januar trat der Fiskalvertrag endgültig in Kraft, am 31. Januar, 28. Februar und 3. März wurden die entsprechenden Tranchen nach vorheriger Überprüfung der drei Institutionen an Griechenland überwiesen. Mitte April 2013 beendeten die drei Instititionen ihre zweite Überprüfung im Rahmen des zweiten Anpassungsprogrammes auf deren Grundlage auch Mitte 2013 planmäßig die Gelder nach Griechenland fließen konnten. Im Juni 2013 wurde an die Regierungssprecher*innen die Frage gestellt, ob es für Griechenland einen Schuldenschnitt geben werde und ob Griechenland zusätzlichen Finanzbedarf hätte. Erneut wurde darauf verwiesen, dass die Neuauflage des zweiten Programms bis 2014 gehe: „Wir haben zurzeit ein durchfinanziertes Programm, das seitdem absolviert wird. [...] Es ist [...] ganz wichtig, dass wir keine falschen Anreize setzen. Das Programm ist verabredet, das Programm muss absolviert werden; das Programm wird absolviert. Wenn wir 2014 erreicht haben und wenn all diese Bedindungen erfüllt sind, dann müssen wir gucken" (Bulletin 2013). Die dritte Programmüberprüfung endete am 8. Juli planmäßig, so dass auch hier die Tranchen von den Gläubigern wie vorgesehen ausgezahlt werden konnten. Am 22. September 2013 wurde die schwarz-gelbe Koalition dann durch eine Große Koalition abgelöst.

Angela Merkels Operational Code im Jahr 2012 und 2013 lagen nah beieinander. Angela Merkel schätzte die anderen beteiligten Akteure 2013 zwar eher feindlich gestimmt ein, die Erreichung der politischen Ziele in beiden Jahren eher gemischt. Die Taktik der anderen Akteure hielt sie für mittelmäßig bis gering berechenbar, ihre eigene Macht hingegen schätzte sie hoch bis sogar sehr hoch ein. Für die Jahre 2012 und 2013 lässt sich festhalten, dass ihr Operational Code kongruent war mit den von ihr für die Bundesregierung real vertretenen außenpolitischen Positionen: Ihre Ziele waren die Stabilität des Euroraums, die Steigerung der Wettberwebsfähigkeit, mehr Verbindlichkeiten z. B. durch Schuldenbremsen oder gesetzlich verankerte Haushaltskonsolidierungen, PSI-Beteiligung. Sie vertrat die Ansicht, dass Solidarität nur als Gegenleistung für Solidität und Wachstum gelten könne, und dass Hilfen nur unter strengen Austeritätsauflagen gewährt werden dürften. Nach wie vor war Angela Merkel also daran interessiert, die Deutungshoheit bei der Lösung der Krise innezuhaben und wenn nötig kooperativ zu agieren und Allianzen zu schmieden, um ihre politischen Ziele durchzusetzen. Grundsätzlich war sie gegen Gemeinschaftsinstrumente oder gegen eine Vergemeinschaftung der Schulden. Die Abneigung gegenüber Gemeinschaftsinstrumenten sowie das Beharren auf strikten Sparmaßnahmen als Voraussetzung für Hilfen waren Anzeichen für ihre Überzeugung, dass sie grundsätzlich in außen- wie innenpolitisch unsicheren Zeiten agiere und die Taktik der anderen schlecht bis gar nicht einschätzen könne.

Zu Beginn des Jahres 2014 schien sich die Sorge um Griechenland gelegt zu haben. Am 19. März endete die vierte Programmüberprüfung. Aus Griechenland kamen Nachrichten, wonach das Land keine weiteren Hilfskredite mehr brauche und auch der Wille für weitere Sparauflagen nicht gegeben war. Die Regierungsprecher*innen wiesen ebenfalls immer wieder daraufhin, dass ein weiteres Programm derzeit nicht zur Diskussion stünde und man bis Ende 2014 warten werde (Bulletin 2014a). Im September fuhren die drei Institutionen erneut nach Griechenland zur fünften und letzten Programmüberprüfung. Vor dem Hintergrund dieser routinemäßigen Überprüfung ebbten die Fragen nach einem möglichen Anschlussprogramm nicht ab. Steffen Seibert konterte, ebenso wie Angela Merkel selbst, immer in ähnlicher Rhetorik: „Die Haltung der Bundesregierung war immer, dass man nach dem Ablauf des jetzigen Programms prüfen wird, ob Griechenland weitere Hilfen […] benötigen wird. Auch das wird eine Prüfung sein, die nicht bilateral, sondern zusammen mit unseren europäischen Partnern stattfindet“ (Bulletin 2014b).

Die Diskussion über ein mögliches Ausscheiden Griechenlands aus der Eurozone hielt auch Ende 2014 und Anfang 2015 weiter an. Wiederholt mussten die Regierungssprecher*innen hierzu Stellung beziehen (Bulletin 2015a, 2015b): Regierungssprecher Steffen Seibert wies darauf hin, dass „es […] von Anfang an die Politik der Bundesregierung und ihrer europäischen Partner [war], die Eurozone zu stabilisieren und zu stärken […] natürlich inklusive Griechenland" (Bulletin 2015a). Am 25. Januar 2015 wurde in Griechenland erneut gewählt und Alexis Tsipras ging als neuer griechischer Ministerpräsident aus den Wahlen hervor. Das zentrale Ziel der neugewählten Regierung war die Neuverhandlung des zweiten Rettungspaketes für Griechenland (Sachverständigenrat 2015: 4). Die folgenden Monate waren gekennzeichnet von zähen Verhandlungen zwischen der griechischen Regierung und den europäischen Partnern. Schon Ende Januar mussten die Regierungssprecher*innen bestätigen, dass die Bundeskanzlerin und die Bundesregierung einer Verlängerung des im Februar auslaufenden griechischen Hilfsprogrammes grundsätzlich offen gegenüberstehen. Gleichzeitig betonten sie aber nun: „[…] der Antrag ist keine Sache, die die Bundesregierung zu entscheiden hat. […] Zunächst einmal müsste die griechische Regierung einen Antrag stellen. Dann wäre darüber auf europäischer Ebene zu beraten" (Bulletin 2015c). Zu Beginn der Krise wurde von Seiten der Bundeskanzlerin und ihrer Sprecher*innen immer darauf hingewiesen, dass es bei der Entscheidung um Unterstützung für Griechenland immer um Entscheidungen geht, die in Deutschland getroffen werden müssten. Gegen Ende des Untersuchungszeitraums wiesen die Sprecher*innen allerdings vermehrt darauf hin, dass es sich eben nicht um bilaterale Vereinbarungen handele, sondern um Vereinbarungen zwischen Euro-Mitgliedsstaaten sowie den drei Institutionen. In diesem Sinne änderte die Bundeskanzlerin und die Bundesregierung ihre Einstellung bezüglich ihrer Verhandlungsposition. Die inhaltliche Ausgestaltung der Hilfsprogramme betreffend, verfolgte die Bundeskanzlerin auch 2015 den Sparkurs (Bulletin 2015c). Auch die Bedeutung der drei Institutionen blieb für die Bundeskanzlerin 2015 wichtig: „Es gibt einen vereinbarten und rechtlichen Rahmen für die Stabilisierungsmaßnahmen […]. Das ist Grundlage für das Vorgehen der europäischen Partner. Zu diesem Rahmen gehören die drei Institutionen Europäische Kommission, Europäische Zentralbank und Internationaler Währungsfond" (Bulletin 2015d). Kurz vor dem Ablauf des zweiten Hilfsprogramms ging ein griechischer Antrag auf Programmverlängerung in Brüssel ein. Unmittelbar danach machten die Sprecher*innen der Bundeskanzlerin und der Regierung deutlich: „Dieser Antrag ist […] aus unserer Sicht nicht ausreichend substanziell, um eine Programmverlängerung zu beschließen" (Bulletin 2015e). Am 24. Februar beschlossen dann die Euro-Finanzminister, dass das griechische Hilfsprogramm um weitere vier Monate verlängert werden soll, am 27. Februar schloss sich das Direktorium der EFSF dem an und gab Griechenland bis zum 30. Juni 2015 Zeit. Nach der Programmverlängerung wurde von Seiten der Bundeskanzlerin und ihrer

Sprecher*innen daraufhin gewiesen, dass „Griechenland jetzt am Zug [sei], seine Reformverpflichtungen so zu erfüllen, wie es vereinbart wurde“ (Bulletin 2015f; siehe auch Bulletin 2015g). Nach längerer Zeit bediente man sich wieder der eher konfrontativen Rhetorik des Krisenjahres 2010: „Es ist auch wichtig zu betonen, dass es […] keinen Blankoscheck gibt. Es gilt das Prinzip Leistung gegen Gegenleistung“ (Bulletin 2015f). Diese Einstellung änderte Angela Merkel nicht bis zum Sommer 2015: Griechenland sollte Teil der Eurozone bleiben, über weitere Programme sollten die Euro-Mitgliedsstaaten gemeinsam entscheiden auf der Grundlage der Programmüberprüfungen der drei Institutionen, Griechenland selbst musste den Pfad der Spar- und Reformpolitik weitergehen und umsetzen, die Hilfen waren kein Bankoscheck, sondern unterlagen strengen Konditionalitäten.

Am 30. Juni 2015 lief das EFSF-Programm für Griechenland aus: „Griechenland geriet gegenüber dem Internationalen Währungsfonds (IWF) in Zahlungsverzug, und die Europäische Zentralbank (EZB) sah sich gezwungen, die Nothilfen (ELA) für das Bankensystem zu deckeln. Infolgedessen musste die griechische Regierung die Banken schließen und Kapitalverkehrskontrollen einführen“ (Sachverständigenrat 2015: 4). Angela Merkel macht am 29. Juni, einen Tag vor dem Auslauf des Programms noch einmal ihre Position klar: „Eigenverantwortung und Solidarität der anderen sind zwei Seiten ein und derselben Medaille. […]an dieser Haltung wird es auch keine Veränderung geben“ (Bulletin 2015h). Aus der Presse kamen Berichterstattungen darüber, dass andere Euro-Länder, z. B. Frankreich sich dafür ausgesprochen hatten, die Verhandlungen und Gespräche mit Griechenland unmittelbar wiederaufzunehmen, sich Deutschland jedoch dagegen aussprach. Angela Merkel betonte dazu lediglich, dass es selbstverständlich irgendwann wieder Gespräche geben werde (Bulletin 2015i). Am 8. Juli dann traf der Antrag Griechenlands an den ESM auf Gewährleistung von weiteren Finanzhilfen ein. Auf den Treffen der Euro-Finanzminister sowie der Euro-Staats- und Regierungschefs vom 10. bis zum 12. Juli 2015 näherten sich die Verhandlungspartner an und vereinbarten ein weiteres Programm für Griechenland. Am 14. August schließlich einigte sich die Eurogruppe dann auf ein drittes Hilfsprogramm für Griechenland unter dem ESM, das bis zum 20. August 2018 läuft (Eurogruppe 2015). Merkels Operational Code für das Jahr 2015 zeigt, dass sie ihr politisches Umfeld und die anderen beteiligten Akteure wieder deutlich freundlicher einschätzt als in den Jahren 2011 bis 2013, dem Peak der Griechenlandkrise. Sie scheint auch wieder optimistischer bezüglich der Erreichung ihrer Ziele zu sein, von 2011 bis einschließlich 2014 war sie hier pessimistisch bis weder noch. Nach wie vor schätzt sie die Vorhersehbarkeit der politischen Zukunft gering ein, ihre Macht innerhalb des Entscheidungsprozesses mittelmäßig ausgeprägt und die Rolle von Zufall hoch. Sie bleibt im Jahresüberblick 2015 kooperativ in Strategie und Taktik und tendenziell risikoavers. Betrachtet man sich die Reden 2015A und 2015B einzeln fällt Folgendes auf: Ihre Rede 2015A, die unmittelbar während der Diskussionen um und mit Griechenland über weitere Hilfsmaßnahmen, gehalten wurde, zeigt ein widersprüchliches Bild. Merkel ist zwar überzeugt, dass ihr politisches Umfeld ausgeprägt freundlich gestimmt ist und sie scheint eher optimistisch zu sein, dass sie ihre politischen Ziele erreichen kann. Hinsichtlich der Taktik der anderen politischen Akteure und ihrem Einfluss auf politische Entwicklungen weist ihr Operational Code eher durchschnittliche Werte auf. Diese Werte könnten zurückzuführen sein, auf die Anfang und Mitte 2015 sich erneut verschärfenden Auseinandersetzungen mit der griechischen Regierung. Bis zum 14. August 2015, als sich die Eurogruppe mit Griechenland auf das dritte Hilfsprogramm einigen konnte, schien die Taktik der griechischen Regierung für Angela Merkel nicht wirklich klar gewesen zu sein. Auch der hohe P-5 Wert weist auf die hohe Unsicherheit hin, innerhalb derer die europäischen Staaten agieren mussten. Die Rede 2015B wiederum weist eine weitere Verschlechterung in Angela Merkels Operational Code auf. Dies kann thematisch aber in keinen Zusammenhang mit der Griechenlandkrise gebracht werden, da diese gegen Ende 2015 deutlich an Brisanz verloren hatte und es keine weiteren Auseinandersetzungen gegeben hat. Vielmehr konnte angenommen werden, dass ab August 2015 die Flüchtlingskrise die Griechenlandkrise als *Hot-Topic* innerhalb der EU abgelöst hatte. Ein Blick in die Rede 2015B bestätigt genau diese Annahme: Innerhalb des untersuchten Abschnitts wechselte Angela Merkel von der Griechenlandkrise in die Flüchtlingskrise. Die Flüchtlingskrise wurde also ab August 2015 „mitkodiert". Die Tatsache, dass die Griechenland- und Eurokrise Mitte 2015 durch die Flüchtlingskrise abgelöst wurde, spricht dafür, den Untersuchungszeitraum tatsächlich 2015 enden zu lassen, obwohl Griechenland noch weit über diesen Zeitpunkt hinaus Unterstützung aus der Europäischen Union erhält.

Vor dem Hintergrund der Ergebnisse dieses Kongruenztests ergibt sich ein recht eindeutiges Bild. Die Erwartungen aus den Operational Code Ergebnissen scheinen weitestgehend deckungsgleich mit der außenpolitischen Position der Bundesregierung während des Untersuchungszeitraums zu sein. Angela Merkel verhielt sich während des Untersuchungszeitraumes in der Regel genauso wie es ihr Operational Code vermuten lassen würde: Sie war über den Untersuchungszeitraum hinweg kooperativ in Strategie und Taktik. Dies bedeutete realpolitisch, dass sie Allianzen schmiedete – oft mit dem französischen Präsidenten Sarkozy –, wann immer sie welche brauchte, um ihre Kernforderungen durchzusetzen. Zu ihren Kernforderungen, die über den Untersuchungszeitraum hinweg konstant blieben, zählten: die Stabilität des Euro, Steigerung der Wettbewerbsfähigkeit der Euroländer, mehr vertraglich geregelte Verbindlichkeiten in der Fiskalpolitik der Euroländer, PSI-Beteiligung sowie harte Konditionalitäten und die Überzeugung, dass es in der Währungsunion Solidarität nur gegen streng kontrollierte Solidität geben könne. Immer dann, wenn die Gefahr drohte, dass die strenge Konditionalität zur Disposition stand, schlug sich das in ihrem Operational Code nieder und sie änderte ihre Haltung und wurde risikobereiter. Grundsätzlich schien Angela Merkel ihre Macht und ihren Einfluss, der sich in den Operational Code Werten zeigte, auch realpolitisch umzusetzen, um ihre politischen Ziele auf europäischer Ebene durchzusetzen. Im November 2010 hielt Angela Merkel die in der Einleitung bereits zitierte Rede anlässlich der Eröffnung des 61. Akademischen Jahres des Europakollegs in Brüssel. Dort legte Angela Merkel ihre Überzeugungsstruktur so deutlich dar, wie sie es in keiner einzigen Regierungserklärung getan hat, indem sie sagte:

> Abgestimmtes solidarisches Handeln – jeder in seiner Zuständigkeit, alle für das gleiche Ziel. Das ist für mich die neue „Unionsmethode". [...] Denn die schönsten europäischen Ziele nützen natürlich nichts, wenn wir nicht in diesem Sinne national handeln, sondern sie nützen nur, wenn sie national umgesetzt werden. Die Mitgliedstaaten müssen aber natürlich auch zeigen – genau das ist jetzt die Unionsmethode –, dass sie diese Ziele ernsthaft verfolgen. Das heißt, erst muss es eine europäische Einigung geben und dann werden die Ziele umgesetzt. (Merkel 2011)

Die Überzeugungsstruktur, der Operational Code von Angela Merkel blieb über den gesamten Untersuchungszeitraum konstant und schlug sich in ihren außenpolitischen Positionen nieder: Die Kongruenz zwischen Angela Merkels Operational Code und ihren realpolitischen Aktionen und ihrer außenpolitischen Position können aus methodischer Perspektive des Kongruenztests also als belegt gelten. Im nächsten Kapitel soll die Frage geklärt werden, ob diese Kongruenz zwischen Operational Code und außenpoltischer Position auch kausaler Natur ist.

2 Die Prozessanalyse

Um eine Scheinkorrelation zwischen der unabhängigen (Angela Merkels Operational Code) und der abhängigen (außenpolitische Position in der Griechenlandkrise) Variable auszuschließen, muss im folgenden Kapitel die Prozessanalyse durchgeführt werden. Wie bereits im Methodenkapitel erwähnt, soll die Prozessanalyse die intervenierenden Schritte in den Blick nehmen, um über die bloße Kongruenz hinaus eventuell auch eine Kausalität zwischen unabhängiger und abhängiger Variable aufzuzeigen. Ziel ist die Offenlegung von Kausalmechanismen, die die unabhängige und abhängige Variable miteinander verbinden. Hat es intervenierende Schritte gegeben, die das Verhältnis zwischen Angela Merkels Überzeugungssystem und der tatsächlichen außenpolitischen Position der Bundesregierung in der Griechenlandkrise hätten beeinflussen können? Die entscheidenden Fragen an den Untersuchungsgegenstand sind: Gab es alternative Handlungsoptionen, die zwar auf dem Tisch lagen, aber dennoch verworfen oder nicht berücksichtigt wurden? Wer hat sich gegen diese möglichen alternativen Handlungsoptionen ausgesprochen, wer hat sie vorgetragen? Hat sich die Haltung Angela Merkels gegenüber alternativen Handlungsoptionen während des Untersuchungszeitraums verändert? Den Grundannahmen des Operational Code folgend, „who leads matters" und „beliefs matter" (Walker 2003: 245, 275), hätten sich auch alternative Lösungsansätze durchsetzen können und Eingang finden können in die außenpolitische Regierungsposition, wenn sie dem Überzeugungssystem Angela Merkels entsprochen hätten. Im vorangegangenen Kapitel sind die Kernforderungen Angela Merkels für die Bundesregierung in der Griechenlandkrise, die ihrem Überzeugungssystem entsprachen, häufig angesprochen worden. Dazu zählten: Stabilität des Euro und der Eurozone, Steigerung der Wettbewerbsfähigkeit sowie mehr Verbindlichkeiten in der Fiskalpolitik in Euroländern, Solidität, PSI – Beteiligung und – ganz zentral – keine Vergemeinschaftung der Schulden sowie keine Gemeinschaftsinstrumente. Angela Merkel und die Bundesregierung verfolgten wirtschaftspolitisch also einen eindeutig ordoliberalen Weg, bei dem strenge Austeritäts- und Stabilitätspolitik oberste Priorität hatten.

2.1 Die zwei Narrative zur Eurokrise

Schon häufig ist die entscheidene Fehlkonstruktion der Europäischen Währungsunion diskutiert worden, nämlich „der Wegfall der Geldpolitik aus dem Instrumentenkasten der Mitgliedstaaten" (Sachverständigenrat 2015: 7) durch die Einführung des Euro. Dadurch war es Staaten innerhalb des Währungsgebiets nicht mehr möglich die eigene Währung abzuwerten, um die eigene Wettbewerbsfähigkeit wiederherzustellen. Schon 2012 hat Fritz Scharpf in seinem Papier darauf hingewiesen, dass die Einführung des Euro den Mitgliedstaaten ihr wichtigstes Instrument zur makroökonomischen Steuerung entzogen habe, die Geldpolitik. So bleibe den Mitgliedstaaten lediglich die „wirtschaftspolitische Steuerungsfähigkeit auf nationaler Ebene", die Fiskalpolitik (Sachverständigenrat 2015: 7), die in der Regel eine wesentlich höhere Salienz habe. Im Rahmen der Debatte um die angemessene Lösung der Eurokrise und der Griechenlandkrise ist diese Fehlkonstruktion offen zu Tage getreten und kontrovers diskutiert worden. Dabei bildeten sich immer wieder zwei alternative Handlungsoptionen heraus: Entweder bleibt die Fiskalpolitik weiter in nationaler Hand oder es findet ein Souveränitätstransfer an die Europäische Ebene statt, indem die Mitgliedstaaten die Kontrolle über ihre Fiskalpolitik ebenfalls an eine EU-Institution abtreten. Dies sind die zwei Positionen, entlang derer sich die Debatte letztendlich vollzieht.

Zum ersteren Narrativ gehört das Ziel, aus der Europäischen Wirtschafts- und Währungsunion eine „Stabilitätsunion" zu formen. Unter Stabilitäsunion wird eine Union verstanden, in der stabile Haushalte und stabile Volkswirtschaften der Garant für einen stabilen Euro sein sollen. Diese Stabilitätsunion soll eine Union der nationalen Regierungen bleiben, die eine Vergemeinschaftung von Schulden ausschließen kann und intergouvernementale themenspezifische Zusammenarbeit präferiert. In dieser (ordoliberalen, neoklassischen) Logik kann eine Stabilitätsunion nur funktionieren, wenn alle 17 Euroländer ihre Haushalte sanieren, Schulden abbauen bzw. sparen und gleichzeitig ihre Wettbewerbsfähigkeit steigern. Austeritätspolitik bei gleichzeitiger Steigerung der Wettbewerbsähigkeit muss also das gemeinsame Ziel aller Mitgliedstaaten sein. Solange alle Mitgliedstaaten diese Wirtschaftspolitik verfolgen und Defizitreduzierung betreiben, ist eine Zusammenarbeit oder engere Koordinierung der Politiken gar nicht erst erforderlich, und die Zuständigkeiten können lediglich bei den Mitgliedstaaten verbleiben: „According to this mindset, excessive government defiticits are the only area in which co-ordination is needed because they can lead to a debt crisis and ultimately to demands for bailout" (Dullien/Guérot 2012: 3). In dem Moment, in dem die Schulden eines Mitgliedstaates die Stabilität der Währungsunion als Ganzes und damit auch die Stabilität der anderen Volkswirtschaften gefährdet, kann eine Kooperation eben im Rahmen des Stabilitäs- und Währungspaktes nötig werden. Falls diese tatsächlich erforderlich wird, und beispielsweise Darlehen an verschuldete Mitgliedstaaten vergeben werden müssen, sollten diese möglichst unattraktiv sein und mit harten Konditionalitäten einhergehen.

Zum zweiten Narrativ gehört das Ziel einer Fiskalunion, in der die fiskalischen Kompetenzen der Mitgliedstaaten an eine supranationale EU-Institution abgetreten werden. Dieser Souveränitätstransfer kann bis hin zu einer Europäischen Wirtschaftsregierung, einem europäischen Währungskommissar oder Finanzminister führen. In dieser Logik kann es dann auch eine mindestens in Teilen gemeinsame Haftung geben: „Da eine gemeinsame Haftung zweifellos auch eine gemeinsame Kompetenz erfordert, muss jede Form einer Gemeinschaftshaftung mit einer Übertragung von fiskalpolitischer Souveränität auf die europäische Ebene einhergehen" (Sachverständigenrat 2015: 45). Realpolitische Optionen einer (partiellen) gemeinsamen Haftung wären Euro-Bonds, Euro-Anleihen oder ein Schuldentilgungsfonds. Dieses Narrativ folgt einem eher nachfrageorientierten (keynsianischen) Wirtschaftskonzept, in dem die Defizitreduzierung nicht zwangsläufig als Garant für Wachstum und Wettbewerbsfähigkeit gesehen wird. Vielmehr müsste diesem

Narrativ folgend strikte Austeritätspolitik und Sparvorgaben eingetauscht werden gegen die Steigerung der Nachfrage z. B. durch Lohnsteigerungen, Investitions- oder Wachstumsprogramme (Dullien/Guerot 2012: 5; siehe auch Sachverständigenrat 2015: 47).

Die Änderungen im Bereich der ökonomischen Governance der EU der letzten Jahre weisen eindeutig in die Richtung des ersten Narrativs, so wird auch über einen „neuen Intergouvernmentalismus" in der EU gesprochen:

> [...] the euro crisis might have provided the perfect opportunity for a further transfer of power to traditional supranational actors. [...] there has indeed been no shortage of institutional reforms in response to the euro crisis, but [...] the changes implemented chime with the new intergovernmentalism rather than ringing the bell for a new era of supranationalization. (Hodson/Puetter 2016: 371)

Außerhalb des europäischen Rechts, welches im Maastrichter Vertrag verankert ist, hat sich eine Struktur entwickelt, die inhaltlich klaren ordoliberalen Prinzipien folgt und institutionell eindeutig den intergouvernemental ausgerichteten Europäischen Rat stärkt: Die Staats- und Regierungschefs der Mitgliedstaaten sind seit 2010 zu den entscheidenden Akteuren avanciert. Der Europäische Rat, bestehend aus den Staats- und Regierungschefs der Mitgliedstaaten hat seit Beginn der Krise die entscheidenden Schritte unternommen, um neue Instrumente zur akuten Krisenbewältigung wie zur Krisenprävention zu schaffen und andere EU-Institutionen wie die Kommission oder das Parlament zu Statisten marginalisiert, die die weitreichenden Reformen umsetzen, begleiten und überwachsen sollen. Neben dem Europäischen Rat hat auch die Eurogruppe, ein informelles Forum bestehend aus den Finanzministern der Euroländer, an Einfluss gewonnen. Gemeinsam sind der Europäische Rat und die Eurogruppe die zentralen Akteure bei der Bekämpfung der Krise und haben eine „top-level coordination" (Hodson/Putter 2016: 374), vorbei an allen suprantionalen Institutionen der EU etabliert.

> Auch wenn man unterstellt, dass es allen Beteiligten darum geht, ein Scheitern der Währungsunion zu vermeiden, ist doch jede Regierung nur gegenüber den eigenen Wählern verantwortlich. Und die Ergebnisse werden durch die relative Verhandlungsmacht der Partner geprägt. Nachdem man einmal beschlossen hatte, die Eurokrise nicht nach den No-Bailout-Regeln des Maastricht-Vertrages oder durch Hilfen der EU oder der EZB, sondern durch intergouvernemental finanzierte oder garantierte Rettungskredite zu bewältigen, waren insoweit auch die Machtverhältnisse klar: Von da an konnten Deutschland und die anderen „Gläubigerstaaten" die Regelungen gestalten oder zumindest alle Vorschläge der Kommission blockieren, die ihren Interessen zuwiderliefen. Insoweit entspricht also der asymmetrische Charakter des jetzigen Euro-Regimes der asymmetrischen Verhandlungsmacht der beteiligten Regierungen. (Scharpf 2015: MPIfG Discussion Paper)

Dabei haben diese beiden intergouvernementalen EU-Institutionen zum einen das Krisenmanagement der EU bestimmt. Dieses besteht aus den bilateralen Krediten an Griechenland, welche von Krediten durch den IWF flankiert worden waren, sowie dem provisorischen (EFSF, EFSM, IWF) und dem dauerhaften (ESM) Krisenmechanimus. Selbst der dauerhaft angelegte Europäische Stabilitätsmechanismus (ESM) ist eine intergouvernementale Institution, die personell und finanziell eine eindeutige Kooperation zwischen Mitgliedstaaten ist: „The ESM Board of Governors is composed of the euro area finance ministers and the Eurogroup president as its chair. The ESM ist a de novo institutional structure, which is based on pooled member state resources rather than on the EU budget" (Hodson/Puetter 2016: 373). Im Rahmen der drei Institutionen sind die Europäische Kommission und die EZB lediglich mit der Aushandlung der makroökonomischen Anpassungsprogramme sowie mit deren Überwachung beauftragt.

Darüberhinaus hat allen voran der Europäische Rat Instrumente geschaffen, die der Krisenprävention dienen sollen und eine stärkere Koordinierung zwischen den Mitgliedstaaten erreichen sollen. Diese verstärkte Kooperation betrifft jedoch, dem ersten Narrativ entsprechend, besonders die drei Bereiche Haushaltspolitik, Wirtschaftspolitik sowie die Finanzmarkt- und Bankenregulierung: Um EU-weit stabile Haushalte zu erreichen, wurde erstens der völkerrechtliche, zwischenstaatliche Vertrag über Stabilität, Koordinierung und Steuerung in der Wirtschafts- und Währungsunion (SKS-Vertrag) im März 2012 von 25 Mitgliedstaaten unterzeichnet und trat am 1. Januar 2013 in Kraft. Der SKS-Vertrag, der eher unter dem Begriff Fiskalvertrag bekannt ist, hat das Ziel „die nationalen Haushaltspolitiken über die bestehenden Vorgaben des Art. 126 AEUV und des Protokolls Nr. 12 sowie des Stabilitäts- und Wachstumspaktes (SWP) hinaus zu disziplinieren" (Kunstein 2016: 254; siehe auch Hodson/Puetter 2016: 372). Im Rahmen dieses Vertrages verpflichten sich die Mitgliedstaaten nationale Schuldenbremsen einzuführen und so in nationalstaatliches Recht zu überführen, so dass deren Funktionieren auch gewährleistet werden kann. Darüber hinaus sieht der Vertrag vor, dass die Mitgliedstaaten ihre Haushalte und Wirtschaft langfristig besser koordinieren. Außerdem ist der Europäische Stabilitäsmechanismus vertraglich mit dem SKS verbunden, d. h. nur jene Mitgliedstaaten, die den SKS als Ganzes unterzeichnet haben, können Mittel aus dem ESM beziehen. Das Europäische Semester soll die wirtschafts- und finanzpolitische Koordinierung der EU verbessern und ist damit „Teil der wirtschaftspolitischen Steuerung zur Bewertung der haushaltspolitischen, makroökonomischen und strukturellen Reformpläne" der Mitgliedstaaten (Weidenfeld/Wessels 2016: 492). Neben dem SKS-Vertrag und dem Europäischen Semester sind zur Verbesserung der Koordination der Haushaltspolitiken der *Six-Pack* sowie der *Two-Pack* initiiert worden. Beide reformieren den Stabilitäts- und Wachstumspakt: Das Six-Pack beinhaltet sechs Rechtsakte, welche die haushaltspolitische Überwachung ausbauen soll sowie makroökonomische Ungleichgewichte zwischen Mitgliedstaaten in den Fokus nimmt (Hodson/Puetter 2016: 372). Der *Two-Pack* soll die Überwachung und Koordinierung der Haushalte weiter verbessern:

> Durch die neuen Maßnahmen wird die Transparenz der haushaltspolitischen Entscheidungen dieser Länder [der Euro-Länder] erhöht, die Koordinierung ab dem Haushaltszyklus 2014 im Euro-Währungsraum verbessert und den besonderen Bedürfnissen der unter starkem finanziellem Druck stehenden Mitglieder des Euro-Währungsraums Rechnung getragen. (Europäische Kommission 2013)

Im Rahmen einer besser abgestimmten Wirtschaftspolitik ist vor allem der Ausbau der Wettbewerbsfähigkeit vorrangiges Ziel. Die Europa 2020-Strategie ist eine „Strategie für Beschäftigung und intelligentes, nachhaltiges und integratives Wachstum" und soll in den Bereichen Beschäftigung, Klima, Bildung, Forschung und Entwicklung sowie Armutsreduzierung Fortschritte erbringen. Der Euro-Plus-Pakt soll ebenso die Wettbewerbsfähigkeit verbessern, wobei dieser den Fokus auf Politikbereiche legt, „die in die nationale Zuständigkeit fallen" (Bundesfinanzministerium 2017).

Darüberhinaus zählt die Bankenunion zu den entscheidenden institutionellen Reformen als Reaktion auf die Eurokrise: „Vor dem Hintergrund, dass sich in der Krise in der Eurozone die Finanzierungsprobleme von Mitgliedstaaten und Banken wechselseitig verstärkt hatten, zielt es [das Reformprojekt] darauf ab, die gegenseitige Abhängigkeit von Staatshaushalten und Bankensektor zu vermindern" (Kunstein 2016: 98). Die Bankenunion besteht aus einer Bankenaufsicht (SSM), durch die die EZB zur zentralen Auffsichtsbehörde wird, und einer Bankenabwicklung (SRM). Eine Einlagensicherung konnte bisher noch nicht umgesetzt werden.

Inhaltlich geht es bei allen Reformen und neu geschaffenen oder verstärkend hinzugefügten Strukturen um zwei Dinge: Solide Haushaltsführung, mit dem Ziel Defizite zu vermeiden und Steigerung der Wettberwebsfähigkeit. Nun stellt sich die Frage, ob es überhaupt alternative Handlungsoptionen gegeben hat, die inhaltlich und/oder institutionell in Richtung des zweiten Narrativs gezeigt hätten. Um dieser Frage nachzugehen soll neben der Verwendung und Analyse von Sekundärliteratur ebenfalls eine Medieninhaltsanalyse durchgeführt werden. Bei der Medieninhaltsanalyse geht es nicht darum das Konzept der Medienframes anzuwenden, sondern lediglich darum herauszuarbeiten, welche alternativen Handlungsoptionen noch auf dem Tisch lagen und offensichtlich durchaus besprochen wurden, dennoch aber nicht Eingang gefunden haben in Angela Merkels Überzeugungssystem bzw. die deutsche außenpolitische Regierungsposition. Da Medien auch über Themen berichten, die zwar Teil eines politischen, themenspezifischen Diskurses waren und die Agenda mitgeprägt haben, aber nicht zu einem politischen *outcome* wurden, eignet sich eine Medieninhaltsanalyse. Sie zeigt die Berichterstattung in ausgewählten Medien auf. In diesem Sinne dient die Medienanalyse ausschließlich als Handwerkszeug, um die alternativen Handlungsoptionen zu identifizieren und untereinander zu hierarchisieren.

Dazu wurde eine Medienanalyse durchgeführt, bei der auf der Basis der Berichterstattung der Süddeutschen Zeitung und der Frankfurter Allgemeinen Zeitung erhoben wurde, welche Alternativen Angela Merkel zur Verfügung standen. Um die Suche in den Archiven der FAZ und SZ einzuschränken, wurde der Suchfilter ‚Merkel UND Euro-Krise ODER Merkel UND Eurokrise' eingesetzt. Damit sollte der Tatsache Rechnung getragen werden, dass in den Medien unterschriedliche Schreibweisen des Wortes Eurokrise verwendet werden. Insgesamt hat die Suche für die SZ 838 Artikel und für die FAZ 646 Artikel ergeben. Nachdem die Verfasserin der Arbeit die Artikel händisch in zwei Word-Dokumente übertragen hatte, wurde in einem zweiten Schritt, wieder händisch, geprüft, welche Handlungsalternativen in den Artikel tatsächlich vorkamen und ob diese in einem Zusammenhang mit Merkel und der Eurokrise genannt wurden. Für die FAZ blieben so 70 Artikel und die SZ 90 Artikel übrig. Die Datenbasis besteht somit aus 160 Artikeln. Insgesamt konnten folgende alternative Handlungsmöglichkeiten herausgearbeitet werden: Eurobonds/Euro-Anleihen, Schuldentilgungsfond, Europäische Wirtschaftsregierung, Vergemeinschaftung der Schulden, Schuldenschnitt, Umschuldung, Marshall-Plan, Insolvenz, Wettbewerbsfähigkeit, Haushaltskonsoldierung. In einem dritten Schritt wurden dann erhoben, wer die alternativen Handlungsmöglichkeiten angebracht hat, dabei wurden die Kategorien Autor*innen, Regierung, Opposition, Expert*innen, Ausland und Interessenvertreter*innen gebildet.

2.2 Alternative Handlungsoptionen: Von Eurobonds zur Europäischen Wirtschaftsregierung

Generell lässt sich festhalten, dass sowohl in der Süddeutschen Zeitung als auch in der FAZ *Eurobonds* als häufigste Alternative genannt wurden (SZ: 24; FAZ: 32). *Eurobonds* waren in der Hochphase der Eurokrise also mit Abstand die bedeutenste Alternative zu allen anderen Handlungsoptionen. In der Süddeutschen Zeitung folgt der *Schuldenschnitt* mit 15 Nennungen, die *Europäische Wirtschaftsregierung* mit zehn Treffern, der *Schuldentilgungsfonds* mit neun, der *Insolvenz* mit ebenfalls neun, die *Euro-Anleihen* mit sechs, die *Umschuldung* mit fünf, die *Wachstumsprogramme* mit vier, die *Vergemeinschaftung* der Schulden und der *Austritt* aus der Währungsunion mit drei sowie die *Bankenunion* mit einer Nennung. In der

Frankfurter Allgemeinen Zeitung folgt auf die *Eurobonds* der *Schuldentilgungsfond* mit 12 Nennungen, die *Europäische Wirtschaftsregierung*, die *Euro-Anleihen* sowie die *Vergemeinschaftung* der Schulden mit jeweils sechs Treffern, der *Schuldenschnitt* und die *Umschuldung* mit je zwei Nennungen sowie der *Marshall-Plan*, die *Insolvenz*, die *Steigerung der Wettberwebsfähigkeit* durch Investitutionen und die *Haushaltskonsolidierung* je mit einer Nennung. Auffällig ist, dass in der Frankfurter Allgemeinen Zeitung die Alternativen Austritt und Bankenunion fehlen, d. h. nicht in der Berichterstattung vorkamen.

Es lässt sich also konstatieren, dass zusammengenommen die alternativen Handlungsoptionen *Eurobonds* (56 Nennungen), *Schuldentilgungsfond* (21 Nennungen), *Schuldenschnitt* (17 Nennungen) und *Europäische Wirtschaftsregierung* (16 Nennungen) die mit Abstand häufigsten genannten Alternativen waren. Diese alternativen Handlungsoptionen entsprechen alle dem zweiten oben aufgeführten Narrativ, welches eine Fiskalunion anstrebt und sich gegen die Austeritätspolitik wendete.

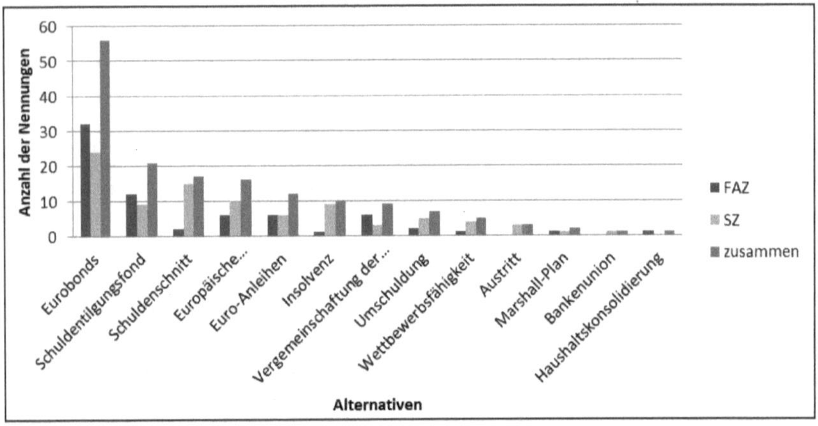

Abb. 8 Alternative Handlungsoptionen
Eigene Darstellung (2018)

Ob eine alternative Handlungsoption Eingang in Angela Merkels Überzeugungssystem überhaupt hätte finden können und damit auch in die deutsche Regierungsposition, kann mitunter abhängig vom Sender der Alternative sein. Sowohl in der Süddeutschen Zeitung als auch in der Frankfurter Allgemeinen Zeitung konnten folgende Akteure identifiziert werden, die alternative Handlungsoptionen vorgeschlagen haben: Vertrer*innen der Opposition und der Regierung, Expert*innen, Autor*innen, Interessenvertrer*innen und Personen aus dem Ausland. Besonders auffällig ist, dass das Ausland besonders häufig alternative Handlungsoptionen vorgeschlagen hat (FAZ 39; SZ 22). Unter die Kategorie Ausland wurden ausschließlich ausländische Politiker*innen gefasst, wie z. B. Barroso, Sarkozy oder Hollande, Tsipras, Juncker, Olli Rehn, Trichet, Van Rompuy, Rayoy, Draghi, Tremonti oder Monti. Sie scheinen während des Untersuchungszeitraums besonders häufig alternative Handlungsoptionen aufgezeigt zu haben. Dies liegt entweder an ihrer institutionellen Zugehörigkeit oder ihrer Funktion. Mario Monti war bis 2013 Ministerpräsident Italiens, Mariano Rajoy ist seit Dezember 2011 Ministerpäsident Spaniens, Alexis Tsipras seit Januar 2015 Premierminister Griechenlands: Sie alle einte die desaströse Haushaltslage ihrer Länder. Neben Griechenland mussten auch Spanien und Italien ihre Haushalte sanieren und mindestens zeitweise ihre Haushalte unter die Aufsicht der drei EU-Institutionen stellen. Barroso war bis 2014 Präsident der Europäischen Kommission, Juncker ab 2014, Olli Rehn war EU-Kommissar für Wirtschaft und Währung, Van Rompuy bis 2014 Präsident des Europäischen Rates.

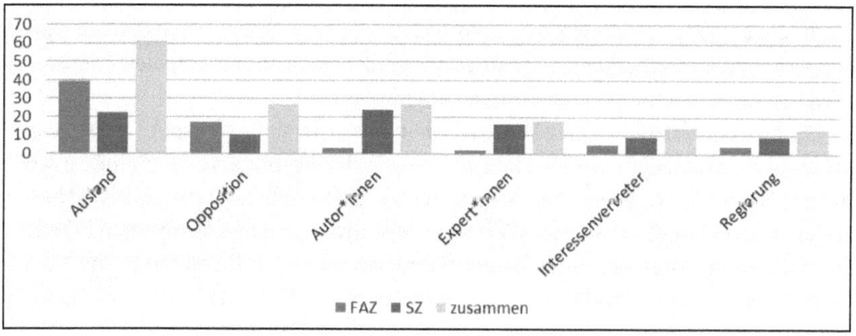

Abb. 9 Wer hat die Deutungsmacht?
Eigene Darstellung (2018)

Besonders selten hingegen wurden alternative Handlungsoptionen von Regierungsvertreter*innen angebracht. Sowohl die FDP als auch die SPD haben während ihrer Regierungsbeteiligung also eher selten alternative Handlungsoptionen vorgeschlagen. Die Opposition nannte häufiger alternative Möglichkeiten. Unter die Kategorie Opposition wurden Politiker*innen der Grünen und der SPD sowie der Linken (FAZ: 1) gefasst, die während des Untersuchungszeitraums häufiger alternative

Handlungsoptionen aufgezeigt haben. Unter die Kategorie Autor*innen fallen Journalist*innen, Gastbeiträge wurden entsprechend den Kategorien Expert*innen, Interessenvertrer*innen oder Ausland zugeordnet. Auffällig selten haben sich Expert*innen zu Wort gemeldet (FAZ: 2; SZ: 16). In diese Kategorie fallen die fünf Wirtschaftsweisen oder der Wirtschaftsinvestor George Soros. Dieser gilt als ein vehementer Gegner von Angela Merkels Krisenpolitik. So sprach er sich mehrfach gegen die harten Sparauflagen aus, denen europäische Länder wie Griechenland, Spanien oder Portugal unterlagen:

> Experten wie der Großinvestor George Soros nehmen sich das Expertenrecht, am finanzpolitischen Sachverstand der Kanzlerin zu zweifeln. Soros betrachtet die Sparvorhaben, die auf dem EU-Gipfeltreffen m Januar 2012 beschlossen wurden, als den Beginn eines Teufelskreises, den sich jeder leicht ausmalen kann. Wenn ein Land nur noch spart, sinkt die Nachfrage massiv, und damit brechen die Gewinne der Unternehmen ein. Also kürzen die Firmen die Löhne und Gehälter ihrer Angestellten, die dadurch weniger Geld in der Tasche haben. So sackt die Nachfrage noch weiter ab, und das Wirtschaftswachstum bricht ein. John Maynard Keynes, der legendäre Ökonom, hat es ganz verständlich zusammengefasst: Sobald die private Nachfrage schwächelt, muss die Politik dieses Defizit ausgleichen. Nur die Deutschen scheinen ihm nicht zugehört zu haben. („Angela Merkel versteht nicht", Der Spiegel 7, 2012, S. 70)

Nachdem also festgestellt wurde, was die häufigsten genannten Alternativen waren und wer sich zu alternativen Handlungsmöglichkeiten geäußert hat, bleibt die Frage: Welcher Akteur schlägt welche Alternativen vor?

Die ausländischen Politiker*innen haben besonders häufig die Alternative Eurobonds vorgeschlagen. Außerdem sprachen sie sich besonders oft für eine Europäische Wirtschaftsregierung aus. Es lässt sich konstatieren, dass sich Politiker*innen anderer Euro-Länder aber auch Vertreter der Europäischen Kommission oder des Europäischen Rates für einen Souveränitätstransfer an die europäische Ebene ausgesprochen haben und damit eindeutig das zweite Narrativ bevorzugten. Nach den Eurobonds (29 Nennungen) folgt die Europäische Wirtschaftsregierung mit 11 Nennungen, Euro-Anleihen mit neun Nennungen, sowie ein Schuldentilgungsfond mit fünf Nennungen. Auch Vertreter*innen aus der Opposition, allen voran die SPD[34], haben ganz eindeutig Eurobonds favorisiert (13 Nennungen), ebenso einen Schuldentilgungsfonds (sieben Nennungen) und die Vergemeinschaftung der Schulden (vier Nennungen). Auch in dieser Gruppe wurde die Möglichkeit eines Souveränitätstransfers an die Europäische Ebene also für sinnvoll erachtet. Unter

34 Die SPD hat sich vor ihrem Eintritt in die Regierung 2013 sich vehement für Eurobonds eingesetzt. Während ihrer Regierungsbeteiligung im Kabinett von Angela Merkel konnten keine Äußerungen mehr über Eurobonds in der Berichterstattung nachgewiesen werden.

den Autor*innen sind ein möglicher Schuldenschnitt (neun Nennungen) und Eurobonds (sechs Nennungen), die bevorzugten Alternativen Handlungsoptionen. Selbst Expert*innen und Interessenvertreter*innen sprachen sich für das zweite Narrativ aus, indem sie Eurobonds oder einen Schuldentilgungsfond forderten.

Ganz eindeutig stellt sich auch die Lage innerhalb der Regierung dar. Eurobonds scheint die Regierung auf keinen Fall als alternative Handlungsoption zu sehen, weder Angela Merkel noch andere Regierungsmitglieder. Für die Option eines Schuldentilgungsfonds hat sich während des gesamten Untersuchungszeitraums lediglich ein Regierungsmitglied positiv geäußert, ebenso für Euro-Anleihen. Dennoch scheinen die zwei Optionen es nicht auf die Agenda der Kanzlerin geschafft zu haben. Auffällig ist der vergleichsweise hohe Wert zu der Alternative Insolvenz. Dieser hohe Wert ist ausschließlich auf Äußerungen der FDP während ihrer Regierungsbeteiligung zurückzuführen, die wiederholt eine Insolvenz Griechenlands und damit einen unvermeidbaren Ausstieg aus der Währungsunion ins Spiel brachte. Die alternative Handlungsoption Insolvenz hat sich innerhalb der Regierung dennoch nicht durchgesetzt und hat offensichtlich auch keinen Einzug in das Überzeugungssystem Angela Merkels erhalten:

> In einem Beitrag für die Welt vom 12. September hat Bundeswirtschaftsminister Philipp Rösler (FPD) über eine Insolvenz Griechenlands spekuliert und damit eine KOalitionskrise ausgelöst. Bundeskanzlerin Angela Merkel und Finanzminister Wolfgang Schäuble (CDU) kritisierten die Äußerungen, aus FPD und CSU erhielt Rösler Unterstützung. (Süddeutsche Zeitung 17.09.2011)

Aus den Ergebnissen der Medieninhaltsanalyse lässt sich folgendes schlussfolgern: Die Prozessanalyse sollte den theoretisch angenommenen Zusammenhang zwischen der unabhängigen Variable Operational Code von Angela Merkel und der abhängigen Variable außenpolitische Regierungsposition in der Griechenlandkrise auf ihre Kausalität hin testen. Ziel war die Überprüfung des postulierten Kausalmechanismus zwischen der unabhängigen und der abhängigen Variable. Es hat durchaus alternative Handlungsoptionen gegeben, die als intervenierende Schritte zwischen Angela Merkels Überzeugungssystem und der deutschen Regierungsposition *geframed* werden können. Der Logik des Operational Code Ansatzes folgend hätten diese alternativen Handlungsoptionen ebenfalls zur deutschen außenpolitischen Regierungsposition werden können, wenn sie dem Operational Code Angela Merkels entsprochen hätten. Da Angela Merkel offensichtlich alternative Handlungsoptionen vorlagen, die inhaltlich alle dem zweiten Narrativ entsprochen haben, und diese nicht Eingang gefunden haben in die Regierungsposition in der Griechenlandkrise, kann davon ausgegangen werden, dass sie eben grade deswegen nicht Eingang fanden, weil sie nicht Angela Merkels Überzeugungssystem entsprachen. Gemäß

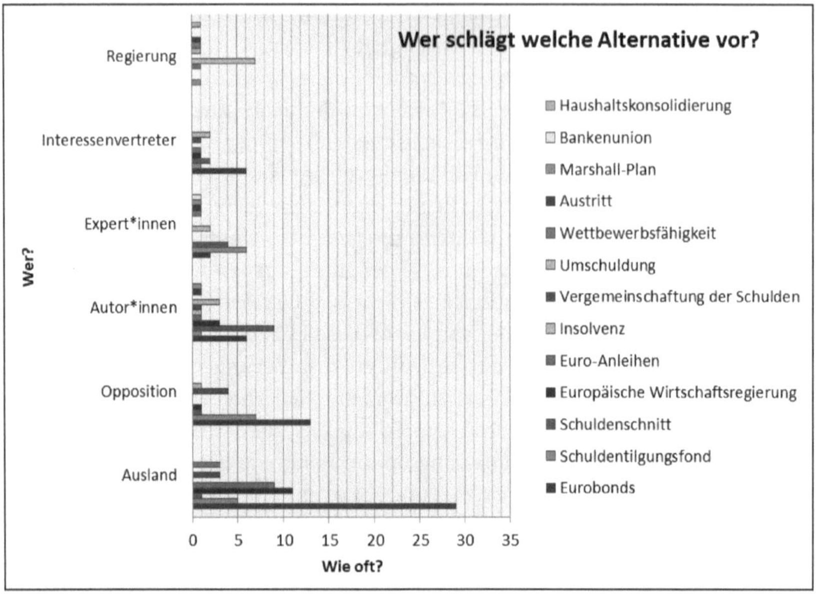

Abb. 10 Wer schlägt welche Alternative vor?
Eigene Darstellung (2018)

dem Operational Code Ansatz ist diese Nicht-Berücksichtigung der alternativen Handlungsoptionen in der deutschen Regierungsposition, zurückzuführen auf das Überzeugungssystem Angela Merkels, welches andere Lösungen favorisierte: „Leaders may engage in biased behavior rather than optimizing behavior in identifiying their choices, and choose actions consistent with their beliefs about external realities even when there is information available that contradicts their beliefs" (Schafer/Walker 2006b: 6). Vor dem Hintergrund dieser Ergebnisse kann auch die zweite Forschungsfrage beantwortet werden: Die deutsche Regierungsposition während des Untersuchungszeitraums 2010 bis 2015 stimmte offensichtlich mit dem Operational Code Angela Merkels überein. Ihre Überzeugungen hatten ganz offensichtlich Einfluss auf die deutsche Regierungsposition in der Griechenlandkrise. Eine Kongruenz und Kausalität zwischen unabhängiger und abhängiger Variable kann als bestätigt gelten.

Schlussbetrachtung IV

Die vorliegende Dissertation sollte die Überzeugungsstruktur von Angela Merkel in der Griechenlandkrise (2010–2015) untersuchen, um anschließend zu überprüfen, ob Angela Merkels Überzeugungen Einfluss auf die deutsche Regierungsposition in der Griechenlandkrise hatten. Die Arbeit gliedert sich in vier Teile, wobei der erste Teil das Desiderat, die Argumentationsstruktur, die Methodik und dessen Operationalisierung erörterte. Der zweite Teil der Arbeit beantwortete Forschungsfrage A, indem das Überzeugungssystem Angela Merkels in der Griechenlandkrise auf der Basis einer quantitativen Operational Code-Analyse erhoben wurde. Der dritte Teil der Arbeit beantwortete Forschungsfrage B und belegte eine Kongruenz und eine Kausalität zwischen unabhängiger und abhängiger Variable.

Im nun folgenden Teil IV sollen erstens die empirischen Ergebnisse der Operational Code Analyse, des Kongruenztest sowie der Prozessanalyse zusammengefasst dargestellt werden. Anschließend soll eine Zusammenfassung der theoretischen Forschungsergebnisse erfolgen. Abschließend werden dann die empirischen Ergebnisse theoretischen eingeordnet, um dann einen Ausblick zu geben.

1 Zusammenfassung der empirischen Forschungsergebnisse

Das vordergründige empirische Erkenntnisinteresse der Dissertation bestand darin, das Überzeugungssystem Angela Merkels in der Griechenlandkrise herauszuarbeiten. Dies wurde mit Hilfe einer quantitativen Operational Code Analyse durchgeführt. Das zweite empirische Erkenntnisinteresse richtete sich auf den Einfluss ihres Überzeugungssystems auf die außenpolitische Regierungsposition

D. Ankel, *Angela Merkels Überzeugungen in der Eurokrise*, Globale Gesellschaft und internationale Beziehungen, https://doi.org/10.1007/978-3-658-29797-8_4

in der Griechenlandkrise. Die zweite Forschungsfrage, ob also Angela Merkels Überzeugungssystem Einfluss auf die deutsche außenpolitische Positionierung in der Griechenlandkrise hatte, sollte mit einer methodischen Kombination aus einem qualtitativen Kongruenztest sowie einer Prozessanalyse nachgewiesen werden.

Die Ergebnisse der Operational Code Analyse weisen auf Folgendes hin: Angela Merkels Operational Code zeigte an, dass sie über den Untersuchungszeitraum hinweg ein eher positives Bild von den anderen beteiligten politischen Partnern hatte. Ihr Weltbild war freundlich bis mittelmäßig freundlich, d.h. sie ging davon aus, dass die Mitgliedstaaten der EWU zusammenarbeiten und die EU als politische Arena eher von Kooperation als von Konfrontation geprägt ist. Sie schätzte die Rolle des Zufalls über den Untersuchungszeitraum hinweg stets hoch ein, d.h. sie hatte die Überzeugung, dass ihr die Kontrolle über die politischen Entwicklungen im Rahmen der Krise fehle. Zusätzlich schätzte sie die Vorhersehbarkeit der politischen Zukunft, also die Berechenbarkeit der Taktik der anderen gering ein. Basierend auf den Ergebnissen der Operational Code Analyse lässt sich schlussfolgern, dass Angela Merkel der Überzeugung war, in einem Umfeld der Unsicherheit agieren zu müssen. Diese Unsicherheit bezog sich erstens auf das Agieren der anderen beteiligten politischen Akteure, zweitens auf die Entwicklung, welche die Griechenland- und Eurokrise weiter nehmen würde. Vor diesem Hintergrund ist auch ein weiteres Ergebnis der Operational Code Analyse zu bewerten, nämlich Angela Merkels Kooperationsbereitschaft. Die Ergebnisse der Analyse zeigen an, dass Angela Merkel über den Untersuchungszeitraum hinweg stets kooperativ in Strategie und Taktik war und nur selten bereit gewesen wäre, ihr kooperatives Verhalten zugunsten eines konfliktiven einzutauschen. Sie muss also überzeugt gewesen sein, dass sie zur Umsetzung ihrer kooperativen Strategie ebenfalls kooperative und koordinierende Mittel einsetzen muss. Überwiegend positiv bewertete Angela Merkel vor allem ihren eigenen Einfluss auf politische Entwicklungen, d.h. sie schätzte ihre eigene Macht innerhalb der Entscheidungsprozesse hoch ein.

Auf der Grundlage der Errechnungen des Operational Codes ließen sich gemäß der Theorie des Operational Code Erwartungen an Angela Merkels außenpolitisches Verhalten ableiten: Auf der Basis ihres Operational Codes konnte erwartet werden, dass Angela Merkel während des Untersuchungszeitraums kooperativ agieren würde. Sie schien der Überzeugung zu sein, dass die politische Welt der EU und der EWU eher von Kooperation und gemeinsamen Aktionen geprägt sei, als von Konfrontation und Alleingängen. In diesem Sinne war davon auszugehen, dass sie sich ebenfalls kooperativ verhalten würde. Wie genau sich dieses kooperative Verhalten äußern würde, konnte mit Hilfe des Operational Codes nicht gesagt werden. Da Angela Merkel grundsätzlich eine mittelmäßig optimistische Einschätzung bezüglich der Erreichung der Ziele hatte, war davon auszugehen, dass sie versuchen würde, ihre Ziele – die in Kapitel 1 des dritten Teils näher ausgeführt wurden – durchzusetzen oder mindestens gut zu positionieren. Dazu passt auch ihre Überzeugung, dass ihr Einfluss im Entscheidungsprozess hoch sei. Grundsätzlich war also die Erwartung, dass Angela Merkel versuchen würde, die Deutungshoheit bei der Lösung der Krise zu erlangen.

Eine Operational Code Analyse liefert Anworten über das Überzeugungssystem eines/r Entscheidungsträger*in auf der Grundlage der in einem Sprechakt vorkommenden transitiven Verben und Subjekte. Wie bereits an anderer Stelle angemerkt wurde, handelt es sich bei einer Operational Code Analyse entsprechend nicht um eine Inhaltsanalyse. Auf der Basis der erhobenen und errechneten Daten können zwar Erwartungen an das Verhalten formuliert werden. Dieses erwartbare Verhalten muss jedoch mit Inhalt gefüllt werden. Wie bereits ausgeführt, konnte auf der Basis des errechneten Operational Codes also mit Sicherheit von einem Kooperationsverhalten Angela Merkels ausgegangen werden. Wie Angela Merkel dieses grundsätzliche Kooperationsverhalten mit substantiellem, politischen Inhalt füllt, konnte nur durch einen weiteren Abstraktionsschritt geklärt werden. Dieser Abstraktionsschritt wurde in der vorliegenden Arbeit mit Hilfe eines Kongruenztests und einer Prozessanalyse vollzogen. Bei dem Kongruenztest ging es darum, die Erwartungen aus Angela Merkels Operational Code mit den realpolitischen, empirischen Entwicklungen in der Griechenlandkrise abzugleichen. Die Ergebnisse des Kongruenztests ergaben Folgendes:

Die untersuchten öffentlichen Äußerungen, von Angela Merkel selbst, ihren Regierungsprecher*innen und Vertretern zeigen an, dass sich die aus dem **Überzeugungssystem** von Angela Merkel abgeleiteten Erwartungen an ihr außenpolitisches Handeln decken mit der von ihr und ihrer Regierung verfolgten Politik. Sie war für die deutsche Bundesregierung maßgeblich beteiligt an der Neugestaltung der EU-Architektur. Mit ihren Kernforderungen Solidarität nur gegen Solidität, strikter Haushaltskonsolidierung und Schuldenbremsen nach deutschem Vorbild, dem ESM als dauerhaftem Mechanismus und der Privatsektorbeteiligung versuchte sie die Lösung der Krise in ihrem Interesse voranzutreiben. Sie nutzte ihre Macht und ihren Einfluss, um die Deutungshoheit bei der Lösung der Krise zu behalten. Zwar verhielt sie sich gemäß ihres Operational Codes stets kooperativ. Ihre kooperative Strategie und Taktik äußerte sich jedoch nicht darin, dass sie in einem Aushandlungsprozess gemeinsam mit allen anderen Mitgliedstaaten zu einer Lösung fand. Vielmehr bildete sie themenspezifische und kurzfristige Allianzen, um ihre Lösungsansätze durchzusetzen. Sie verhielt sich entsprechend der von ihr verbreiteten „Unionsmethode", bei der die Mitgliedstaaten sich zwar solidarisch zueinander verhalten und untereinander absprechen, die Interessen der einzelnen Mitgliedstaaten jedoch die EU-Entscheidungen bestimmen. Dies war auch Ausdruck ihrer Überzeugung, in Unsicherheit agieren zu müssen und das Verhalten der anderen beteiligten Akteure nicht unter Kontrolle zu haben. Die Kongruenz zwischen Angela Merkels Operational Code und ihren realpolitischen Aktionen und ihrer außenpolitischen Position können aus der Perspektive des Kongruenztests also als belegt gelten. Der Kongruenztest belegt darüber hinaus, dass Angela Merkels Überzeugungen und die abgeleiteten Erwartungen sich mit der außenpolitischen Positionierung der Bundesregierung deckten.

Um aber noch eine Scheinkorrelation zwischen Angela Merkels Operational Code und dem außenpolitischen Regierungshandeln auszuschließen, wurde abschließend eine Prozessanalyse durchgeführt, bei der alternative Handlungsoptionen in den Blick genommen wurden. Hierbei ergab sich, dass sich Angela Merkel und somit auch die Bundesregierung während des Untersuchungszeitraums durchaus auch mit alternativen Lösungsansätzen konfrontiert sahen. Diese wurden hauptsächlich von Politiker*innen aus dem Ausland vorgetragen, kamen aber auch aus den Reihen der Opposition und von Expert*innen. Ein regierungsinterner Elitendissens[35] konnte nicht nachgewiesen werden, dennoch wurde im Rahmen der Prozessanalyse belegt, dass Angela Merkel durchaus andere Handlungsmöglichkeiten gehabt hätte, diese jedoch nicht ihrer Überzeugung entsprachen. Angela Merkel hat sich bei der Lösung der Griechenland- und Eurokrise maßgeblich an dem ersten Narrativ *Stabilitätsunion* orientiert (Teil III, Kapitel 2.2), die alternativen Handlungsoptionen zählten fast alle zu dem zweiten Narrativ *Fiskalunion*. Auf der Basis der Ergebnisse des Kongruenztests und der Prozessanalyse konnte auch die Forschungsfrage B abschließend beantwortet werden: Angela Merkels Operational Code hatte offensichtlich Einfluss auf die deutsche Regierungsposition in der Griechenlandkrise. Diese Kausalitätsannahme wiederum ist eine der Kernthesen des Operational Code Ansatzes: Es besteht die Möglichkeit der Inferenz vom Operational Code von Entscheidungsträger*innen auf das außenpolitische Handeln eines Staates. Damit kommt die Arbeit zu den substantiellen theoretischen Fragen, die im folgenden Abschnitt noch einmal zusammengefasst dargestellt werden.

---

35 Ein Elitendissens kann in parlamentarischen Regierungssystemen zwischen der Opposition und der Regierung oder innerhalb einer Regierung entstehen. Siehe weiterführend Kai Oppermann (2008).

2 Zusammenfassung der theoretischen Forschungsergebnisse

Das theoretische Erkenntnisinteresse der vorliegenden Arbeit war vielschichtig: Erstens sollte die Dissertation mit der *first-image* Analyse der Rolle der deutschen Bundeskanzlerin in der Griechenlandkrise einen Beitrag zur recht unterrepräsentierten deutschen Operational Code Forschung leisten. Zweitens sollte geklärt werden, ob es überhaupt möglich ist, eine kausale Inferenz zwischen Angela Merkels Operational Code und der außenpolitischen Position der Bundesregierung in der Griechenlandkrise zu ziehen. In diesem Sinne war die Arbeit theorietestend angelegt. Drittens ging es um das Maß an Einfluss von Regierungschef*innen für die Außenpolitik eines Staates in parlamentarischen Regierungssystemen. Die Arbeit wollte einen Beitrag leisten zur forschungsinternen Debatte, ob der Operational Code von Entscheidungsträger*innen auf parlamentarische Regierungssysteme anwendbar ist. Viertens sollte ein Beitrag zu der Analyse politikfeldspezifischer Operational Code Forschung und *bottom-up* Analysen geleistet werden. Füftens sollte das Verbs in Context System für deutsche Sprechakte anwendbar gemacht werden.

Ausgehend von der Feststellung, dass es hauptsächlich angloamerikanische Operational Code Forschung gibt und bisher nur zwei qualitative Operational Code Analysen zu deutschen Entscheidungsträger*innen vorliegen, wollte diese Arbeit erstens einen Beitrag leisten zur deutschsprachigen Operational Code Forschung sowie die Analyse einer deutschen Entscheidungsträgerin auf der Basis einer quantitativen Operational Code Analyse bereitstellen. Dies ist mit der vorliegenden Arbeit umgesetzt worden. Zweitens konnte im empirischen Teil der Arbeit, auf der Basis des Kongrueztests und der Prozessanalyse nachgewiesen werden, dass eine Kausalität zwischen der unabhängigen Variable und der abhängigen Variable vorliegt. In diesem Sinne ist der Theorietest positiv ausgefallen.

Darüberhinaus hat die vorliegende Dissertation drittens einen Beitrag zu der forschungsinternen Debatte über die Anwendbarkeit des Operational Code Ansatzes auf parlamentarische Regierungsysteme geleistet. Die Analyse der Überzeugungsstruktur von Angela Merkel und ihrem Einfluss auf die deutsche Regierungsposition in der Griechenlandkrise deuten darauf hin, dass eine Operational Code Analyse von Entscheidungsträger*innen in parlamentarischen Regierungssystemen durchaus ertragreich und valide ist. Zwar ist Angela Merkel als Regierungschefin eingebettet in ein Netzwerk aus Minister*innen, die an der Formulierung einer Regierungsposition mit beteiligt sind. Darüber hinaus wird sie als Bundeskanzlerin durch ihre Fraktion sowie ihre eigene Partei und die dort entscheidungstragenden Akteure (Fraktionsvorsitzende/r, Präsidiumsmitglieder, Länderregierungschef*innen, etc.) maßgeblich eingeschränkt. Dennoch haben der Kongruenztest und auch die Prozessanalyse für den untersuchten Fall ergeben, dass Angela Merkels Überzeugungen eindeutig Einfluss hatten auf die Ausformulierung der deutschen Regierungsposition in der Griechenlandkrise. Intensiver könnte dieser Punkt untersucht werden, indem die Überzeugungsstrukturen des ehemaligen Fraktionsvorsitzenden Volker Kauder oder von weiteren wichtigen CDU-Politiker*innen oder Oppositionspolitiker*innen analysiert würden. Je diametraler deren Operational Codes zu Angela Merkels Operational Code stünden, desto stärker wäre der Beweis für die These, dass Angela Merkels Überzeugungssystem Einfluss auf die außenpolitische Regierungsposition hatte. Darüberhinaus wäre weitere wissenschaftliche Forschung in Form von Vergleichsanalysen möglich, um zu überprüfen, ob dieser Einfluss auch übertragbar ist auf andere außenpolitische Krisensituationen, wie z. B. die Flüchtlingskrise. Es wäre interessant, die Ergebnisse dieser Arbeit mit Operational Code Analysen anderer Entscheidungsträger*innen aus anderen parlamentarischen Regierungssystemen zu verbinden, um auszuschließen, dass es sich um ein nicht generalisierbares Einzelergebnis handelt, dass nur auf die Person Angela Merkel oder die entsprechende außenpolitische Krisensituation zurückzuführen ist.

Die vorliegende Fallstudie war dennoch viertens methodisch und inhaltlich ausgerichtet auf die Erhebung eines politikfeldspezifischen Operational Codes. Die Fallstudie hat ergeben, dass es für Angela Merkel einen politikfeldspezifischen Operational Code zur Griechenlandkrise gibt. Diese Fallstudienausrichtung implizierte gleichzeitig, dass es der Autorin nicht um die Erhebung eines generalisierbaren Operational Codes von Angela Merkel oder um den Vergleich mehrerer themenspezifischer Operational Codes ging. Wie jedoch bereits in Kapitel 3 erwähnt, wäre eine weitere politikfeldspezifische Operational Code Forschung z. B. zum Überzeugungssystem von Angela Merkel in der Flüchtlingskrise interessant und könnte Antworten liefern auf die forschungsinterne Debatte über generalisierbare Operational Codes.

Füftens ist mit der Darlegung der Methodik und der Erstellung eines Handbuches zur Kodierung deutscher Sprechakte in Kapitel 5.1 und 5.2. des ersten Teils ein substantieller Beitrag zur deutschsprachigen Operational Code Forschung erarbeitet worden. Auf der Basis des erstellten Codebuches und der detaillierten Darlegung der einzelnen händischen Kodierschritte ist es gelungen, die *Verbs in Context Analyse* auch für deutschsprachige Texte anwendbar zu machen. Die händische, formelbasierte Kodierungsanleitung kann als Grundstock für eine Ausarbeitung eines datenbasierten Programmes dienen. Die Kapitel über die Operationalisierungsschritte des Operational Code Ansatzes (5.2.1 bis 5.2.4.) haben deutlich gemacht, was eine händische Kodierung berücksichtigen muss, um die vier Gütekriterien sozialwissenschaftlicher Forschung, Objektivität, Reliabilität, Replizierbarkeit und Validität zu gewährleisten. Allen methodischen Fallstricken des Operational Code Ansatzes sowie generell kongnitiver Theorien zum Trotz, konnte die vorliegende Dissertation auf der Basis einer selbstentwickelten formelbasierten, händischen Kodierung und auf der Grundlage von Sprechakten die Überzeugungsstruktur einer deutschen Entscheidungsträgerin in einer aktuellen außenpolitischen Krise aufzeigen.

3 Ausblick

Der Operational Code Ansatz in seiner quantitativen Anwendung kann als Analyse, die auf der Individualebene ansetzt und einzelne Entscheidungsträger*innen ins Zentrum einer Außenpolitikanalyse rückt, aufschlussreiche und valide Ergebnisse liefern und einen substantiellen Beitrag zu einer theoriegeleiteten Außenpolitikforschung leisten. Die vorliegende Arbeit hat hierzu beigetragen. Es ist deutlich geworden, dass einzelne Entscheidungsträger*innen durchaus Krisenentwicklungen und Verläufe durch ihr Überzeugungssystem beeinflussen können. Nicht nur ihre strukturelle Verortung innerhalb des politisch-bürokratischen Betriebes ist für die Außenpolitik eines Staates relevant, sondern auch ihre persönliche Überzeugungsstruktur kann besonders in akuten Krisensituationen, in denen es keine bereits etablierten und überprüften Routinen gibt und in denen Entscheidungsträger*innen schnelle Entscheidungen unter Handlungsdruck treffen müssen, eine große Relevanz entfalten. In diesem Sinne war die Entscheidung, Angela Merkel als deutsche Entscheidungsträgerin in der Griechenlandkrise zu analysieren fruchtbar und hat zu validen Schlussfolgerungen geführt. Dennoch muss konstatiert werden, dass Angela Merkel für eine Sprechaktanalyse kein leichter Untersuchungsgegenstand war. Die händische Kodierung ihrer Sprechakte hat deutlich gemacht, dass Angela Merkel in ihrer Wortwahl und Sprache bemüht war, ausgleichend, nicht wertend oder gar intuitiv emotional zu sein. Ihre vielen positiven Selbst-Aussagen und seltenen negative Aussagen über andere machten eine Analyse ihrer Überzeugungsstruktur schwierig. Ihre kaum vorhandene emotionale Verbundenheit zum Thema zeigte sich deutlich in ihrem sehr sachlichen und abgewogenen Ausdruck. Für eine Sprechaktanalyse, die eine Überzeugungsstruktur auf der Basis von positiven und negativen Selbst-, bzw. Andere-Aussagen herauszufiltern versucht, ist ein Untersuchungsgegenstand, der sich kaum emotionaler Sprache bedient, eher integrativ als ausschließend spricht, und auf Kritik aus den eigenen Reihen oder aus dem Ausland kaum bis gar nicht reagiert, schwer greifbar. Vor diesem Hintergrund scheint eine Analyse von Angela Merkels Operational Code in der Flüchtlingskrise erneut besonders relevant und interessant, da sich ihr Sprachgebrauch hier abhängig von ihrer offensichtlichen persönlichen Betroffenheit zu ändern schien. Eine solche Operational Code Analyse könnte darüber hinaus die Annahme stärken, dass der Operational Code Ansatz auch auf Entscheidungsträger*innen in parlamentarischen Regierungssystemen anwendbar ist, und die Kausalitätsannahme, dass vom Operational Code auf außenpolitisches Regierungshandeln geschlossen werden kann, stützen. Darüber hinaus wäre eine Kombination des Operational Code Ansatzes mit anderen Theorien, die auf der Individualebene angesiedelt sind, denkbar, z. B. dem Leadership Trait Ansatz. Ziel einer solchen Theorienkombination könnte es sein, von der Überzeugungsstruktur ausgehend Angela Merkels Führungsstil zu typologisieren, um die Erwartungen an ihr außenpolitisches Handeln zu konkretisieren. Ungeachtet dieses Raumes für weitere personenbezogene FPA-Forschung hat die vorliegende Dissertation einen Beitrag geleistet zur deutschsprachigen Operational Code Forschung und zur deutschen FPA-Landschaft.

Literaturverzeichnis

Albertshauser, W. (2010). Die Erblast des Euro – eine kurze Geschichte der Europäischen Währungsunion. *APuZ*, 43/2010, 39–45.

Alden, Ch. & Aran, A. (2012). *Foreign Policy Analysis. New Approaches*. Abingdon: Routledge.

Auel, K. & Höing, O. (2015). National Parliaments and the Eurozone Crisis. Taking Ownership in Difficult Times?. *West European Politics*, 38(2), 375–395.

Axelrod, R. (1976). *Structure of Decision. The Cognitive Maps of Political Elites*. Princeton: Princeton Legacy Library.

Beach, D. (2012). *Analyzing Foreign Policy*. London: Palgrave Macmillan.

Beach, D. & Pederson, R. B. (2013). *Process-Tracing Methods. Foundations and Guidelines*. Michigan: Ann Arbor.

Beckert, J. & Streeck, W. (2012). Die Fiskalkrise und die Einheit Europas. *APuZ*, 4/2012, 7–17.

Bendiek, A. (2015). Review 2014: Grundpfeiler deutscher Außenpolitik und weltweite Erwartungen. *Arbeitspapier der DG EU/Europa*, 2015/ Nr.3, Berlin: SWP.

Bieling, H. J. (2013). Das Projekt der Euro-Rettung und die Widersprüche des europäischen Krisenkonstitutionalismus. *Zeitschrift für Internationale Beziehungen*, 20(1), 89–103.

Bieling, H. J. (2011). Die EU in der globalen Wirtschafts- und Finanzkrise: Konturen und innere Widersprüche des europäischen Krisenmanagements. In Kessler (Hrsg.), *Die Internationale Politische Ökonomie der Weltfinanzkrise* (S. 161–181). Wiesbaden: VS Verlag.

Bieling, H.J; Haas, T. & Lux, Julia (2014). Die Internationale Politische Ökonomie nach der Weltfinanzkrise: theoretische, geopolitische und politikfeldspezifische Implikationen, Wiesbaden: Springer.

Belke, A. & Dreger, C. (2011). Das zweite Rettungspaket für Griechenland und Perspektiven für die Europäische Zentralbank. *Integration*, 3 / 2011, 214–227.

Berghahn, V. & Young, B. (2013). Reflections on Werner Bonefeld´s ´Freedom and the String State: On German Ordoliberalism´ and the Continuing Importance of the Ideas of Ordoliberalism to Understand Germany ´s (Contested) Role in Resolving the Eurozone Crisis. *New Political Economy*, 18 (5), 768–778.

Blatter, J., Janning, F., & Wagemann, C. (Hrsg.) (2007). *Qualitative Prozessanalyse*. Wiesbaden: VS Verlag.

Beddoes M. (2013). Europe´s reluctant hegemon. *The Economist*, 15.6.2013

D. Ankel, *Angela Merkels Überzeugungen in der Eurokrise*, Globale Gesellschaft und internationale Beziehungen, https://doi.org/10.1007/978-3-658-29797-8

Borchardt, A., & Göthlich, S. E. (2006). Erkenntnisgewinn durch Fallstudien. In Albers et al. (Hrsg.), *Methodik der empirischen Forschung* (S. 33–48). Wiesbaden: Gabler Verlag.

Boysen-Hogrefe, J. (2010). Ist Griechenland noch zu retten? Und der Euro?. *Kiel Policy Brief Nr.19*, Kiel: IfW.

Breslauer, G., & Tetlock, P. (1991). *Learning in U.S. Foreign Policy*. Boulder: CO.

Brummer, K. (2011). Überzeugungen und Handeln in der Außenpolitik. Der Operational Code von Angela Merkel und Deutschlands Afghanistanpolitik. In K. Brummer & St. Fröhlich (Hrsg.), *Zehn Jahre Deutschland in Afghanistan* (S. 143–169). Wiesbaden: VS Verlag.

Brummer, K. (2013). Die Innenpolitik der Außenpolitik. Die Große Koalition, „Governmental Politics" und Auslandseinsätze der Bundeswehr. Wiesbade: VS Verlag.

Brummer, K. (2015). Implications for Mainstream FPA Theory. In K. Burmmer & V. Hudson (Hrsg.), *Foreign Policy Analysis beyond North America* (S. 169–187). Boulder: Lynne Rienner.

Brummer, K. & Oppermann, K. (2014). *Außenpolitikanalysen*. Münschen: Oldenbourg Verlag.

Brummer, K. & Hudson, V. (2015): *Foreign Policy Analysis beyond North America*. Boulder: Lynne Rienner.

Bulmer, S., & Paterson, W. E. (2013). Germany as the EU´s reluctant hegemon? Of evonomic strength and political constraints. *Journal of European Public Policy*, 20(10), 1387–1405.

Bulletin (2010a). Pressestatement von Bundeskanzlerin Merkel vor Gespräch mit Vertretern der mittelständischen Wirtschaft und zu Griechenland. https://www.bundesregierung.de/ContentArchiv/DE/Archiv17/Mitschrift/Pressekonferenzen/2010/03/2010-03-03-statement-mittelstaendische-unternehmen.html. Zugegriffen. 10. Juni 2018.

Bulletin (2010b). Regierungspressekonferenz vom 5. März 2010. https://www.bundesregierung.de/ContentArchiv/DE/Archiv17/Mitschrift/Pressekonferenzen/2010/03/2010-03-05-regpk.html. Zugegriffen. 10. Juni 2018.

Bulletin (2010c). Regierungspressekonferenz vom 17. März 2010. https://www.bundesregierung.de/ContentArchiv/DE/Archiv17/Mitschrift/Pressekonferenzen/2010/03/2010-03-17-regpk.html. Zugegriffen. 10. Juni 2018.

Bulletin (2010d). Regierungspressekonferenz vom 19. März 2010. https://www.bundesregierung.de/ContentArchiv/DE/Archiv17/Mitschrift/Pressekonferenzen/2010/03/2010-03-19-regpk.html. Zugegriffen. 10. Juni 2018.

Bulletin (2010e). Pressekonferenz der Bundeskanzlerin zum Europäischen Rat vom 25. März 2010. https://www.bundesregierung.de/ContentArchiv/DE/Archiv17/Regierungserklaerung/2010/2010-03-26-merkel-erklaerung-eu-rat.html. Zugegriffen. 10. Juni 2018.

Bulletin (2010f). Pressestatement von Bundeskanzlerin Angela Merkel zu Finanzhilfen für Griechenland am 26. April 2010 in Berlin. https://www.bundeskanzlerin.de/ContentArchiv/DE/Archiv17/Mitschrift/Pressekonferenzen/2010/04/2010-04-26-statement-griechenland.html. Zugegriffen. 10. Juni 2018.

Bulletin (2010g). Abschlusspressekonferenz zum Europäischen Rat am 16./17. Dezember in Brüssel. https://www.bundesregierung.de/ContentArchiv/DE/Archiv17/Mitschrift/Pressekonferenzen/2010/12/2010-12-17-eu-rat-abschluss-pk.html. Zugegriffen. 10. Juni 2018.

Bulletin (2011a). Pressestatements von Bundeskanzlerin Angela Merkel und des griechischen Ministerpräsidenten Georgios Papandreou in Berlin am 22. Februar 2011. https://www.bundeskanzlerin.de/ContentArchiv/DE/Archiv17/Mitschrift/Pressekonferenzen/2011/02/2011-02-23-bkin-statement-papandreou.html. Zugegriffen. 10. Juni 2018.

Bulletin (2011b). Pressekonferenz nach dem EU-Rat zur Eurostabilität in Brüssel am 12. März 2011. https://www.bundesregierung.de/ContentArchiv/DE/Archiv17/Mitschrift/Pressekonferenzen/2011/03/2011-03-12-EU-rat-Euro.html. Zugegriffen. 23. Febr. 2018.

Bulletin (2011c). Pressekonferenz der Bundeskanzlerin nach dem Europäischen Rat in Brüssel am 25. März 2011. https://www.bundeskanzlerin.de/ContentArchiv/DE/Archiv17/Mitschrift/Pressekonferenzen/2011/03/2011-03-25-pk-eu-rat-bruessel.html. Zugegriffen. 23. Febr. 2018.
Bulletin (2011d). Regierungspressekonferenz vom 9. Mai 2011.
Bulletin (2011e). Regierungspressekonferenz vom 18. Mai 2011.
Bulletin (2011f). Regierungspressekonferenz vom 8. Juni 2011.
Bulletin (2011g). Pressekonferenz der Bundeskanzlerin nach dem Europäischen Rat vom 24. Juni. https://www.bundeskanzlerin.de/ContentArchiv/DE/Archiv17/Mitschrift/Pressekonferenzen/2011/06/2011-06-24-eu-rat-brs-pk.html. Zugegriffen. 23. Febr. 2018.
Bulletin (2011h). Regierungspressekonferenz vom 11. Juli.
Bulletin (2011i). Regierungspressekonferenz vom 15. Juli.
Bulletin (2011j). Regierungspressekonferenz vom 18. Juli
Bulletin (2011k). Regierungspressekonferenz vom 29. Juli
Bulletin (2011l). Regierungspressekonferenz vom 2. September
Bulletin (2011m). Statements von Bundeskanzlerin Angela Merkel und dem griechischen Ministerpräsidenten Georgios Papandreou in Berlin vom 27. September 2011. https://www.bundesregierung.de/ContentArchiv/DE/Archiv17/Mitschrift/Pressekonferenzen/2011/09/2011-09-27-merkel-papandreou.html. Zugegriffen. 20. Juni 2018.
Bulletin (2011n). Regierungspressekonferenz vom 12. September 2011.
Bulletin (2011o). Pressekonferenz der Bundeskanzlerin vom 5. Oktober 2011.
Bulletin (2011p). Pressekonferenz zum griechischen Referendum in Cannes vom 2. November 2011. https://www.bundesregierung.de/ContentArchiv/DE/Archiv17/Mitschrift/Pressekonferenzen/2011/11/2011-11-03-merkel-sark-cannes.html. Zugegriffen. 20. Juni. 2018.
Bulletin (2012a). Regierungspressekonferenz vom 7. Februar 2012.
Bulletin (2012b). Regierungspressekonferenz vom 17. Feburar 2012.
Bulletin (2012c). Regierungspressekonferenz vom 5. März 2012.
Bulletin (2012d). Pressestatements von Bundeskanzlerin Merkel und dem Ministerpräsidenten der Hellenischen Republik, Antonis Samaras in Berlin vom 24. August 2011. https://www.bundeskanzlerin.de/ContentArchiv/DE/Archiv17/Mitschrift/Pressekonferenzen/2012/08/2012-08-24-samaras-merkel.html?nn=614982. Zugegriffen. 20. Juni 2018.
Bulletin (2012e). Pressekonferenz von Bundeskanzlern Angela Merkel bei der Tagung des Europäischen Rates am 18. und 19. Oktober. https://www.bundesregierung.de/ContentArchiv/DE/Archiv17/Mitschrift/Pressekonferenzen/2012/10/2012-10-19-merkel-bruessel-1.html. Zugegriffen. 20. Juni 2018.
Bulletin (2012f). Regierungspressekonferenz vom 3. Dezember 2012.
Bulletin (2013). Regierungspressekonferenz vom 10. Juni 2013.
Bulletin (2014a). Pressekonferenz von Bundeskanzlerin Merkel und dem griechischen Ministerpräsidenten Antonis Samaras am 11. April 2014 in Athen. https://www.bundesregierung.de/Content/DE/Mitschrift/Pressekonferenzen/2014/04/2014-04-11-merkel-samaras.html. Zugegriffen. 20. Juni 2018.
Bulletin (2014b). Regierungspressekonferenz vom 17. September 2014.
Bulletin (2015a). Regierungspressekonferenz vom 5. Januar 2015.
Bulletin (2015b). Regierungspressekonferenz vom 7. Januar 2015.
Bulletin (2015c). Regierungspressekonferenz vom 21. Januar 2015.
Bulletin (2015d). Regierungspressekonferenz vom 4. Februar 2015.
Bulletin (2015e). Regierungspressekonferenz vom 20. Februar 2015.

Bulletin (2015f). Regierungspressekonferenz vom 13. März 2015.
Bulletin (2015g). Regierungspressekonferenz vom 10. Juni 2015.
Bulletin (2015h). Pressekonferenz mit Bundeskanzlerin Angela Merkel und Siegmar Gabriel im Bundeskanzleramt vom 29. Juni 2015.
Bulletin (2015i). Pressekonferenz mit Bundekanzlerin Angela Merkel und dem italienischen Ministerpräsidenten Renzi im Bundeskanzleramt vom 1. Juli 2015. https://www.bundesregierung.de/Content/DE/Mitschrift/Pressekonferenzen/2015/07/2015-07-01-merkel-renzi.html. Zugegriffen. 20. Juni 2018.
Bueno de Mesquita, B. (1981). *The War Trap*. New Haven/London: Yale University Press.
Bueno de Mesquita, B. (1984). Forecasting Policy Decisions. An Expected Utility Approach to Post-Khomeini Iran. *Political Science and Politics*, 17(2), 226–236.
Bueno de Mesquita, B. (1985). The War Trap Revisited. A Revisited. A Revised Expected Utility Model. *American Political Science Review*, 79(1), 156–177.
Bueno de Mesquita, B. (1997). A Decision Making Model. Its Structure and Form. *International Interactions*, 23(3-4), 235–266.
Bundesfinanzministerium (2017). *Chronologie der Stabilisierung der Wirtschafts- und Währungsunion*
Bundesgesetzblatt (2010). *Gesetz zur Übernahme von Gewährleistungen im Rahmen eines europäischen Stabilisierungsmechanismus*, Nr. 24, 22. Mai 2010.
Busch, K. (2012). Scheitert der Euro? Strukturprobleme und Politikversagen bringen Europa an den Abgrund. *FES Studie 2/201*, Bonn: FES.
Carlsnaes, W. (2013). Foreign Policy. In W. Carlsnaes, Th. Risse & B. A. Simmons (Hrsg.), *Handbook of International Relations* (S. 298–325) Los Angeles et al.: Sage.
Crichlow, S. (1998). Idealism or Pragmatism? An Operational Code Analysis of Yitzhak Rabin and Shimon Peres. *Political Psychology*, 19(4), 683–706.
Collier D., & Mahoney, J. (1996). Insights and Pitfalls. Keeping Selection Bias in Perspective. *World Politics*, 49(1), 56–91.
Converse, P. E. (1964). The Nature of Belief Systems in Mass Publics. In D. E. Apter (Hrsg.), *Ideology and Discontent* (S. 206–261). New York: Free Press.
Dalgaard-Nielsen, A. (2006). *Germany, parcifism and peace enforcement*. Manchester. Mancherster University Press.
DeRouen, K. Jr., & Sprecher, Ch. (2004). Initial Crisis Reaction and Poliheuristic Theorey. *Journal of Conflict Resolution*, 48(1), 56–68.
Dieter, H., & Frind, A. (2012). Schiffbruch der Troika in Athen. *SWP-Aktuell Mai 2012*, Berlin: SWP.
Dille, B. (2000). The prepared and spontaneous remarks of president Reagan and Bush. A validity comparison for at-a-distance measurement. *Political Psychology*, 21(3), 573–585.
Doxiadis, A. (2011). Griechische Wirtschaft. Kleinunternehmer, Rentiers, Opportunisten – Institutionen, Mentalitäten. *Lettre International*, 94 (Herbst), 25–30.
Dullien, S., & Schwarzer, D. (2011). Dealing with Debt Crisis in the Eurozone. Evaluation and Limits of the European Stability Mechanism. *SWP Research Paper Oktober 2011*, Berlin: SWP.
Dullien, S., & Guérot, U. (2012). The long shadow of Ordoliberalism. Germany ′s Approach to the Euro Crisis. *European Council on Foreign Relations*, 2012 (49). http://www.ecfr.eu/page/-/ECFR49_GERMANY_BRIEF_AW.pdf. Zugegriffen: 22. Febr. 2018.
Dyson, St. (2001). Drawing policy implications from `Operational Code ′ of a `new′ political actor. Russian President Vladimir Putin. *Policy Sciences*, 34(3/4), 329–346.

Dübel, H. J. (2011). Partial sovereign bond insurance by the eurozone.A more efficient alternative to blue (Euro-)bonds. *CEPS Policy Brief No. 252*, Brüssel: Centre for European Policy Studies.

Deutscher Bundestag (2010a). Gesetzentwurf der Fraktionen der CDU/CSU und FDP: Entwurf eines Gesetzes zur Übernahme von Gewährleistungen zum Erhalt der für die Finanzstabilität in der Währungsunion erforderlichen Zahlungsfähigkeitder Hellenischen Republik. Drucksache 17/1544. http://dip21.bundestag.de/dip21/btd/17/015/1701544.pdf. Zugegriffen: 22. Febr. 2018.

Deutscher Bundestag (2010b). Namentliche Abstimmung zum Währungsunion-Finanzstabilisierungsgesetz. https://www.bundestag.de/dokumente/textarchiv/2010/namabst/248376. Zugegriffen: 22. Febr. 2018.

Deutscher Bundestag (2010c). Gesetzentwurf der Fraktionen der CDU/CSU und FDP: Entwurf eines Gesetzes zur Übernahme von Gewährleistungen im Rahmen eines europäischen Stabilisierungsmechanismus. *Drucksacke 17/1685*. http://dipbt.bundestag.de/dip21/btd/17/069/1706916.pdf. Zugegriffen: 22. Febr. 2018.

Deutscher Bundestag (2015). Regierungserklärungen.
https://www.bundestag.de/service/glossar/glossar/R/regierungserkl/245524. Zugegriffen: 22. Febr. 2018.

ECOFIN 2010. Beschluss der im Rat der Europäischen Union vereinigten Vertreter der Regierungen der dem Euro-Währungsgebiet angehörenden Mitgliedstaaten. http://register.consilium.europa.eu/doc/srv?l=DE&f=ST%209614%202010%20INIT. Zugegriffen: 22. Februar 2018.

ESM Vertrag (2012). Vertrag über die Einrichtung eines Europäischen Stabilisierungsmechanismus. http://europa.eu/rapid/press-release_DOC-12-3_de.htm. Zugegriffen: 22. Febr. 2018.

Eurogruppe (2010a). Action taken by Greece in response to the Council Decision of 16. February 2010 and to implement its stability programme: Terms of reference of the Eurogroup, http://ec.europa.eu/economy_finance/economic_governance/sgp/pdf/30_edps/other_documents/2010-03-15__el__eurogroup_en.pdf. Zugegriffen: 22.Febr. 2018.

Eurogruppe (2010b). Statement on the support to Greece by Euro area Member States, 11. April 2010, http://europa.eu/rapid/press-release_MEMO-10-123_en.htm. Zugegriffen: 22. Febr. 2018.

Eurogruppe (2010c). Erklärung der Eurogruppe – Erklärung zur Unterstützung für Griechenland, 2. Mai 2010

Eurogruppe (2010d). Statement by the Eurogroup, 28. November 2010.

Eurogruppe (2012a). Eurogroup Statement. https://ec.europa.eu/info/sites/info/files/2012-02-21_eurogroup_statement_bailout_for_greece.pdf. Zugegriffen: 22. Febr. 2018.

Eurogruppe (2012b). Second Adjustment Programm for Greece, http://ec.europa.eu/economy_finance/publications/occasional_paper/2012/pdf/ocp94_en.pdf. Zugegriffen: 22. Febr. 2018.

Eurogruppe (2012c). Neuauflage des 2. Programms, http://ec.europa.eu/economy_finance/publications/occasional_paper/2012/pdf/ocp123_en.pdf. Zugegriffen: 22. Febr. 2018.

Eurogruppe (2015). Drittes Programm. http://www.consilium.europa.eu/en/press/press-releases/2015/08/14-eurogroup-statement/. Zugegriffen: 22. Febr. 2018.

Europäische Kommission (2004). Kommission führt Defizitverfahren gegen Griechenland fort. *IP/04/1527*, 22.Dezember 2004.

Europäische Kommission (2007). Kommission empfiehlt Einstellung des Defizitverfahrens gegen Deutschland, Griechenland und Malta. *IP/07/672*, 16. Mai 2007. http://europa.eu/rapid/press-release_IP-07-672_de.htm. Zugegriffen: 22. Febr. 2018.

Europäische Kommission (2010a). Mitteilung der Kommission an das Europäische Parlament, den Europäischen Rat, die Europäische Zentralbank, den Europäischen Wirtschafts- und Sozialausschuss und den Ausschuss der Regionen. KOM (2010).

Europäische Kommission (2010b). Vorschlag für eine Verordnung des Europäischen Parlaments und des Rates über die wirksame Durchsetzung der haushaltspolitischen Überwachung im Euroraum. 2010/0278 (COD). http://ec.europa.eu/economy_finance/articles/eu_economic_situation/pdf/com2010_524de.pdf . Zugegriffen: 22. Febr. 2018.

Europäische Kommission (2010c). Vorschlag für eine Verordnung des Europäischen Parlaments und des Rates über Durchsetzungsmaßnahmen zur Korrektur übermäßiger makroökonomischer Ungleichgewichte im Euroraum. 2010/0279 (COD). http://ec.europa.eu/economy_finance/articles/eu_economic_situation/pdf/com2010_5. Zugegriffen: 22.Febr. 2018.

Europäische Kommission (2013). Die „Twopack"-Verordnungen treten in Kraft: Vervollständigung der Haushaltsüberwachung und weitere Verbesserung der wirtschaftspolitischen Steuerung im Euro-Währungsraum. http://europa.eu/rapid/press-release_MEMO-13-457_de.htm. Zugegriffen: 22. Febr. 2018.

Europäischer Rat (2010a). Erklärung der Staats- und Regierungschefs der Europäischen Union, 11. Februar 2010, http://www.consilium.europa.eu/uedocs/cms_data/docs/pressdata/de/ec/115271.pdf. Zugegriffen: 22. Febr. 2018.

Europäischer Rat (2010b). Erklärung der Staats- und Regierungschefs der Mitgliedstaaten des Euro-Währungsgebietes, 25. März 2010.

Europäischer Rat (2010c). Erklärung der Staats- und Regierungschefs der Mitgliedstaaten zum Europäischen Stabilitätsmechanismus, 7.5.2010.

Europäischer Rat (2010d). Schlussfolgerungen, 17. Juni 2010. http://data.consilium.europa.eu/doc/document/ST-13-2010-INIT/de/pdf. Zugegriffen: 22. Febr. 2018.

Europäischer Rat (2010e). Schlussfolgerungen, 28./29. Oktober 2010, http://data.consilium.europa.eu/doc/document/ST-25-2010-INIT/de/pdf.

Europäischer Rat (2010f). Schlussfolgerungen, 16./17. Dezember 2010, http://data.consilium.europa.eu/doc/document/ST-30-2010-INIT/de/pdf..

Europäischer Rat (2011a). Schlussfolgerungen der Staats- und Regierungschefs der Mitgliedstaaten des Euro-Währungsgebietes, 11. März 2011, http://data.consilium.europa.eu/doc/document/ST-7-2011-INIT/de/pdf.

Europäischer Rat (2011b). Schlussfolgerungen, 25. März 2011, http://data.consilium.europa.eu/doc/document/ST-10-2011-INIT/de/pdf.

Europäischer Rat (2011c). Erklärung der Staats- und Regierungschefs des Euro-Währungsgebietes und der EU-Organe. 21. Juli 2011, https://www.rewi.hu-berlin.de/de/lf/oe/whi/archiv/eurrat-rettungsschirm-efsf110721.pdf.

Europäischer Rat (2011d). Erklärung der Staats- und Regierungschefs der Mitgliedstaaten der Europäischen Union. 26. Oktober 2011.

Featherstone, K. (2011). The Greek sovereign debt crisis and EMU. A failing state in a skewed regime. *Journal of Common Market Studies*, 49 (2), 193–217.

Fehlker, Ch., Ioannou, D., & Niemann, A. (2013). Die Errichtung einer Europäischen Finanzmarktunion. Ein Fall von funktionalem spillover. *Zeitschrift für Internationale Beziehungen*, 20(1), 105–124.

Feng, H. (2005). The Operational Code of Mao Zedong. Defensive or Offensive Realist?. *Security Studies*, 14(4), 637–662.

Fischer, J. (2015, 27. Juli). Ist der „hässliche Deutsche“ zurück?. *Süddeutsche Zeitung*, Aussenansicht.

Fiskalvertrag (2012). https://ec.europa.eu/info/sites/info/files/2012-02-21_eurogroup_statement_bailout_for_greece.pdf

Flick, U. (2004). *Triangulation. Eine Einführung.* Wiesbaden: VS-Verlag für Sozialwissenschaften.

Gammelin, C., & Löw, R. (2014). *Europas Strippenzieher. Wer in Brüssel wirklich regiert.* Berlin: Econ.

Genschel, Ph., & Jachtenfuchs, M. (2013). Alles ganz normal! Eine institutionelle Analyse der Euro-Krise. *Zeitschrift für Internationale Beziehungen*, 20 (1), 75–88.

George, A. (1969). The „operational code“. A neglected approach to the study of political leaders and decision-making. *International Studies Quarterly*, 13(2), 190–222.

George, A (1979). The causal nexus between cognitive beliefs and decision-making behavior. The “Operational Code“ belief system. In L. S. Falkowski (Hrsg.), *Psychological models in international politics* (S. 95–124). Boulder: Westview Press.

George, A., & Bennett, A. (2005). *Case Studies and Theory Development in the Social Science*, Cambridge: MIT Press.

Georgiadou, V. (2015). Krise, aber nicht Unregierbarkeit. Das griechische Parteiensystem im Umbruch. In U. D. Klemm & W. Schultheiß (Hrsg.), *Die Krise in Griechenland. Ursprünge, Verlauf, Folgen* (S. 70–85). Bonn: bpb.

Gleichstellungsbeauftragte der Universität zu Köln (2015): Überzeugendere Sprache. Leitfaden für eine geschlechtersensible und inklusive Sprache, 4. Auflage, online unter: http://www.gb.uni-koeln.de/gleichstellung_an_der_universitaet/gendersensible_sprache/. Zugegriffen: 22. Feb. 2018.

Grauwe, P. De (2011). The Governance of a fragile Eurozone. https://www.ceps.eu/system/files/book/2011/05/WD%20346%20De%20Grauwe%20on%20Eurozone%20Governance.pdf. Economic Policy, CEPS Working Documents Mai 2011. Zugegriffen: 22. Febr. 2018.

Grauwe, P. De (2013). The Political Economy of the Euro. *Annual Review of Political Science*, 16, 153–170. https://www.annualreviews.org/doi/pdf/10.1146/annurev-polisci-060911-085923. Zugegriffen: 22. Febr. 2018.

Gros, D. & Giovannini, A. (2011). The EFSF as a European Monetary Fund. Does it have enough resources?. *CEPS Commentary*, 28. Juli 2011, Brüssel: CEPS.

Gross Stein, J. (2012). Foreign Policy decision making. rational, psychological, and neurological models. In St. Smith, A. Hadfield & T. Dunne (Hrsg.), *Foreign Policy: Theories, Actors, Cases* (S. 130–146). Oxford: Oxford University Press.

Guérot, U. (2015). Von Normalität über Übermacht zur Ohnmacht? Betrachtungen zur deutschen Rolle in Europa. *APuZ* 52/2015, 17–22.

Haftendorn, H. (2001). *Deutsche Außenpolitik zwischen Selbstbeschränkung und Selbstbehauptung: 1945–2000.* Deutsche Verlags-Anstalt.

Harnisch, S. (2000). *Außenpolitisches Lernen. Die US-Außenpolitik auf der koreanischen Halbinsel.* Opladen: Leske und Budrich.

Harnisch, S. (2003). Theorieorientierte Außenpolitikforschung in einer Ära des Wandels. In G. Hellmann, K. D. Wolf & M. Zürn (Hrsg.), *Die neuen internationalen Beziehungen. Forschungsstand und Perspektiven in Deutschland* (S. 313–360). Baden-Baden: Nomos.

Harnisch, S., & Maull H. W. (2001). *Germany as a civilian power? The foreign policy of the Berlin Republic.* Manchester: Manchester University Press.
Hall, P. (2012). The Economics and Politics of the Euro Crisis. *German Politics*, 21(4), 55–71.
Hall, P. A., & Franzese, R. J. (2008). Uneinheitliche Signale. Zentralbankunabhängigkeit und koordinierte Lohnaushandlung in der Europäischen Währungsunion. In M. Höpner & A. Schäfer (Hrsg.), *Die Politische Ökonomie der europäischen Integration* (S. 369–405). Frankfurt: Campus.
Heider, F. (1958). *The psychology of interpersonal relations.* New York: Wiley.
Hellmann, G. (2006). *Deutsche Außenpolitik. Eine Einführung.* Wiesbaden: VS Verlag.
Hill, Ch. (2003): *The Changing Politics of Foreign Policy.* Basingstoke: Palgrave Macmillan.
Höpner, M., & Schäfer, A. (2012). Integration among Unequals: How the Heterogeneity of European Varieties of Capitalism Shapes the Social and Democratic Potential of the EU. *MPIfG Discussion Paper*, 12 (5). http://www.mpifg.de/pu/mpifg_dp/dp12-5.pdf. Zugegriffen 22. Febr. 2018.
Hooghe, L. & Marks, G. (2008). Die Entstehung eines politischen Gemeinwesens. Der Kampf um die europäische Integration. In M. Höpner & A. Schäfer (Hrsg.), *Die Politische Ökonomie der europäischen Integration* (S. 159–202). MPIfG: Campus Verlag.
Holsti, O. (1967). Cognitive Dynamics and Images of the Enemy. *Journal of International Affairs* XXI (1967), 16–39.
Holsti, O. (1970). The „Operational Code" Approach to the Study of Political Leaders: John Foster Dulles′ Philosophical and Instrumental Beliefs. *Canadian Journal of Political Science*, 3(1), 123–157.
Holsti, O. (1976): Foreign Policy Formation Viewed Cognitively. In R. Axelrod (Hrsg.), *Structure of Decision. The Cognitive Maps of Political Elites* (S. 18–54). Princeton: Princeton University Press.
Holsti, O. (1977). *The Operational Code As an Approach to the Analysis of Belief System. Final Report to the National Science Foundation.* New York: Duke University.
Hübner, K. (2012). German crisis management and leadership – from ignorance to procastination to action. *Asia Europe Journal*, 2912 (9), 159–177.
Hudson, V. (2007). *Foreign Policy Analysis. Classic and Contemporary Theory.* Colorado: Rowman & Littlefiled.
Hudson, V. (2015). Foreign Policy Analysis beyond North America. In K. Burmmer & V. Hudson (Hrsg.), *Foreign Policy Analysis beyond North America* (S. 1–14). Boulder: Lynne Rienner.
Illing, F. (2013). *Die Euro-Krise: Analysen der europäischen Strukturkrise*, VS Verlag.
Infratest Dimap (2010a). *Deutschlandtrend Mai 2010.* Online unter: https://www.infratest-dimap.de/fileadmin/_migrated/content_uploads/dt1005_bericht.pdf. Zugegriffen 22. Feb. 2018.
Infratest Dimap (2010b). *Deutschlandtrend Juni 2010.* Online unter: https://www.infratest-dimap.de/fileadmin/_migrated/content_uploads/dt1006_bericht.pdf. Zugegriffen 22. Feb. 2018.
Infratest Dimap (2010c). *Deutschlandtrend August 2010.* Online unter: https://www.infratest-dimap.de/fileadmin/_migrated/content_uploads/dt1008_bericht_02.pdf. Zugegriffen 22. Feb. 2018.
Infratest Dimap (2010d). *Deutschlandtrend November 2010.* Online unter: https://www.infratest-dimap.de/fileadmin/_migrated/content_uploads/dt1011_bericht.pdf. Zugegriffen 22. Feb. 2018.

Infratest Dimap (2011a). *Deutschlandtrend April 2011*. Online unter: https://www.infratest-dimap.de/fileadmin/_migrated/content_uploads/dt1104_bericht.pdf. Zugegriffen 22. Feb 2018.

Infratest Dimpa (2011b). *Deutschlandtrend November 2011*. Online unter: https://www.infratest-dimap.de/fileadmin/_migrated/content_uploads/dt1111_bericht.pdf. Zugegriffen 22. Feb. 2018.

Infratest Dimap (2012). *Deutschlandtrend Februar 2012*. Online unter: https://www.infratest-dimap.de/fileadmin/_migrated/content_uploads/dt1111_bericht.pdf. Zugegriffen 22. Feb. 2018.

Infratest Dimap (2013): *Deutschlandtrend Oktober 2013*. Online unter: https://www.tagesschau.de/inland/deutschlandtrend2058.pdf. Zugegriffen 22. Feb. 2018.

Infratest Dimap (2015a). *Deutschlandtrend Januar 2015*. Online unter: https://www.infratest-dimap.de/fileadmin/_migrated/content_uploads/dt1501_bericht.pdf. Zugegriffen 22. Feb. 2018.

Infratest Dimap (2015b). *Deutschlandtrend Dezember 2015*. Online unter: https://www.infratest-dimap.de/fileadmin/user_upload/dt1512_bericht.pdf. Zugegriffen 22. Feb. 2018.

Jäger, Th. & Beckmann, R. (2011). Die internationalen Rahmenbedingungen deutscher Außenpolitik. In Th. Jäger & A. Höse & K. Oppermann (Hrsg). *Deutsche Außenpolitik. Sicherheit, Wohlfahrt, Institutionen und Normen (S. 15–43)*, Wiesbaden: VS Verlag.

Karamessini, M. (1999). Atypical employment and the role of the State in the Greek labour market. *The Greek Review of Social Research*, 100.

Karamessini, M. (2008). Still a distinctive southern European employment model. *Industrial Relations Journal*, 39 (6).

Karamessini, M. (2010). The European Strategy for Employment. In Th. Sakellaropoulos (Hrsg.), *The Social policy of the European Union* (S.). Athen: Dionikos.

Katsikas, D. (2012). The Greek Crisis and the Search for Political Leadership. *The International Spectator*, 47(4), 49–59.

Kazakos, P. (2015). Griechische Politik 2009–2014. Der Kampf um Kredite und der mühsame weg zu Reformen. In U. D. Klemm & W. Schultheiß (Hrsg.), *Die Krise in Griechenland. Ursprünge, Verlauf, Folgen* (S. 35–53). Bonn: bpb.

Kirch, A. L. & Schwarzer, D. (2012). Die Ratifizierung des Fiskalpakts und des ESM in den Ländern der Eurozone – rechtliche und politische Rahmenbedingungen. Arbeitspapier 2012/Nr. 02, März 2012.

King, G., Keohane, R. O., & Verba, S. (1994). *Designing Social Inquiry. Scientific Inference in Qualitative Research*. Princeton: Princeton University Press.

Klemm, U. D., & Schultheiß, W. (2015). *Die Krise in Griechenland. Ursprünge, Verlauf, Folgen*, Bonn: bpb.

Kornelius, S. (2013). *Angela Merkel: die Kanzlerin und ihre Welt*, Hamburg: Hoffman & Campe Verlag.

Kritidis, G. (2014). *Griechenland. Auf dem Wandel in den Maßnahmenstaat? Autoritäre Krisenpolitik und demokratischer Widerstand*, Hannover: Flugschriften kritischer Wissenschaften.

Kutter, A. (2014). A catalytic moment. The Greek crisis and the German financial press. *Discourse & Society*, 25 (4), 446–466.

Kundnani, H. (2015). Ein deutsches Europa – oder ein chaotisches?, *APuZ 52/2015*, 12–17.

Kyrtsis, A. (2015). Die griechische Gesellschaft unter dem Druck der Krise. In U. D. Klemm & W. Schultheiß (Hrsg.), *Die Krise in Griechenland. Ursprünge, Verlauf, Folgen (S. 54–69).* Bonn: bpb.

Ladi, St. (2014). Austerity politics and administrative reform. The Eurozone crisis and its impact upon Greek public administration. *Comparative European Politics*, 12 (2), 184–208.

Lamnek, S. (2005). *Qualitative Sozialforschung*, Weinheim: Beltz Verlag.

Lebow, R., & Risse-Kappen, T. (1995). *International Relations Theory and the End of the Cold war.* New York: Columbia University Press.

Leites, N. (1951). *The operational code of the politburo*, New York: Mc Grwa-Hill.

Leites, N. (1953). *A study of Bolshevism*. Glencode: Free Press.

Longhurst, K. (2004). *Germany and the use of force. The evolution of German security policy 1990–2003.* Manchester: Mancherster University Press.

Lippert, B. (2015). Deutsche Europapolitik zwischen Tradition und Irritation: Beobachtungen aus aktuellem Anlass. *SWP-Arbeitspapier FG EU/Europa*, 2015/07, Berlin:SWP.

Malici, A. (2005). Discord and Collaboration between Allies: Managing External Threats and Internal Cohesion in Franco-British Relations During the 9/11 Era. *Journal of Conflict Resolution*, 49(1), 90–119.

Malici, A. (2006). Germans as Venutians. The Culture of German Foreign Policy Behavior. *Foreign Policy Analysis*, 2(2006), 37–62.

Malici, A., & Malici, J. (2005). The Operational Codes of Fidel Castro and Kim II Sung. The Last Cold Warriors?. *Political Psychology*, 26(3), 387–412.

Marfleet, B. G. (2000). The Operational Code of John F. Kennedy During the Cuban Missle Crisis: A Comparison of Public and Private Rhetoric. *Political Psychology*, 21(3), 545–558.

Marfleet, B. G., & Simpson, H. (2011): Cognitive Responses by U.S. Presidents to Foreign Policy Crisis: Belief Changes in Response to Positive or Negative Experiences. In S. Walker, A. Malici & M. Schafer (Hrsg), *Rethinking Foreign Policy Analysis: States, Leaders, and the Microfoundations of Behavioral International Relations* (S. 205–220), Publisher: Routledge.

Malkoutzis, N. (2012). *Griechenlands schmerzhafter politischer Wandel* (Internationale Politikanalyse Mai 2012), Berlin: Friedrich Ebert Stiftung.

Merkel, Angela (2010): Rede von Bundeskanzlerin Merkel anlässlich der Eröffnung des 61. akademischen Jahres des Europakollegs Brügge, 2.11.2010

https://www.bundeskanzlerin.de/ContentArchiv/DE/Archiv17/Reden/2010/11/2010-11-02-merkel-bruegge.html

Meyer, D. (2010). Die Griechenlandhilfe: Juristisch und ökonomisch problematisch. *Orientierungen zur Wirtschafts- und Gesellschaftspolitik* , 124 (2/2010). Hamburg: Institut für Wirtschaftspolitik.

Mitsopoulos, M., & Pelagidis, Th. (2009). Vikings in Greece. Kleptocratic Interest Groups in a Closed, Rent-Seeking Economy, *Cato Journal*, 29 (3).

Mitsopoulos, M., & Pelagidis, T. (2011). *Understanding the Crisis in Greece: from boom to bust.* New York, NY: Palgrave.

Morisse-Schilbach, M. (2011). Ach Deutschland! Greece, the Euro Crisis, and the Costs and Benefits of Being a Benign Hegemon. *Internationale Politik und Gesellschaft*, 1 (2011), 26–41.

Neuendorf, K. A. (2002). *The Content Analysis Guidbook*. Sage Publications, Thousand Oaks.

Nicoll, A. (2012). Fiscal Union by Force. *Survival: Global Politics and Strategy*, 53(6), 17–36.

Oatley, Th. (2012). *International Political Economy*, Boston: Longman.

Oppermann, K. (2008). *Prinzipale und Agenten in Zwei-Ebenen-Spielen: Die innerstaatlichen Restriktionen der Europapolitik Großbritanniens unter Tony Blair.* Wiesbaden: Springer Verlag.

Oppermann, K. (2012). National Role Conceptions, Domestic Constraints and the New 'Normalcy' in German Foreign Policy: the Eurozone Crisis, Libya and Beyond. *German Politics*, 21(4), 502–519.

Oppermann, K. (2014). Argumentationsmuster zur Krise in der Eurozone. Eine Analyse von Debattenbeiträgen der Regierung Merkel im Bundestag 2009–2012. *Integration*, 3/2014, 262–274.

Paterson, W. E. (2011). The Reluctant Hegemon? Germany Moves Centre Stage in the Europeam Union. *Journal of Common Market Studies*, 2011 (49), 57–75.

Peel, Quentin (2015): Halbherziger Hegemon. *Internationale Politik*, 2015 (9), 76–79.

Pisani-Ferry, J., Sapir, A. & Wolff, G. (2013). *EU-IMF assistance to euro-area countries: an early assessment* (Bruegel Blueprint Series), Brüssel: Bruegel.

Renshon, J. (2008). Stability and Change in Belief Systems. The Operational Code of George W. Bush. *Journal of Conflict Resolution*, 52(6), 820–849.

Renshon, J. (2009). When Public Statements Reveal Private Beliefs. Assessing Operational Codes at a Distance. *Political Psychology*, 30 (4), 649–661.

Renshon, J. (2011). Stability and Change in Belief Systems. The Operational Code of George W. Bush from Governor to Second Term President. In S. Walker, A. Malici & M. Schafer (Hrsg.), *Rethinking Foreign Policy Analysis. States, Leaders, and the Microfoundations of Behavioral International Relations* (S. 169–188), New York: Routledge.

Rohlfing, I. (2012). *Case Studies and Causal Inference: An integratiive Framework*. Houndsmills, Basingstoke: Palgrave Macmillan

Rosati, A. J. (1995). A Cognitive Approach to the Study of Foreign Policy. In L. Neack, J. A.K. Hey & P. J. Haney (Hrsg.), *Foreign Policy Analysis. Contitnuity and Change in its Second Generation* (S. 49–70), New Jersey.

Sachs, Jeffery (2011): Emerging economies are key to the eurozone's survival, http://earth.columbia.edu/sitefiles/file/Sachs%20writing/2011/FTBlogs_2011_EmergingEconomiesAreKeytoEurozones_11_07 11.pdf.

Sachverständigenrat (2015). Konsequenzen aus der Griechenland-Krise für einen stabilien Euro-Raum. *Sondergutachten 07/2015*. Wiesbaden: Statistisches Bundesamt.

Sapir, A., Wolff, G., Sousa, C., & Terzi, A. (2014). The Troika and financial assistance in the euro area: successes and failures, Study on the request of the Economic and Monetary Affairs Committee. Bruegel Blueprint Series VolumeXIX.

Streeck, W. (2011a). The Crisis in Context: Democratic Capitalism and Its Contradictions. MPIfG Discussion Paper 11/5. Köln: MPI.

Streeck, W. (2011b). The Crisis of Democratic Capitalism. *New Left Review* 71 (2011), 5–29, Köln: MPI.

Scharpf, F. W. (2011). Monetary Union, Fiscal Crisis and the Pre-emption of Democracy. MPIfG Discussion Paper 11/11. Köln: MPI.

Schafer, M. (2000). Issues in Assessing Psychological Characteristics at a Distance. An Introduction to the Symposium. *Political Psychology*, 21(3), 511–527.

Schafer, M & Crichlow, S. (2000). Bill Clinton's Operational Code: Assessing Source Material Bias. *Political Psychology*, 21(3), 559–571.

Schafer, M. & Walker, S. (2006a). Operational Code Analysis at a Distance: The Verbs in Context System of Content Analysis. In M. Schafer & S. Walker (Hrsg.), *Beliefs and*

Leadership in World Politics: Methods and Applications of Operational Code Analysis (S. 25–51), New York: Palgrave Macmillan.
Schafer, M. & Walker, S. (2006b). Belief Systems as Causal Mechanisms in World Politics: An Overview of Operational Code Analysis. In M. Schafer & S. Walker (Hrsg.), *Beliefs and Leadership in World Politics: Methods and Applications of Operational Code Analysis* (S. 3–22), New York: Palgrave Macmillan.
Schafer, M. & Walker, S. (2006c). Democratic Leaders and the Democratic Peace: The Operational Codes of Tony Blair and Bill Clinton. *International Studies Quarterly*, 50(3), 561–583.
Schimmelfennig, F. (2006). Prozessanalyse. In J. Behnke, T. Gschwend & D. Schindler (Hrsg.), *Methoden der Politikwissenschaft* (S. 263–271), Baden-Baden: Nomos.
Schimmelfennig, F. (2012). Zwischen Neo- und Postfunktionalismus: Die Integrationstheorien und die Eurokrise. *Politische Vierteljahresschrift*, 53(3), 394–413.
Schimmelfennig, F. (2015). Die Eurokrise: Testfall für Integration und Integrationstheorie. *Zeitschrift für Politikwissenschaft*, 25 (2015), 249–256.
Schwarzer, D. (2010b). Governance-Dynamiken in der Eurozone. *APuZ*, 18/2010, S. 16–21.
Schwarzer, D. (2010a). Germany and the Euro: a Reluctant Leader?, https://www.swp-berlin.org/fileadmin/contents/products/fachpublikationen/1007_where_is_germany_heading_swd_ks.pdf. Zugegriffen 22. Feb. 2018.
Schönberger, C. (2012). Hegemonie wider Willen: zur Stellung Deutschlands in der Europäischen Union. *Merkur* , 66 (752), 1–8.
Schönberger, C. (2013). Nochmals: Die deutsche Hegemonie. *Merkur*, 67 (764), 25–33.
Simon, H. (1985). Human Nature in Politics: The Dialogue of Psychology with Political Science. *The American Political Science Review*, 79(2), 293–304.
Spiegel Online (2012, 9. Okt.). EU-Vorschläge. Schäuble will Korrekturen bei Bankenaufsicht, http://www.spiegel.de/wirtschaft/soziales/bankenaufsicht-schaeuble-will-korrekturen-a-860404.html. Zugegriffen 22. Feb. 2018.
Starke, P. (2015). Prozessanalysen. In G. Wenzelburger & R. Zohlnhöfer (Hrsg.), *Handbuch Policy-Forschung* (S. 453-482), Wiesbaden: Springer.
Tetlock, P. E. (1991). Learning in U.S. and Soviet foreign policy. In G. Breslauer & P. Tetlock (Hrsg.), *Learning in U.S. and Soviet foreign policy* (S. 20–61), Boulder: Westview Press.
Tetlock, P. E. & McGuire, C. B. (2002). Cognitive Perspectives on Foreign Policy, in: G. J. Ikenberry (Hrsg.), *American Foreign Policy. Theoretical Essays* (S. 488–506), New York: Longman.
Tetlock, P. E. & Manstead A. S.R. (1985). Impression Management Versus Intrapsychic Explanations in Social Psychology. A Useful Dichotomy?. *Psychological Review*, 92(1), 59–77.
The Economist (2011). German politics: the country of „no". http://www.economist.com/node/21534801. Zugegriffen 22. Feb. 2018.
The Economist (2015). The indispensable European, November 7th 2015. 13
Van Evera, S. (1997). *Guide to methods for students of political science*, Cornell University
Van Scherpenberg, J. (2012). „Währungsfragen sind Machtfragen – Wird „Europa aus der Krise gestärkt hervorgehen"?", *Zeitschrift für Außen- und Sicherheitspolitik 3 (12).*
Walker, S. (1977). The Interface Between Beliefs and Behavior: Henry Kissinger's Operational Code and the Vietnam war. *Journal of conflict Resolution*, 21(1), 129–168.
Walker, S. (1983). The Motivational Foundations of Political Belief Systems: A Re-Analysis of the Operational code Construct. *International Studies Quarterly*, 27 (2), 179–201.
Walker, S. (1990). The Evolution of Operational Code Analysis. *Political Psychology*, 11(2), 403–418.

Walker, S. (2003). Operational Code analysis as a scientific research program. A cautionary tale. In C. Elman & M. Schafer (Hrsg.), *Progresses in international relations* theory. *Appraising the field* (S. 245–276). Cambridge: MIT Press.

Walker, S. & Schafer, M. (2000). The Political Universe of Lyndon B. Johnson and his Advisors: Diagnostic and Strategic Propensities in Their Operational Codes. *Political Psychology*, 21(3), 529–543.

Walker, S. & Schafer, M. (2006). Structural International Relations Theories and the Future of Operational Code Analysis. In M. Schafer & S. Walker (Hrsg.), *Beliefs and Leadership in World Politics: Methods and Applications of Operational Code Analysis* (S. 237–248), New York: Palgrave Macmillan.

Walker, S. & Schafer, M. & Young, M. D. (1998). Systematic Procedures for Operational Code Analysis: Measuring and Modeling Jimmy Carter's Operational Code. *International Studies Quarterly*, 42(1), 175–189.

Walker, S. & Schafer, M. & Young, M. D. (1999). Presidential Operational Codes and Foreign Policy Conflicts in the Post-Cold War World. *Journal of Conflict Resolution*, 43 (5), 610–625.

Walker, S. & Schafer, M., & Young, M. D. (2003): Profiling the Operational Codes of Political Leaders. In J. Post (Hrsg.). *The psychological Assessment of political Leaders with prifiles of Saddam Hussein and Bill Clinton* (S. 215–245), Michigan: Ann Arbor.

Walker, S. & Falkowski, L. S. (1984). The Operational Code of U.S. Presidents and Secretaries of States: Motivational Foundations and Behavioral Consequences. *Political Psychology*, 5 (2), 237–266.

Waltz, K. N. (1959). *Man, the State and War: A Theoretical Analysis*, New York: Columbia University Press.

Wessels, W. & Kunstein, T. (2011). Die Europäische Union in der Währungskrise: Eckdaten und Schlüsselentscheidungen. *Integration* 2011/4, 308 -322.

Wendler, F. (2014). „End of Consensus? The European Leadership Discourse of the Second Merkel Government during the Eurozone Crisis and its Contestation in Debates of the Bundestag (2009–13). *German Politics*, 23 (4), 446–456.

Wohlmuther, C. (2013). *Der Euro-Rettungsschrim: Ein detaillierter Einblick in die Konstruktion der EFSF.* Hamburg: Diplomica Verlag.

Wolf, F., Heindl, A., & Jäckle, S. (2015). Prozessanalysen und (vergleichende) Einzelfallstudien. In A. Hildebrandt et al. (Hrsg.), Methodologie, Methoden, Forschungsdesign, Wiesbaden, 215–240

Winter, D. G., Hermann, M. G., Weintraub, W. & Walker, S. (1991). The personality of Bush and Gorbachev measured at a distance: Procedures, portraits and policy. *Political Psychology*, 12, 215–245.

Winter, D. G., Stewart, A. J. (1977). Content analysis as a method of studying political leaders. In M. G. Hermann (Hrsg.), *A psychological examination of political leaders* (S. 27–61), New York: Free press.

Young, B. (2014). German Ordoliberalism as Agenda Setter for the Euro Crisis: Myth Trumps Reality. *Journal of Contemporary European Studies*, 22 (3), 276–287.

Zimmermann, H. (2015). Große Koalition für den Euro. Die zweite Merkel-Regierung und die Schuldenkrise in der Eurozone. In R. Zohlnhöfer & T. Saalrfeld (Hrsg.), *Politik im Schatten der Krise* (S. 353–372), Wiesbaden: Springer.